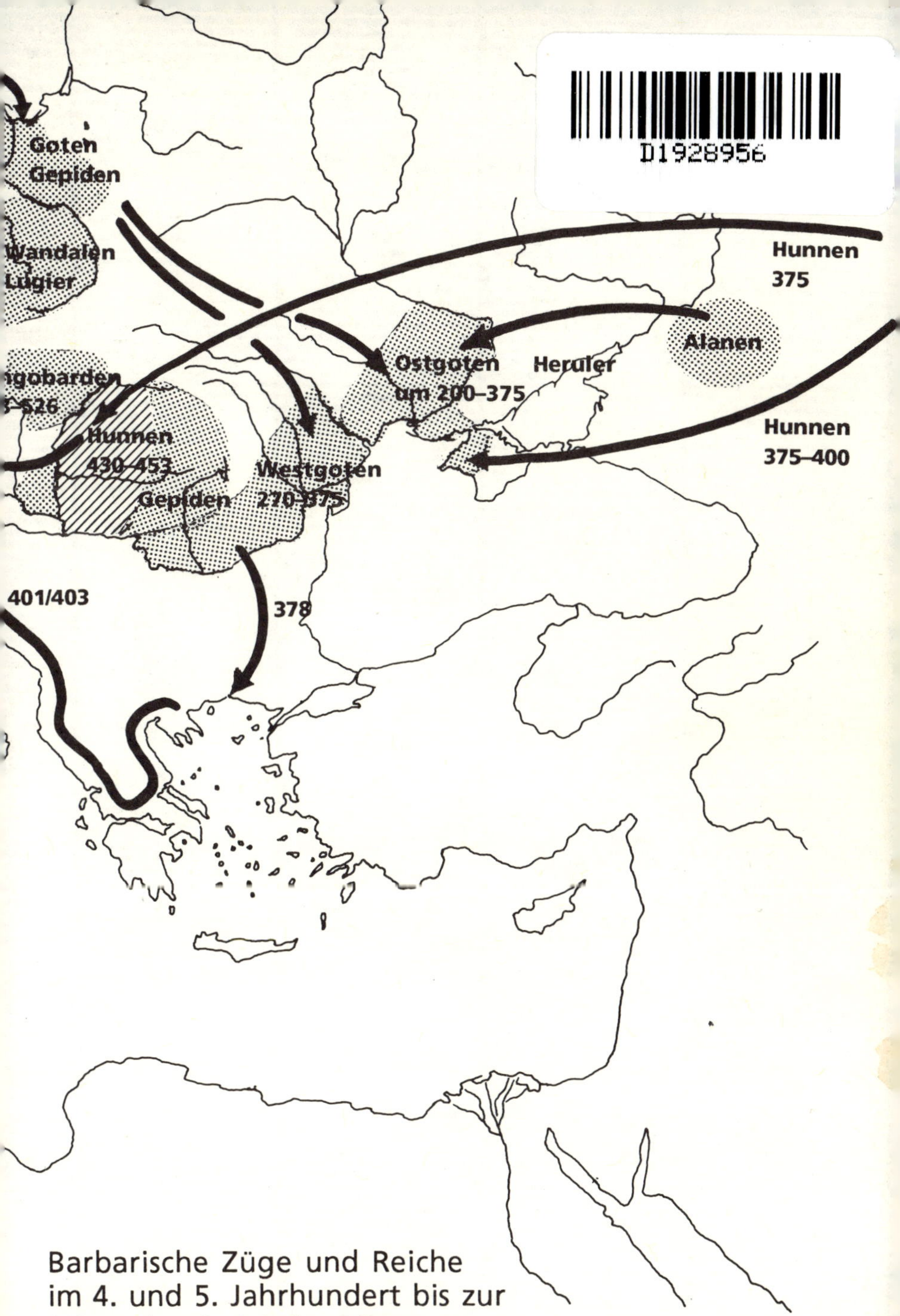

Barbarische Züge und Reiche
im 4. und 5. Jahrhundert bis zur
Mitte des 6. Jahrhunderts.

Artemis & Winkler

MAGDALENA MĄCZYŃSKA

Die Völkerwanderung

Geschichte einer ruhelosen Epoche
im 4. und 5. Jahrhundert

Artemis & Winkler

gewidmet

Meinen Freunden
Teresa und Jan Dąbrowski
und Teresa Liana

Artemis & Winkler Verlag

Printed in Germany
ISBN 3-7608-1082-9

Inhaltsverzeichnis

Vorwort

Seit der Mensch existiert, ist er auf Wanderschaft. Die frühesten menschlichen Wanderungen liegen zwar völlig im dunkeln, aber archäologische Funde sind Zeugen von Immigrationen, da die Menschengruppen ihre eigenen Feuersteingeräte und Tongefäße oder auch Bestattungssitten ins neue Land mitnahmen. Gegenstände, Häuserreste und Gräber, die dank archäologischer Forschung zum Vorschein kommen, erzählen, durch ihre Verbreitung und Konzentration in bestimmten Gebieten, von den Wegen, die der Mensch in der Vorgeschichte zurücklegte. Die Archäologie kennt unzählige Beispiele von Funden, die über große Distanzen transportiert wurden, sei es auf Handelswegen oder auf Beutezügen oder bei Wanderungen ganzer Völker.

Als die Menschheit gelernt hatte, ihre Geschichte aufzuschreiben, kamen zu den Bodenfunden auch Schriftquellen hinzu. Der griechische Historiker Thukydides berichtet über einen Barbareneinfall aus dem Norden im 12. Jahrhundert v. Chr., als Dorier, Thessalier und Boeotier nach Makedonien, Thessalien und auf die Peloponnes eindrangen und die attischen Jonier zur Auswanderung zwangen. Die Flüchtlinge zogen auf die Kykladen und an die Küste Kleinasiens, dort kamen sie bald in den Besitz von zwölf Städten wie Milet und Ephesos. Dies war der Anfang der großen griechischen Expansion, einer der ersten historisch bezeugten Migrationen.

Heute, wenn jeden Sommer eine Blechlawine von Skandinavien bis nach Sizilien und Andalusien rollt, sprechen wir auch von einer Völkerwanderung. Die Massenbewegungen der vergangenen Zeiten hatten jedoch nichts mit Tourismus zu tun. Hunger, Überbevölkerung, Klimaveränderungen, Flucht vor fremden Angreifern, aber auch Hoffnung auf leichte Beute und auf die Eroberung eines fremden Landes ließen ganze Völkerscharen auf der Suche nach einem besseren Leben aufbrechen. Diese Hoffnung vertrieb Tausende aus ihrer Heimat. Es ist noch nicht lange her, da strömte in der zweiten Hälfte des 19. Jahrhunderts und in der Zeit bis zum Ausbruch des Ersten Weltkrieges jedes Jahr über eine Million Menschen aus Europa nach Amerika. Alle sahen in Übersee das gelobte Land. Und vielen gelang es auch, dort ein neues und besseres Leben zu beginnen.

Während und nach dem Zweiten Weltkrieg kam es wieder zu großen Flüchtlingsströmen. Heute, nachdem sich Westeuropa für den Ostblock geöffnet hat, sprechen wir von einer neuen Wanderungswelle.

In diesem Buch wird von der Völkerwanderung die Rede sein, die allen darauffolgenden großen Migrationen den Namen gegeben hat. Es war die Zeit, in der das Weströmische Reich zugrunde ging und sich sowohl im Osten als auch im Norden Wolken scharten, die den Untergang des Imperiums beschleunigten und *Roma aeterna* den Todesstoß gaben. Das Jahr 375, als die Hunnen in Europa eindrangen, gilt als Beginn der Völkerwanderungszeit. Die Hunnen und die durch sie vertriebenen Germanen brachten Tod, Feuer, Hunger und Elend in alle römischen Provinzen. Die antike Welt wehrte sich hundert Jahre lang, aber nichts konnte den Untergang verhindern. Die schwierige wirtschaftliche Lage Roms, Chaos und Anarchie, militärische Schwäche, Grenzen, die immer wieder von den Barbaren überschritten wurden, die Plünderung Roms im Jahre 410 durch den gotischen König Alarich mit seinen Scharen, dies alles gibt ein erschreckendes Bild jener Zeit. Es ist ein Bild ausgebrannter Asche.

Doch gab es auch Licht aus der Asche. Auf den Trümmern gründeten die Eroberer ihre Reiche, die barbarischen Staaten auf dem römischen Boden, in denen die heimische Bevölkerung in den alten Traditionen weiterlebte und in denen die Kirche zugleich auch eine Festung der Zivilisation war. Wir werden sehen, wie sich die Germanen in der neuen Welt zurechtzufinden versuchten, bis daraus an der Schwelle des Mittelalters ein neues Bild Europas entstand. Die Barbaren zerstörten zwar die alte Welt, legten aber Fundamente für eine neue Kultur. Die Zeit der Kathedralen wäre ohne die Epoche der Völkerwanderung undenkbar.

Obwohl der Begriff Völkerwanderungszeit im Grunde genommen nur das 5. Jahrhundert n. Chr. umfaßt, wird die obere zeitliche Grenze in die Mitte des 6. Jahrhunderts gelegt. In diesem Zeitraum haben sich die ersten germanischen Reiche innerhalb der römischen Grenzen bereits gebildet. Einige von ihnen wurden vom stärkeren Nachbarn – den Franken – erobert. Andere, wie die Wandalen in Afrika und die Ostgoten in Italien, gingen durch byzantinische Feldzüge zugrunde. Im Jahre

568 fand die letzte große Wanderung statt, die Langobarden kamen nach Italien. Erst damit war die Völkerwanderung beendet.

Das frühe Mittelalter beginnt bei den Germanen zu verschiedenen Zeiten, je nachdem, wann sie sich in der neuen Heimat niederließen und Fuß faßten. Das Studium des halben Jahrhunderts nach der eigentlichen Völkerwanderungszeit erweist sich als notwendig, um den Mechanismus der damaligen Ereignisse zu verstehen. Die Geschichte und Archäologie weiß zwar viel über die Völkerwanderungszeit, doch gibt es noch manche Lücke, die vielleicht nie ganz gefüllt werden kann. Es ist, als ob wir uns in einem dunklen Raum befänden, in dem eine Kerze hier und dort eine Ecke beleuchtet, alles andere bleibt im Schatten.

Dieses Buch ist die Frucht eines Vorlesungszyklus mit dem Titel «Die Germanen in der Völkerwanderungszeit», den ich in den Jahren 1989–1992 an der Universität Zürich hielt, und der Vorlesung «Die Archäologie der Goten», die ich an der Universität Kiel im Sommersemester 1992 hielt.

Mein ganz besonderer Dank gilt Herrn Prof. Dr. M. Müller-Wille, Universität Kiel, für seine Einladung dorthin. In Kiel fand ich eine hervorragende Atmosphäre für meine Arbeit. Im Kieler Institut für Ur- und Frühgeschichte, unter lieben und hilfsbereiten Kollegen, denen ich mein herzliches Dankeswort aussprechen möchte, nahm das vorliegende Buch seine endgültige Gestalt an. An dieser Stelle möchte ich meine unendliche Dankbarkeit Herrn Dr. Helmut Kroll und Frau Dipl.-Biol. Edeltraud Tafel aussprechen, die so liebenswürdig eine langwierige Aufgabe – die Sprachkorrektur des Buches – übernommen haben. Ihnen verdanke ich auch viele sachliche Verbesserungen, die wir gemeinsam durchführen konnten. Nur Freundschaft ist zu solch großzügiger Hilfe bereit.

Kiel, den 9. August 1992
1614 Jahre nach der Schlacht bei Adrianopel

Rom in der Spätantike

Als Spätantike wird in der neuzeitlichen Geschichtsforschung der Zeitraum von Diocletian (284–305) bis Justinian (527–565) bezeichnet. Den Menschen jener Zeit war nicht klar, daß sie in einer Epoche lebten, die von den Historikern des 19. Jahrhunderts als Zeit der Dekadenz, des herbstlichen Endes und der Traurigkeit bezeichnet werden würde. In diesem Sinne wurde der Begriff Spätantike im Werk «Die Zeit Constantins des Großen» von Jacob Burckhardt im Jahre 1853 formuliert. Doch seitdem hat sich die Meinung der Historiker geändert. In den Zeitraum der Spätantike fällt der Untergang Roms. Einer der mächtigsten Staaten in der Weltgeschichte ist nach seiner über zwölfhundertjährigen Geschichte zugrunde gegangen. Aber bis 1453 existierte der östliche Teil des Römischen Reiches weiter, und die Ereignisse des Jahres 476 waren Resultate eines langen Prozesses, der mit dem Fall Roms noch lange nicht beendet war.

Im Grunde genommen beginnt die Spätantike bereits zur Zeit der sogenannten Soldatenkaiser. Dank den Reformen Diocletians und Konstantins des Großen kehrte später wieder eine gewisse Ordnung ein. In diesem kurzen Abriß werden nur die Meilensteine der Geschichte des späten Römischen Reiches, seine Spaltung und die Anfänge des Oströmischen Staates behandelt. Der Leser findet in unzähligen historischen Büchern hinreichend Material, um sein Wissen zu vertiefen. Das Kapitel *Rom in der Spätantike* ist nur die Einführung in die darauf folgenden Kapitel, in denen die entscheidenden Momente des Geschehens in Rom weitergehend besprochen werden. Die wichtigsten römischen und byzantinischen schriftlichen Quellen werden ebenso im Laufe unserer Geschichte zitiert und erläutert.

In der Spätantike ändert sich die Herrschaftsform: Auf das Prinzipat seit Kaiser Augustus folgt das Dominat. Früher war der Kaiser *princeps,* göttlicher Erster, jetzt ist er *dominus,* Herr über alles. Diese Veränderung kam nicht plötzlich. Schon lange vorher begann sich das orientalische Muster der persischen Monarchie mit seinen komplizierten zeremoniellen Sitten durchzusetzen, mit der Pracht der Herrscher, die heilig und allmächtig waren, mit anderen Worten absolute Monarchen.

Nicht nur das kennzeichnet die Spätantike. Immer größer wird auch der Druck der Germanen, die zuerst als Feinde, beinahe als Unmenschen galten, später aber zum Schutz der Grenzen des von ihnen geschwächten Staates unentbehrlich wurden. In der römischen Armee erreichten sie nicht selten einen so hohen Rang, daß sie sogar im Namen des Kaisers regierten und so mächtig waren, daß sie von ihnen gesteuerte Männer zu Kaisern erhoben und wieder absetzten. Am Anfang, als die Germanen noch Feinde waren, die man zu bekämpfen hatte, gab es bereits massenhafte Umsiedlungen germanischer Völker in die Provinzen. Einzelne erhielten dadurch die Voraussetzung, in der römischen Armee und Gesellschaft aufzusteigen. Die Spätantike ist also zugleich die Zeit der germanischen Herrscher und ihres Strebens, auf römischem Boden für ihr Volk eine neue Heimat zu finden.

Eine sehr große Bedeutung für die Spätantike hat die Legitimierung und Verbreitung des Christentums, das unter Theodosius I. (379–395) zur Staatsreligion erhoben wurde. Die Kirche versuchte, die römische Zivilisation in den germanischen Sturmzeiten zu bewahren, gleichzeitig geriet das Erbe der antiken Kultur dennoch immer mehr in Vergessenheit, bis man sich in der Renaissance darum bemühte, zu den Ursprüngen zurückzukehren. Auch das Leben im römischen Staat ist in der Spätantike anders geworden: Es folgten immer neue administrative Teilungen. Wegen der Gefahr von Übergriffen durch die Germanen wurde das offene Land mehr und mehr verlassen, das Leben konzentrierte sich in den Städten.

Die ständigen Unruhen, mit Ausnahme der Zeiten der mächtigen Kaiser Diocletian, Konstantin und Theodosius, die religiösen Krisen und zahlreichen Schismen sowie die Angriffe der Barbaren schufen Lebensumstände, unter denen sich die Kultur nicht wie früher entwickeln konnte. Die große Skulptur in der Bildhauerkunst zum Beispiel erstarrte zu steifen Formen, nicht zuletzt unter dem orientalischen Einfluß. Dagegen blühte die kleine Elfenbeinplastik auf, eine Kunstform, die vor allem christliche Motive darstellte. Die monumentalen Denkmäler erreichten das hohe Niveau der frühkaiserzeitlichen Werke nicht mehr. Es ist kein Zufall, daß für den Triumphbogen Konstantins des Großen alte Reliefplatten verwendet wurden, vor allem aus der Zeit Marc Aurels.

Durch Reformen gewann die Senatorenschicht an Bedeutung, die überall im Imperium Villen und Ländereien besaß. Das Lebensniveau des einfachen Volkes in den Provinzen dagegen sank immer mehr, die Bauern waren meist nur landespflichtige Halbfreie. Man darf aber nicht denken, daß die Spätantike nur dekadent war. Im 4. und 5. Jahrhundert hat sich eine neue Weltordnung und Kultur herausgebildet, deren Einfluß bis heute spürbar ist.

Vor dem Dominat erlebte Rom eine Reihe von Soldatenkaisern, von Maximinus Thrax bis Numerianus (235–284), es ist die Zeit der Reichskrise. In diesen 50 Jahren herrschten 26 Kaiser und mehrere Usurpatoren. Bereits ihre Zahl – etwa 70 Herrscher insgesamt – belegt diese Krise. Feldherren, die die angreifenden Barbaren besiegten, wurden von den Legionären zu Kaisern ausgerufen; in der Folge brach jedesmal ein Bürgerkrieg aus.

Der erste Soldatenkaiser, Maximinus Thrax, war – eine unerhörte Sache! – ein thrakischer Hirt nur scheinbar latinisierter Herkunft. Seine ungewöhnliche Karriere verdankte er, wie Quellen berichten, seiner ungeheuren Kraft. Als er jung war, konnte er noch kein Latein. Sicher war er tapfer und organisatorisch begabt, deshalb wurde er hoher Offizier. Nach der Rebellion in Mainz, bei der Legionäre den Kaiser Alexander Severus töteten, wurde Maximinus zum Kaiser ausgerufen. Aber nach drei Jahren fiel er selbst der unzufriedenen Armee zum Opfer. Solche Ereignisse wiederholten sich mehrmals, obwohl nicht alle Soldatenkaiser niederer Herkunft waren und sich nur um die Belange der Armee kümmerten und dabei andere staatliche Interessen vernachlässigten. Unter ihnen gab es auch Senatoren. Ihr Ende war jedoch fast immer gleich: Sie wurden ermordet, sogar der beste von ihnen und einer der wohl fähigsten römischen Kaiser überhaupt – Aurelian, dessen Werk, die Mauern der Stadt Rom, noch heute zu bewundern ist.

Mit einem neuen Soldatenkaiser unbekannter, aber sicher niedriger Herkunft kam das Reich im Jahre 284 wieder zur Ruhe. Diocletian, der 20 Jahre lang herrschte, erfüllte seine Pflichten als Staatsmann, die mit der Zeit aber zu groß für einen einzigen Menschen wurden. So führte er das System der Tetrarchen ein, der Vierherrscher. Die Kompetenzen wurden geteilt, das Imperium begann unter vier Herrschern zu florieren und vermochte auch die Grenzen vor den Barbaren besser zu schützen. Es war die Zeit der alamannischen, burgundischen und fränkischen Angriffe im Westen und der gotischen, sarmatischen, bastarnischen und karpischen im Osten. Dies alles forderte unermüdliche Wachsamkeit, auch gegen die ständig drohenden Perser.

Als logische Folge der Vierherrschaft erfolgte auch eine Verwaltungsreform, die aus 50 bestehenden Provinzen 95, später sogar 120 machte. Immer sechs dieser kleinen Provinzen vereinigten sich zu Diözesen. Auch die Armee wurde reformiert: vor allem führte Diocletian die Grenztruppen, die *limitanei*, ein, während die Haupttruppen – *comitatenses* – so stationiert wurden, daß sie den *limitanei* schnell zu Hilfe eilen konnten. Die Grenzbefestigungen wurden mächtig ausgebaut.

Diocletian kümmerte sich um alle Lebensbereiche der müde gewordenen römischen Bevölkerung. Eine seiner bekanntesten Maßnahmen war der Maximaltarif: Es wurden zum Schutz der ärmsten Bevölkerungsschichten für einzelne Waren Höchstpreise festgesetzt, die niemand überschreiten durfte. Neben diesen dringend notwendigen Reformen entwickelte sich aber auch ein wahrhaft orientalisches Hofzeremoniell. Diocletian trug als erster das gold- und edelsteinbestickte Purpurgewand und ebenso geschmückte Schuhe. Alle mußten vor ihm auf die Knie fallen, wie vor einem Gott. Er selbst nannte sich *dominus et deus*.

Die unermüdliche Tätigkeit Diocletians ist imponierend. Noch beeindruckender ist vielleicht, daß er sich nach 20 Jahren Herrschaft zum Rücktritt entschloß. Sicher, er war krank; aber wie viele todkranke Herrscher versuchen auch heute, mit letzter Kraft an der Macht zu bleiben? Die Entscheidung, als Privatmann weiterzuleben, macht aus dem ehemaligem Diocles, dem Sohn eines Freigelassenen, eine menschlich beeindruckende Gestalt. Das Schicksal hat ihn leider nicht verschont. Als Greis sah er noch, wie sein Lebenswerk zerfiel. Es kam zum Bürgerkrieg zwischen seinen Nachfolgern.

Der zweite große Kaiser der Spätantike war Konstantin, der Große genannt (306–324). Als Herrscher über Gallien und Britannien, mit Trier als Residenz, besiegte er zuerst Maxentius, der über Italien regierte. Der seit langem wachsende Konflikt führte von neuem zum Bürgerkrieg, der sich vor Rom, am *pontus Milvius* (heute Ponte Milvio) entschied. Konstantin siegte und wurde Hauptherrscher des Imperiums. Als er mit seinem Amtskollegen Licinius im Winter des Jahres 313 in Mailand zusammentraf, verfaßten diese beiden eines der schönsten Dokumente der Menschheit, das Mailänder Edikt, das die Toleranz anderen Religionen gegenüber verlangte. Wie anders wäre die Geschichte verlaufen, wenn dieses Edikt zu allen Zeiten respektiert worden wäre! Konstantin entwickelte eine rege legislative Tätigkeit. Ähnlich wie Diocletian versuchte er, die ärmsten Schichten zu schützen. Eines von seinen Edikten gilt bis heute: Er führte den Sonntag, *dies Solis,* als Feiertag ein. Später wurde dieser Tag auch *dies dominicus* genannt, da Christus am Sonntag auferstanden war. Die Ursprünge des Namens beziehen sich jedoch auf den Sonnenkult, dies ist in der deutschen Sprache im Wort Sonntag immer noch lebendig, im Gegensatz zu den romanischen Bezeichnungen *domenica, domingo* und *dimanche.*

Konstantin war auch Gründer von Byzanz, der Stadt, der er seinen Namen Constantinopolis gegeben hat. Die günstige Lage am Goldenen Horn, dort, wo sich Land- und Seewege bündeln (schon Tacitus schrieb: «... wo der Scheidepunkt zwischen Europa und Asien am schmalsten ist ...»), war der große Vorteil dieser Stadt, der dazu führte, daß sie das künftige Zentrum des östlichen Teils des Reiches wurde. Am 11. Mai 330 wurde die Stadt, seither Konstantins Residenz, geweiht und erhielt alsbald ihre berühmten Mauern. Sieben Jahre nach der Stadtweihung starb Konstantin, der Kaiser, zu dessen Lebzeiten das römische Imperium zum letzten Mal aufatmen konnte. Er hatte aber zu viele Erben designiert, dies führte wieder unweigerlich zu Bürgerkriegen. Bald nach Konstantin erlebte Rom einen der gebildetsten Kaiser, der, obwohl er sein Leben der Kultur und Wissenschaft widmete, ein guter und energischer Herrscher und Sieger über die Alamannen war. Er erhob Konstantinopel zur wahren zweiten Hauptstadt. Seine Liebe zur antiken Kultur veranlaßte ihn, wieder die alten Götter zu verehren. Dieser kultivierte und verantwortungsvolle Mann fiel im persischen Krieg. Dank seinen eigenen Schriften und seinem großen Zeitgenossen, dem Historiker Ammianus Marcellinus, ist uns sein Leben und sein tiefes Moralgefühl gut bekannt. Wenn Rom nur solche Kaiser gehabt hätte! Sein Name war Flavius Julianus, von den Christen Apostata, der Abtrünnige, genannt (355–361).

Nur wenige Jahre trennen Julians Tod vom verhängnisvollsten Ereignis der Spätantike und vielleicht einem der wichtigsten in der Geschichte der Menschheit überhaupt, vom Angriff der Hunnen im Jahre 375, der die ganze bisherige Weltordnung zerstörte und massenhafte Wanderzüge auslöste und das Bild Europas in wenigen Jahrzehnten vollständig veränderte. Die Völkerwanderungszeit begann: Die Hunnen trieben die Goten in die römischen Provinzen. Eines der ersten Opfer dieser Massenbewegung war Kaiser Valens, der in der Schlacht gegen die Goten fiel.

Im Jahre 395 kam es zur Teilung des Römischen Reiches. Zwei Söhne Theodosius' des Großen, Arkadius und Honorius, wurden Herrscher über die zwei Teile des Imperiums, über den Westen und den Osten. Diese Teilung war diesmal endgültig, die beiden Staaten trennten sich für immer. Dies hatte Konsequenzen, besonders für das weströmische Reich, das oft allein gegen die Barbaren kämpfen mußte, da nicht immer Hilfe vom Osten zu erwarten war. Die Grenzlinie zwischen den beiden Staaten verlief fast schnurgerade von Afrika bis zur Provinz Pannonien an der mittleren Donau. Bei Ostrom blieben Ägypten und Libyen, Griechenland und westliche Teile des heutigen Jugoslawien, die Provinzen *Moesia I* und *Dacia ripensis* südlich der Donau.

Theodosius verbot im Jahre 392 alle Opfer für die alten Götter, sogar für die Schutzgötter jedes altrömischen Haushaltes. Seitdem soll das Christentum Staatsreligion gewesen sein, dies war jedoch sicher nicht ohne Kämpfe durchzusetzen. Bald aber hörten die heidnischen Widerstände auf.

Die letzten 80 Jahre des weströmischen Reiches waren eine Kette von ständigen Kämpfen gegen die Barbaren, die wie eine Sintflut über die weströmischen Provinzen hereinbrachen. Die Stadt Rom wurde von den Germanen dreimal heimgesucht, die letzten Kaiser hatten keine Macht mehr. Ein böser Schatten hing in den letzten 20 Jahren seiner Existenz über Rom: Der Germane Ricimer besiegelte das Schicksal des westlichen Reiches, er ließ den Staat von innen zerstören.

Westrom fiel im Jahre 476. Das Chaos war so groß, daß die damaligen Menschen in jenem Jahr das Gefühl der Endgültigkeit gar nicht wahrnahmen. Bald standen in Italien die Ostgoten, die wahren Herrscher des Landes, obwohl der römische Senat immer noch tagte. Auf den Ruinen des westlichen Imperiums entstanden junge germanische Reiche, von denen nur der fränkische Staat in die Geschichte des Mittelalters völlig eingehen sollte. Bis zum Jahre 518 erlebte das oströmische Reich eine innere Krise, deren Ursache die Kämpfe um den Thron waren. Doch nicht nur das erschwerte die Lage der Byzantiner. Die afrikanischen Wandalen drohten überall als verheerende Seepiraten. Bis zu ihrem Abzug nach Italien plünderten die Ostgoten die Balkanhalbinsel. Aus Zentralasien kam eine neue Gefahr, die Bulgaren. Schließlich gab es immer wieder Kämpfe gegen die Perser. Der bedeutendste oströmische Kaiser der Spätantike, Justinian (527–565), entschloß sich zur Wiedergewinnung der von den Germanen besetzten Länder Afrikas, Italiens und Spaniens. Die Wandalen ergaben sich im Jahre 534, die Ostgoten in Italien im Jahre 552. Den spanischen Westgoten gelang es nur vorübergehend – bis 625 – den südlichen Teil der Iberischen Halbinsel zu halten. Bald aber kamen die Langobarden nach Italien. Afrika und später Spanien wurden von den Arabern besetzt, so daß die zurückgewonnenen Gebiete nur vorübergehend unter byzantinischer Herrschaft blieben. Dagegen hatte Justinian große Schwierigkeiten mit den Persern, denen er jährlich Tribut zahlen mußte. Das Donaugebiet wurde immer mehr von Awaren, Bulgaren, hunnischen Kutriguren und Slawen besiedelt. Man darf nicht vergessen, daß Justinian mit seinen Feldherren gleichzeitig gegen alle diese neu entstandenen Mächte kämpfen mußte. Dies alles nahm dem byzantinischen Staat die Bewegungsfreiheit.Viele Historiker sind der Meinung, daß die wahre Ursache für den Fall Westroms das innere Chaos, die Korruption der Beamten und die Verarmung der niederen Bevölkerungsschichten gewesen sei. Aber ohne die barbarischen Angriffe, die seit der Mitte des 3. Jahrhunderts zunahmen und schließlich zu einer katastrophalen Lage an den Grenzen führten, hätte der Staat die innere Krise vielleicht bewältigen können. Die Germanen versetzten dem römischen Imperium den letzten vernichtenden Schlag, von dem es sich nicht mehr erholte.

Die Germanen vor der Völkerwanderung

«Wer würde ferner, ganz abgesehen von der Gefahr, die das schauderhafte, unbekannte Meer bietet, Kleinasien oder Afrika oder Italien verlassen, um nach Germanien zu ziehen mit seinen häßlichen Landschaften, dem rauhen Klima, dem trostlosen Äußeren – es sei denn, es ist seine Heimat?»

Dieser Satz, der nicht gerade wie Tourismus-Werbung klingt, stammt vom größten römischen Historiker, von Publius Cornelius Tacitus, der außer den «Historien» und «Annalen» ein kleines, im heutigen Druck 22 Seiten normalen Formats umfassendes Werk schrieb. Wir sprechen von der «Germania», deren voller Titel lautet «Über Ursprung, Lage, Sitten und Völkerschaften Germaniens».

Die «Germania» wurde um 98 n. Chr. verfaßt, beschreibt aber die Verhältnisse der ersten Hälfte des 1. Jahrhunderts n. Chr. und ist zur Kenntnis der Germanen eine Quelle ersten Ranges. In diesem Büchlein, das sich auf Plinius den Älteren und verschiedene andere Informatoren stützt, steckt alles, was die Römer des ersten nachchristlichen Jahrhunderts über die Germanen wußten, über die Völker, die vierhundert Jahre später das Ende Roms verursachen sollten. Tacitus beschreibt zuerst die Sitten der germanischen Völker im allgemeinen, dann die einzelnen Völker und ihre Wohnsitze vom Rhein über Mitteleuropa bis zu den nichtgermanischen Balten und Finnen, schließlich nach Norden bis nach Skandinavien. Sein Werk hat die deutliche moralische Tendenz, den «verfaulten» Römern das gesunde Volk der Germanen gegenüberzustellen. Von Tacitus erfahren wir viel über die einzelnen Stämme, ihre Götter, Waffen, Häuser, Tracht, Wirtschaft und über ihre Lebensgewohnheiten. Wissenschaftliche Interpretationen der «Germania», Versuche, das Leben der Germanen zu rekonstruieren, werden immer wieder von unterschiedlichsten Fachleuten unternommen und füllen seither Bände.

Die Germanen sind in Europa lange vor dem Werk des Tacitus, etwa seit der Mitte des ersten Jahrtausends v. Chr., bekannt. Ihr Kerngebiet war Südskandinavien und Norddeutschland. Von dort aus breiteten sie sich allmählich aus. Die antiken Quellen erwähnen als Ursache der germanischen Migrationen die Überbevölkerung, also den Kinderreichtum. Dadurch waren die einzelnen Völker gezwungen, neue Gebiete zu erschließen. Pythäas von Massilia (Marseille), der griechische Verfasser eines *Periplus*, also einer Küstenbeschreibung, der in der zweiten Hälfte des 4. Jahrhunderts v. Chr. von Marseille bis zur norwegischen Küste segelte, sprach in seinem Werk noch nicht von Germanen, sondern von Skythen, die er von den Kelten unterschied. Er nennt das Volk der Teutonen, die wahrscheinlich auf Jütland ansässig waren.

Nach und nach mehren sich die Informationen über die Germanen, zuerst bei den griechischen, dann bei den römischen Autoren. Wir hören von den Bastarnen und Skiren auf dem Balkan, den ersten germanischen Völkern, die weit nach Südosten wanderten, und den Germanen als Nachbarn der Kelten am rechten Ufer des Oberrheins. Von Poseidonios wurden die Germanen zum ersten Mal um 80 v. Chr. mit ihrem Namen erwähnt.

Julius Caesar, der zweimal den Rhein überschritt, kannte die Germanen bereits bestens. Er nennt 16 germanische Stämme zwischen Rhein und Weser, die meistens – außer dem großen Stamm der Sueben – kleine Völker waren. Im Jahre 58 v. Chr. besiegte Caesar Ariovist, den Fürsten der Cherusker, der die gallischen Kelten im Kampf gegen die Römer unterstützte. Die Grenze zwischen Kelten und Germanen verlief am Rhein, wenn es zu Caesars Zeiten auch linksrheinische germanische Stämme gab. Die Züge von Drusus, Tiberius und Germanicus ins tiefe Germanien bis zur Elbe um Christi Geburt brachten neue Kenntnisse über die Germanen, von zahlreichen römischen Historikern, besonders von Plinius dem Älteren (23–79 n. Chr.) und von Tacitus (um 55–120 n. Chr.) geschildert. Plinius war selbst Offizier und verbrachte einige Zeit am Rhein und an der Elbe; so war er gut über die Germanen informiert. Leider sind seine 20 Bücher über die germanischen Kriege größtenteils verlorengegangen.

Die Römer begannen die einzelnen Germanenstämme zu unterscheiden; Tacitus nennt drei Kultverbände, die zugleich verschiedener Herkunft waren: die Ingävonen an der Meeresküste, die Istävonen im Westen und die Herminonen in der Mitte, die angeblich alle von den Söhnen des Gottes Mannus abstammten. Der suebische Stammesbund an der Elbe gehörte vermutlich nicht dazu, ebenfalls nicht die Burgunden an der Oder.

Wenn man die Karten der germanischen Stammessitze vom 4. Jahrhundert v. Chr. bis zum 2. Jahrhundert n. Chr. nacheinander betrachtet, so fällt auf, daß die Karte der beiden ersten nachchristlichen Jahrhunderte zwischen Rhein, Oder und Donau bis Jütland mit den von den antiken Schriftstellern überlieferten germanischen Stammesnamen bereits gefüllt ist. Aber die genaue Lage der Gebiete einzelner Stämme ist oft umstritten, besonders bei dem alexandrinischen Geographen Ptolemäus, der um die Mitte des 2. Jahrhunderts n. Chr. eine Karte der germanischen Stämme verfaßte, auf der sie in der Reihenfolge von Westen nach Osten aufgezählt sind. Gewisse Unstimmigkeiten bei den geographischen Graden sind der Grund zahlreicher wissenschaftlicher Diskussionen.

Die erste Kultur, die mit den Germanen archäologisch identifiziert werden kann, ist die Jastorf-Kultur, deren Name von einem niedersächsischen Gräberfeld herrührt. Sie umfaßt Holstein, Nordost-Niedersachsen, auch Teile der Altmark und Westmecklenburgs. Dazu werden Randgruppen in Nordjütland, auf den dänischen Inseln, in Südschweden, Vor- und Westpommern sowie an der Weser gerechnet. Die Jastorf-Kultur bestand vom 6. Jahrhundert bis ins letzte vorchristliche Jahrhundert und entwickelte sich unter dem starken Einfluß der Kelten. Dies äußert sich vor allem in ihrem Schmuck und in den Formen der metallenen Trachtteile. Von ihren technisch weiter entwickelten Nachbarn übernahm die Jastorf-Bevölkerung die Verhüttung und Verarbeitung des Eisens und importierte von ihnen bemalte, scheibengedrehte Tongefäße.

In Dänemark und an der Nordseeküste wohnte man damals in dreischiffigen, über 20 m langen Wohnstallhäusern, in denen Menschen und Vieh gemeinsam Platz fanden. Der Wohnraum war durch eine offene Herdstelle gekennzeichnet, der Stallraum durch zahlreiche Viehboxen.

Im Binnenland herrschten kleinere Pfostenhäuser und eingetiefte Grubenhäuser vor. Die letztgenannten dienten aller Wahrscheinlichkeit nach nicht zum Wohnen, sondern waren Speicher oder Produktionsstätten zum Beispiel zum Töpfern, Weben, Schmieden und zu anderen handwerklichen Tätigkeiten. Neben den Häusern befanden sich oft Öfen, Feuerstellen und Abfallgruben.

Die Toten wurden alle verbrannt. Die Leichenbrandreste wurden in Urnen, in organischen Behältern – wie etwa Holzkästchen, Körbe – oder auch ungeschützt im Boden beigesetzt. Man gab den Toten ihre persönliche Habe, Nadeln aus Eisen und Bronze, Gürtelschließen, manchmal auch bronzene Halsringe, ins Jenseits mit. Eine besondere Stellung nahmen Fibeln ein, Gewandspangen, die zum Verschluß der Kleidung dienten. Ihr Funktionsprinzip war das einer Sicherheitsnadel, mit Spirale, Nadel und Bügel, doch sind sie – neben auch existierenden einfachen Formen – oft an Kopf und Bügel mit Scheiben und Kugeln verziert. In späteren Zeiten erlebten die Fibeln einen großen Aufschwung. Die Vielfalt ihrer Formen und die häufigen modischen Veränderungen machen aus den Fibeln ein chronologisch sehr empfindliches Trachtstück.

Krieger bekamen als Grabbeigaben ihre Schwerter, Lanzen und Schilde mit. Nicht jeder Waffenträger war jedoch voll ausgerüstet. Die Unterschiede in der Ausstattung – wie zum Beispiel Schwert, Schild und Lanze, Lanze allein oder volle Ausrüstung – erlauben es, in der Zeit des letzten vorchristlichen Jahrhunderts und auch später, als die Waffenbeigabe bei den Germanen weiter verbreitet war, die verschiedenen sozialen Schichten nach den Waffenkombinationen voneinander zu trennen. In den Gräbern fand man manchmal Importwaren aus keltischem Gebiet wie Drehscheibenkeramik, deren Herstellung in der Jastorf-Kultur unbekannt war, oder Armringe, Fibeln, Waffen und Bronzegefäße.

In der Mitte des 1. Jahrhunderts v. Chr. unterwarfen die Römer die Kelten, und die ehemals keltischen Gebiete wurden zur römischen Provinz Gallien. In den Jahren 16–15 v. Chr. veränderte sich die Situation auch in den neuen Provinzen Noricum und Rätien grundsätzlich. Nicht Kelten, sondern Römer wurden direkte Nachbarn der Germanen. Das letzte vorchristliche Jahrhundert, die jüngere vorrömische Eisenzeit, ist eine Periode der Konsolidation, aber auch der Spaltung der germanischen Stämme. Die Waffenbeigabe nimmt stark zu, und eine Führungsschicht kristallisiert sich heraus. Es beginnen lebhafte Handelskontakte mit dem Römischen Reich. Aus archäologischer Sicht werden folgende große Kulturgruppen getrennt: Rhein/Weser-Germanen, Elbgermanen, Germanen an der Nordseeküste, Germanen aus dem südskandinavischen Gebiet und Leute aus dem Raum zwischen Oder und Weichsel. Dort waren Germanen ansässig, die im heutigen Süd- und Zentralpolen mit den keltischen Lugiern friedlich zusammenlebten.

In den ersten Jahrzehnten n. Chr. entstanden die ersten historisch überlieferten germanische Reiche wie das von Marbod – Markomannen mit Zentrum im heutigen Böhmen –, kurz darauf das von Vannius – Quaden in der südwestlichen Slowakei. Beide waren von Rom abhängig. Dies zeigt sich im ungewöhnlichen Reichtum von Bronze- und Silbergefäßen sowie in aus römischen Provinzen importierten Trachtteilen, hier sind vor allem reich verzierte bronzene Gürtelgarnituren zu nennen. In die ersten nachchristlichen Jahrhunderte sind Fürstengräber datiert, die man vielenorts von Südskandinavien bis Böhmen und bis in die Slowakei fand. Nach dem ersten Fundort Lübsow (Lubieszewo) in Westpommern heißen solche Gräber Lübsow-Gräber. Die vornehmen Personen, Frauen und Männer, wurden in speziell konstruierten Gräbern bestattet, unter kleinen Hügeln in tiefen, mit Steinen gepflasterten Gruben. Die Grabinventare sind sehr reich und gleichen aneinander. Sie enthalten römisches Bronze- und Silbergeschirr, auch Gefäße zum Mischen und Trinken von gemischtem Wein, wie es bei den Römern und Griechen üblich war. Denn wer den Wein unverdünnt trank, galt als Barbar. Man fand auch Spielsteine aus Glas für eine Art Damespiel, silberne und goldene Fibeln, Anhänger und Gürtelteile. Die Männer, die in diesen Fürstengräbern bestattet waren, sind im Gegensatz zum einfachen Volk ohne Waffen ausgestattet. Sporen bilden die Ausnahme, die demnach eher zur Tracht als zur Bewaffnung zu rechnen sind. Die Fürstengräber sind der Beweis einer führenden barbarischen Schicht, die lebhafte Kontakte – sicher auch politischer Natur – mit dem Römischen Reich unterhielt.

Der Handel mit den römischen Provinzen erlebte einen großen Aufschwung. Außer den bei den Fürstengräbern erwähnten Gegenständen gelangten römische Münzen, rotglasierte Keramik mit Relief-Ornamenten – die *terra sigillata* –, Glasgefäße, Siegelringe, bronzene Statuetten der römischen und ägyptischen Götter und auch massenhaft Glasperlen ins Barbaricum. Die Ausfuhr von Waffen war bei den Römern zwar verboten, doch findet man im barbarischen Gebiet immer wieder römische Schwerter, oft mit Mars- und Victoria-Darstellungen, daraus muß man schließen, daß außer eventuellen Beutestücken auch geschmuggelte Waffen ins Land kamen. Die Handelswege verliefen durch das barbarische Land von Süden nach Norden, von Westen nach Osten. Bekannt ist die Bernsteinstraße, die von Aquileia in Norditalien über Carnuntum bei Wien durch die Mährische Pforte, an der Weichsel entlang bis zur Mündung und weiter bis ins Samland führt. Über diesen Weg berichtet Plinius der Ältere: Eine römische Expedition zur Zeit Neros brachte eine große Menge Bernstein nach Rom. Zahlreiche Funde römischer Importe im Umkreis der Bernsteinstraße verraten, daß der Handel florierte.

Andere Handelswege führten vom Niederrhein bis zur Mittelelbe, von Mainz nach Thüringen und von Linz über Böhmen an die obere Elbe, und nicht zuletzt versorgte der Seehandel entlang der Nord- und Ostseeküste auch Skandinavien mit Waren. Am Rhein und an der Donau florierte der kleine Grenzverkehr, der bis etwa 100 km ins germanische Land hinein reichte. Etwas später, wohl seit dem 2. Jahrhundert n. Chr., wurde auch der östliche Handelsweg genutzt, der von den griechischen Städten an der Nordküste des Schwarzen Meeres ins Dnjeprgebiet, nach Ostpolen und Litauen führte. Auf den westlichen Wegen kam der sicher importierte Wein in Fässern oder Ledersäcken ins Barbarenland, auf dem östlichen Weg wurde er aber in großen Tonamphoren transportiert, deren zahlreiche Scherben in Siedlungen und Gräberfeldern des östlichen Barbaricums gefunden worden sind. Wir wissen sehr wenig über barbarische Exportwaren. Archäologisch läßt sich nur Bernstein nachweisen, der in großer Menge an der Ost- und Nordseeküste vorkam, besonders im Samland und im Weichseldelta. Vieh und Getreide kommen nur bei den grenznahen Stämmen als Handelsware in Frage. Leder und Pelze aber ließen sich auch über große Distanzen transportieren. Berühmt war bei den Römern das blonde Haar der germanischen Frauen, das sich bei den römischen Damen großer Beliebtheit erfreute. Vielleicht wurde es auch eingeführt, wie auch eine etwas rätselhafte, aus Schriftquellen bekannte germanische Seife oder Pomade. Plinius berichtet außerdem über germanische Gänsefedern oder Daunen. Die massenhaft vorkommenden römischen Denare im barbarischen Gebiet sprechen dafür, daß römisches Geld auch im Barbaricum in Umlauf war, ohne jedoch den ganzen Handel decken zu können. So muß man mit Warenaustausch oder mit sogenanntem Sachgeld rechnen, dessen Funktion sehr gut Glasperlen erfüllt haben könnten. Den gut entwickelten Austausch unterbrachen für kurze Zeit die Markomannenkriege (166–180), die nicht nur die Völker an der Donau betrafen, sondern auch weiter im Norden seßhafte Barbaren.

In der jüngeren römischen Kaiserzeit, von der zweiten Hälfte des 2. Jahrhunderts an, läßt sich bei den Barbaren ein Aufschwung in allen wirtschaftlichen Bereichen beobachten, der sich vor allem in einer regen archäologisch nachweisbaren Siedlungstätigkeit äußert. Die Eisengewinnung und -verarbeitung aus Raseneisenerz nimmt erheblich zu, und scheibengedrehte Keramik kommt auf. In der Landwirtschaft werden eiserne Pflugscharen und im Haushalt Rotationsmühlsteine verwendet. Auch bisher fundleere, wenig fruchtbare Sandböden werden nun besiedelt. Im 3. und 4. Jahrhundert gibt es in Norddeutschland und Südskandinavien große Opferstätten an heute vermoorten Gewässern, in die Hunderte von Lanzen, Schwertern und Schilden geworfen wurden. Dies spricht deutlich für Kriegergemeinschaften.

Die Germanen besaßen eine eigene Schrift, die Runen, die jedoch nur für kurze Mitteilungen oft symbolischen Inhalts diente. Die frühesten Runeninschriften sind aus der zweiten Hälfte des 2. Jahrhunderts n. Chr. bekannt. Die Form der Buchstaben spricht dafür, daß sie ursprünglich wohl in Holz eingeritzt wurden. Diese Holzrunen haben sich nicht bis heute erhalten, die Schrift muß etwa um Christi Geburt entstanden sein. Das Futhark (nach den sechs ersten Buchstaben so genannt), das Runenalphabet, bestand bis zum siebten Jahrhundert aus 24 Zeichen, von denen jedes nicht nur ein Buchstabe, sondern gleichzeitig ein Begriff war. So bedeutete der Buchstabe S Sonne, K Geschwür oder Krankheit, R Fahrt, Ritt oder Wagen. Manche Runen waren zugleich Götternamen wie Tyr oder Ingwaz. Andere besaßen wiederum eine einander widersprechende Bedeutung. Die ältesten Runeninschriften des 3. und 4. Jahrhunderts konzentrieren sich in Südskandinavien. Sie kommen aber auch im Gebiet zwischen Weser und Weichsel sowie am Schwarzen Meer vor. Über die Herkunft der Runen gibt es mehrere Hypothesen; die verbreitetste ist, daß sie im Alpengebiet aus mehreren norditalisch-etruskischen Alphabeten entstanden sind und von den aus

Italien zurückkehrenden Kimbern im Jahre 101 v. Chr. nach Norden gebracht wurden. Das vollständige Alphabet ist aus einigen Funden bekannt wie zum Beispiel von einem Stein aus Gotland oder von einer skandinavischen Fibel aus Charnay, Département Saône-et-Loire. Auf mehreren Gegenständen wie Fibeln, Schnallen, Halsringen oder Lanzenspitzen und auf Brakteaten – verzierten goldenen Anhängern – wiederholen sich Formelwörter, die eine magische Bedeutung hatten. Manchmal taucht der Name der Trägerin einer Fibel auf oder der Name des Handwerkers, der sie hergestellt hat, ferner auch Segenswünsche oder sogar Flüche.

Im kontinentalen Europa verschwinden die Runen im 7. Jahrhundert, in Skandinavien, Friesland und England erleben sie eine neue Entwicklung, neue Zeichen, das sogenannte jüngere Alphabet, entstanden. In Schweden wurden die Runen vereinzelt noch bis in die Anfänge unseres Jahrhunderts verwendet. Seit dem Mittelalter verdrängte das lateinische Alphabet sie mehr und mehr.

Das vollständige Pantheon der Germanen ist erst aus späteren Quellen bekannt. Die aus der Älteren Edda gut bekannten Gestalten wie Wodan/Odin, Thor/Donar, Freya und Loki, wurden sicher auch schon in früheren Zeiten verehrt. Dafür sprechen in zahlreichen Gräbern gefundene Amulette. Die Götterattribute waren zum Beispiel Metallanhänger in Form des Thor-Hammers oder sogenannte Donar-Amulette, Miniaturkeulen aus Bein. Die Jenseitsvorstellungen spiegeln sich in den Grabbeigaben wider, zu denen nicht nur Waffen, Schmuck und Trachtteile gehörten, sondern auch verschiedene Amulette, Tongefäße mit Speiseresten und Fleisch von Haustieren, die die Hinterbliebenen den Toten als Wegzehrung für die andere Welt mitgaben.

Die Waffenbeigabe, die bei den verschiedenen germanischen Völkern nicht im gleichen Ausmaß vorkommt – eine Sonderstellung nehmen die Goten ein, die fast nie Waffen mitgaben –, ist ein Beweis dafür, daß auch die Vorstellung über das Leben im Jenseits bei den einzelnen Stämmen unterschiedlich war. Für die Germanen war der Tod nur ein Übergang in ein anderes Leben. Wie wir aus späteren Quellen, vor allem aus den isländischen Sagas wissen, war der Tod nichts Endgültiges. Das war auch der Grund dafür, daß die Germanen zum Erstaunen der antiken Autoren so furchtlos kämpften. Denn der Tod in der Schlacht war die würdigste Art zu sterben.

Folgendes tat sich in dieser Zeit: Bereits um 120 v. Chr. wanderten die Kimbern und Teutonen von Nordjütland bis zur Donau und weiter nach Gallien und sogar bis nach Italien. Um Christi Geburt landeten Goten aus Skandinavien im Weichseldelta. Gegen Ende des 2. Jahrhunderts n. Chr. zogen die Langobarden von der Niederelbe Richtung Süden, von ständigen kleinen Stammesverschiebungen ganz zu schweigen. Seit der Mitte des 3. Jahrhunderts bedrohten die Alamannen ernsthaft die römische Rheingrenze. Wie sich die Germanen weiter ausgebreitet hätten und inwiefern sie eine Gefahr für das Römische Reich geworden wären, ist nicht mehr festzustellen. Denn im Osten erhob sich eine dräuende Wolke, die sich sehr schnell näherte: Die Hunnen kamen, mit ihrer Ankunft begann die Zeit der Völkerwanderung.

Zwischen zwei Welten – *Limes Romanus* und die römischen Grenzprovinzen

Nachdem Julius Caesar Gallien unterworfen hatte, kam es in den Jahren 16/15 v. Chr. zu neuen Erweiterungen des Römischen Reiches. Im Voralpenland entstanden die Provinzen *Raetia* und *Noricum* am oberen Rhein und der oberen Donau, bald wurde *Pannonia,* das heutige Österreich und Ungarn östlich von Wien und rechts der Donau, römisch (9/10 n. Chr.). Dann kamen *Britannia* (43), *Thracia,* das heutige Bulgarien (46), *Moesia,* nördlich des Balkans bis zur Donau (86) und *Germania superior* und *inferior,* Nieder- und Obergermanien, links vom Rhein (90) dazu. Als letzte Grenzprovinz in Europa wurde *Dacia* – Rumänien – durch Trajan im Jahre 107 erobert, unter Aurelian (275) jedoch wieder aufgegeben. So kamen die Römer in direkten Kontakt mit den Barbaren, und es läßt sich nicht leugnen, daß sie ihre neuen Nachbarn nicht besonders respektvoll beurteilten. Der französische Historiker Yves Albert Dauge hat eine umfangreiche Studie dem Begriff *barbarus* bei den Römern gewidmet und definiert ihn folgendermaßen: Ein Barbar ist nicht nur ein fremdes Wesen, die Barbarei ist auch der innere Zustand, unvollkommen, gefährlich, impulsiv, brutal, aggressiv, aber auch schwach und dumm, dabei perfid und lügnerisch. Er ist kein Mensch, obwohl sein Eintritt in die *humanitas* jederzeit möglich ist. Diese Worte wiederholen sich bei allen römischen Autoren und nehmen besonders in der späten Kaiserzeit zu, als die Barbaren für die Römer zur tödlichen Gefahr wurden. Ammianus Marcellinus, Zeitgenosse des Hunneneinfalls und des Gotenkrieges im Jahre 378, stellt im letzten Buch seiner Geschichte ein apokalyptisches Bild dar.

Aber es gab auch Barbaren, die erstaunliche Militärkarrieren im Römischen Reich machten. Der Franke Arbogast, der Halbwandale Stilicho, der Alane Aspar und der Suebe Ricimer regierten im 4.–5. Jahrhundert im Namen der Kaiser und bestimmten sogar, welcher Mann zum Kaiser erhoben werden sollte! Sie konnten den Thron nicht selbst besteigen, da der Widerstand der römischen Bevölkerung zu groß gewesen wäre. Es genügte ihnen, daß sie die tatsächlichen Herrscher waren. Seit dem 3. Jahrhundert n. Chr. nahm die Zahl der Germanen im römischen Heer ständig zu, die bereits im ersten nachchristlichen Jahrhundert eingeführten *foedera* – Verträge, mit denen sich die Barbaren zum Grenzschutz verpflichteten, dafür erhielten sie Getreide und Geld – wurden eine oft angewandte Praxis. Es ging sogar so weit, daß unter Justinian vorwiegend Föderaten, also Germanen, Hunnen, Mauren und Isaurier, in der oströmischen Armee dienten. Die Föderaten waren für Rom nicht ungefährlich, weil die Abkommen oft gebrochen wurden und sich die Verbündeten von gestern in Feinde von heute verwandelten. Nicht selten traten dieselben Truppen nach kurzer Zeit dann wieder in römischen Dienst.

Im Laufe des ersten nachchristlichen Jahrhunderts stabilisierte sich die römische Nordgrenze entlang des Rheins und der Donau. Der *Limes Romanus* entstand. Seine verschiedenen Abschnitte haben eine lange Forschungsgeschichte, da sich bereits im 16. Jahrhundert in Deutschland und Österreich Humanisten für die römischen Befestigungsanlagen interessierten. In Carnuntum (Deutsch-Altenburg bei Wien) fanden schon im Jahre 1599 die ersten Ausgrabungen statt. Der Limes verlief vom Niederrhein bis zur unteren Donau. Der Forschungsstand seiner Abschnitte ist unterschiedlich. Die Grenze in Deutschland, Österreich und Ungarn ist gut erforscht, viel weniger weiß man jedoch über die Grenzbefestigungen in den Balkanländern.

Am besten untersucht scheint der obergermanisch-rätische Limes zu sein, zwischen Koblenz und Regensburg. Bereits im 1. Jahrhundert n. Chr. verlief hier die Grenze nicht entlang der beiden Flüsse Rhein und Donau, sondern sie wurde so nach Norden und Osten verschoben, daß sie im 2. Jahrhundert den Odenwald und den Neckar erreichte. Am Anfang war sie mit Postenweg und Holztürmen markiert, unter Kaiser Hadrian (117–138) entstand eine Holzpalisade. Bald darauf wurden die Holztürme durch Steinbauten ersetzt.

In der zweiten Hälfte des 2. Jahrhunderts errichteten die Römer eine neue Linie, den Vorderlimes, der östlich vom Odenwald, von Lorch bis zum Main verlief. Im 3. Jahrhundert waren die Anlagen noch besser geschützt: am Rhein, in Obergermanien, durch Wall und Graben hinter der Palisade, in Rätien an der Donau durch Steinmauern. Dies war notwendig, weil seit Anfang des 3. Jahrhunderts die Alamannen den Limes bedrohten. Auf den Grenztürmen saßen jeweils vier bis fünf Wachsoldaten, deren Aufgabe es war, mit Rauch, Feuer oder Hornsignal der nächsten Truppe Gefahr zu signalisieren. Entlang des obergermanisch-rätischen Limes gab es 60 größere Kastelle, befestigte Kasernen, in denen die Hilfstruppen stationiert waren. Die Legionen – je 6000 Mann – standen in den *castra,* Legionslagern in Mainz, Straßburg und Regensburg. Außer diesen Anlagen wurden auch Kleinkastelle und Zivilsiedlungen gebaut, in denen für den Armeebedarf arbeitende Handwerker wohnten. In den unruhigen Zeiten der Soldatenkaiser gelang es den Römern noch, die Alamannen außerhalb des Limes zu halten. Die beim ersten großen alamannischen Angriff zerstörten Kastelle wurden auch wieder aufgebaut. Wegen der gotischen Einfälle an der unteren Donau wurden die Truppen vom obergermanisch-rätischen Limes zum Teil dorthin abgezogen. Es dauerte nicht lange, bis die Alamannen wieder angriffen. Seit dem Jahre 259 war das Gebiet östlich des Rheins und nördlich der oberen Donau, das Dekumatland, für die Römer endgültig verloren.

Am Niederrhein wurde der Limes von den Franken durchbrochen, die plündernd über Gallien bis zur spanischen Stadt Tarragona zogen und die sogar die mauretanische Küste bei Tetuan in Marokko auf erbeuteten Schiffen erreichten. Im Jahre 260 wurde eine neue Grenze am Oberrhein errichtet, der Rhein–Iller–Donau-Limes mit Regensburg und Passau als wichtigsten Wehranlagen. Der Ausbau des Limes in Noricum und Pannonien mit der Grenze zwischen den beiden Provinzen bei Wien begann später als in Rätien, und zwar erst als die Römer ein System von Satellitenstaaten errichteten, zu denen die Hermunduren, Naristen, Markomannen und Quaden nördlich der Donau zählten. Dies funktionierte relativ gut bis zu den Markomannenkriegen im Jahre 166, als sich diese Klientelstaaten gegen Rom verbündeten. Die Legionslager in Noricum waren Lauriacum (Lorch), in Pannonien Vindobona (Wien), Carnuntum (Deutsch-Altenburg), Aquincum (Budapest) und Brigetio (Öszöny), dazu eine Reihe von Kastellen, Wachtürmen und Zivilsiedlungen. Auch nördlich der Donau befanden sich römische Grenzposten und Erdlager, deren Erforschung eine schöne Aufgabe für die tschechische und slowakische Archäologie ist.

Aus dem Vorfeld des pannonischen Limes stammt das nördlichste Zeugnis der Anwesenheit römischer Legionen im Barbaricum. In Trençin an der Waag in der Slowakei, zur Römerzeit Laugaricio genannt, 140 km von Brigetio an der Donau entfernt, ist eine römische Inschrift im Fels erhalten, die berichtet, daß an diesem Ort eine römische Truppenabteilung nach einem Sieg über die Germanen im Jahre 179/80 überwinterte.

Eine der Reformen Diocletians war es, die Zahl der Legionen zu erhöhen. Dabei wurde jedoch die Sollstärke einer *legio* von 6000 auf 1000 Mann reduziert. Die großen *castra* waren demnach nicht mehr zu verteidigen. Dies führte dazu, daß sich darin auch andere Truppen aufhielten, ja sogar die Familien einiger Soldaten dort wohnten. Dies war vor Diocletian streng verboten. Konstantin der Große verstärkte den norisch-pannonischen Limes weiter und ließ zwischen Donau und Theiss Erdwälle errichten, die vor allem als Schutz vor den Sarmaten, aber auch vor den Germanen dienten. Im 4. Jahrhundert waren die Legionslager bereits zu groß, da nicht mehr viele Soldaten an den Grenzen standen. In Pannonien wurden befestigte Städte und Siedlungen errichtet, die eine innere, zweite Schutzlinie bildeten. Als letzter stärkte Kaiser Valentinian I. (364–375), von Geburt Pannonier, den pannonischen Limes. Unter erneuten germanischen Angriffen und aufgrund der Ansiedlung von Goten in Pannonien unter Theodosius verfiel der Limes unvermeidlich.

In den Jahren 101–106 machte Kaiser Trajan aus dem Reich der Daker in Rumänien die einzige römische Provinz nördlich der Donau, Dacia, die jedoch nach 170 Jahren wieder aufgegeben werden mußte. Über den Verlauf der dakischen Kriege informiert uns die Trajanssäule in Rom und das weniger bekannte *Tropaeum Traiani* bei Adamklissi in der Dobrudscha, ein Triumphdenkmal, ein 30 m hohes Monument mit zylindrischer Basis mit Metopenfries und Reliefbildern, die eine Schlacht der Römer gegen die Daker, Buren und Sarmaten darstellen. Die Dobrudscha, der Teil Rumäniens zwischen Donau und Schwarzem Meer, war die Provinz *Moesia inferior*. Auch hier gab es Kastelle, Legionslager und – besonders wichtig – die Stützpunkte der römischen Donauflotte. Die wichtigste Stadt war Tomis am Schwarzen Meer, das heutige Constanţa. Dorthin wurde Ovid in die Verbannung geschickt, er beklagte sich bitter über die winterliche Kälte. Tomis war Residenz des Kommandeurs der pontischen Küste und entwickelte sich rasch zu einer Metropole. Mit der Aufgabe Dakiens unter Aurelian im Jahre 275 wurde die Donau wieder die römische Grenze.

Am Ende des 3. und im 4. Jahrhundert wurden die Militärfestungen wieder aufgebaut, und auch die Städte bekamen Ringmauern, da sich die Angriffe der Barbaren ständig wiederholten. Davon zeugen zahlreiche Brandschichten im Schutt dieser Städte.

Nach der neuen Teilung unter Diocletian verkleinerten sich die Areale vieler Städte, mit Ausnahme von Tomis, der Hauptstadt der neuen Provinz *Scythia minor*, sie erlebte noch einmal einen regelrechten Aufschwung.

Im Oströmischen Reich veranlaßte Kaiser Justinian eine rege Bautätigkeit, die bei Prokop von Caesarea *De aedificiis* verewigt ist. Allein in den Diözesen Illyricum und Thrakien entstanden 600 neue Bauten. Die archäologischen Ausgrabungen bestätigen den Ausbau und die Reparaturen an den alten Befestigungsanlagen.

Die awarisch-slawischen Angriffe auf den Balkan im 7. Jahrhundert führten trotz der Versuche der byzantinischen Kaiser, den damaligen Lebensstandard aufrechtzuerhalten, zur Verarmung der Bevölkerung. An der unteren Donau konnte sich der römische Lebensstil bis zum Ende des 7. Jahrhunderts behaupten.

Außer den spätantiken Städten, die mit ihren Befestigungsanlagen nach und nach die Gestalt von mittelalterlichen Städten annahmen, gab es in allen Provinzen der Spätantike viele Landgüter des römischen Adels. Archäologisch gut erforscht sind die römischen Villen *(villae rusticae)* in Pannonien, die sich vor allem um den Plattensee konzentrieren, wohl deshalb, weil die dortige Landschaft an die italische erinnert. Die ersten Villen entstanden im ersten nachchristlichen Jahrhundert, als der Prozeß der Romanisierung begann. Viele von ihnen, besonders die in der Nähe von Städten wie Aquincum, Carnuntum und Savaria, weisen einen luxuriösen Baustil und reichen Schmuck auf. Dem Besitzer einer solchen Villa gehörte ein großes Stück Land, Landwirtschaft und Handwerk blühten. Viele Kaufleute sowie Munizipalbeamte bewohnten ebenfalls solche Villen. In der Spätantike begann man aus Furcht vor den Barbaren die Villen mit Ecktürmen und Mauern zu befestigen. Eine *villa rustica* bestand aus dem Wohnhaus der Besitzerfamilie, oft mit Mosaikfußböden und Wandmalereien geschmückt, einem Bad und aus einigen Kultbauten, besonders für die Götter der Fruchtbarkeit, der Jagd und des Überflußes, aber auch für Jupiter, Apollo und andere römische Götter sowie für den Kaiser. Im rechteckigen, umfriedeten oder offenen Grundstück einer Villa befanden sich einige Häuser für das Dienstpersonal, Ställe und Speicher. Die niedere soziale Schicht in den Dörfern, in den *vici,* lebte ärmlich in mit Lehm verputzten Holzhütten. In den Limes-Provinzen gab es bedeutende Produktionszentren, die entweder die inneren Provinzen wie Noricum mit Eisen oder die barbarischen Märkte wie die beiden Germania mit ihrer begehrten *terra sigillata* versorgten. Das bekannte System der römischen Straßen mit zahlreichen Raststätten – *mansiones* – wurde teilweise noch im frühen Mittelalter benutzt, verfiel jedoch nach und nach. Im 4. Jahrhundert kam es durch ständige Barbareneinfälle und die Verarmung der Provinzbevölkerung zum allgemeinen Verfall. Viele Stadtteile wurden verlassen und verödeten, die großen Bäder, die niemand mehr unterhielt, wurden zu Wohnhäusern oder Kirchen umgebaut. Der deutsche Historiker Alexander Demandt schreibt: «Mauern und Kirchen bestimmten fortan das Stadtbild, nicht Märkte und Bäder.» Die Geburtsstunde der mittelalterlichen Stadt war gekommen.

Die Kirche – Wie die Germanen Christen wurden

Seit dem konstantinischen Mailänder Toleranz-Edikt vom Jahre 313 gewann die christliche Kirche immer mehr an Bedeutung. Ihre Organisationseinheit war die Ortskirche mit dem Bischof. Sein Wirkungsbereich entsprach einer *civitas,* dem kleinsten zivilen Verwaltungsbezirk. Die Bischöfe einer Provinz waren zu einem Verband vereinigt, an dessen Spitze ein Metropolit, der Bischof der Provinzhauptstadt, stand, der zum Beispiel Provinzial-Synoden einberief und leitete. Über den Metropoliten standen die Patriarchen der Großregionen mit den Hauptstädten wie Alexandria für Ägypten, Rom für den Westen und Konstantinopel für den Osten.

Seit der Mitte des 3. Jahrhunderts behaupteten die Bischöfe Roms, die sich als Erben des Petrus und des Paulus verstanden, ihre Vormachtstellung. Daraus entwickelte sich in den zwei darauffolgenden Jahrhunderten das Papsttum. Die Zentren der westlichen Kirche waren Nordafrika mit dem Heiligen Augustinus, Bischof von Hippo Regius, ferner Gallien, dessen Kirchenväter Zeuge der wandalischen, suebischen, alanischen und kurz darauf der westgotischen Einfälle waren, darüber wird in den kirchlichen Schriften des 5. Jahrhunderts berichtet, und schließlich Italien und Spanien. Kurz nach der Anerkennung durch Konstantin geriet die christliche Kirche in schwere innere Konflikte, die für die Germanen eine entscheidende Bedeutung haben sollten. Es war die Zeit, in der Arius, Presbyter aus Alexandria, mit seiner These über die Natur Christi auftrat.

In der ersten Hälfte des 4. Jahrhunderts verbreitete sich in der christlichen Kirche dessen Ansicht, die lautete, Christus sei nicht gottgleich, sondern Gottes höchstes Geschöpf mit göttlicher und zugleich menschlicher Natur. Der Streit um den Arianismus dauerte bis ins 6. Jahrhundert, obwohl schon auf dem Konzil von Nicaea im Jahre 325 seine Lehre als Häresie verurteilt wurde.

In dieser Zeit Anfang des 4. Jahrhunderts drangen Germanen aus verschiedenen Richtungen ins Römische Reich ein. Als erstes Volk wurden die Goten Christen, deren Bischof Wulfila – von ihm wird noch die Rede sein – die Bibel ins Gotische übersetzte. Die Goten übernahmen den christlichen Glauben in arianischer Form. Zu den Zeiten, als sie nach Mösien vordrangen, herrschte im östlichen Teil des Römischen Reiches Kaiser Valens (364–378), der selbst Arianer war und den Goten Arianer als Missionare schickte. Von den Goten ausgehend verbreitete sich der Arianismus bei den anderen germanischen Völkern, bei den Sueben, Wandalen, Burgunden, Langobarden, Rugiern und Herulern. Die Hauptmasse der im 4./5. Jahrhundert in die römischen Provinzen einfallenden Germanen war jedoch immer noch heidnisch.

Durch den Einfall der Germanen über den Rhein wurde nicht nur die Bevölkerung, sondern auch die Kirche stark betroffen. Die nordgallischen Bischöfe mußten fliehen, die verlassenen Bischofssitze in Köln, Mainz, Worms, Speyer und Straßburg wurden erst nach etwa hundert Jahren wiederbesetzt. Auf dem Balkan vermochte sich vermutlich kein Bischof zu halten. Nur die Franken waren von Anfang an katholisch. Nach der Schlacht Chlodwigs gegen die Alamannen bei Straßburg im Jahre 496/97 trat der fränkische König, seinem am Vorabend abgelegten Gelübde treu, zum Katholizismus über und mit ihm 3000 Männer. Seine Frau Chrodechilde war bereits Christin, aber nicht ihr Einfluß allein, sondern vielmehr politisches Kalkül bewegte Chlodwig zu diesem Schritt.

So war die Lage der Kirche im Frankenreich von Anfang an anders als in den anderen germanischen Reichen. Sie wurde Staatskirche, deren Oberhaupt Chlodwig selbst war. Die Germanen und Romanen hatten eine gemeinsame Religion, im Gegensatz zum ostgotischen Reich in Italien, dem westgotischen in Spanien und dem wandalischen in Afrika. Die Eroberer dort waren Arianer, die unterworfene romanische Bevölkerung jedoch katholisch. Dies führte zu einem gefährlichen Zwiespalt, als die Arianer die Katholiken verfolgten, im wandalischen Reich nahm die Verfolgung einen besonders grausamen Verlauf. Der ostgotische König, Theoderich der Große, Verfolger der Katholiken, starb als Ketzer.

Im Laufe der Zeit konvertierten die Germanen zum Katholizismus: die Burgunden kurz nach 500, die Westgoten im Jahre 587, die Langobarden endgültig unter König Perctarit (671–688). Besonders für die Westgoten war dies ein entscheidender Schritt, denn zusammen mit der Aufhebung des Eheverbots zwischen Römern und Germanen begann damit die Entwicklung zur hispanischen Nation. Am längsten blieben die Sachsen und Friesen Heiden, die erst gegen Ende des 8. Jahrhunderts unter Karl dem Großen getauft wurden. Die Bajuwaren, die erst im 6. Jahrhundert erwähnt werden, traten von Anfang an als Katholiken ins historische Licht.

Unter den Kirchenleuten in den Provinzen gab es manche, die mit aller Kraft die leidende Bevölkerung vor den germanischen Überfällen schützten. So rettete zum Beispiel Genovefa von Paris (um 420 bis um 500) die hungernde Bevölkerung von Lutetia vor einer Panik, als die Hunnen einfielen und Franken die Stadt belagerten. Genovefa überlistete die Belagerer, so daß Getreide auf Schiffen in die Stadt gelangen konnte. Caesarius, Bischof von Arles, gestorben im Jahre 542, ging so weit, daß er sogar die Franken und Burgunden aus der gotischen Gefangenschaft loskaufte. Zu diesem Zweck ließ er silbernes Kirchengerät einschmelzen. Eine große Aktion unternahm der heilige Severin, gestorben 482, der die Romanen aus Bayern nach Osten vor den Alamannen evakuierte und für Lebensmittel und Kleider sorgte.

Die Kirche in den neuen germanischen Reichen, die auf römischem Boden entstanden, war Ursprung der Kultur, der Bildung und des Schrifttums. So bewahrte sie die romanischen Traditionen, obwohl das im Laufe des 5. und 6. Jahrhunderts nicht immer leicht war. Im stark germanisierten Nordgallien sanken Kulturniveau und Bildungswesen. Auch die blühende gallische Literatur verstummte in der Mitte des 7. Jahrhunderts bis zur karolingischen Renaissance.

Der allmähliche Prozeß der Christianisierung der Germanen wird auch in den archäologischen Quellen deutlich. Wir werden sehen, wie unter christlichem Einfluß die barbarische Beigabensitte erlischt und wie nach der Zeit der großen Reihengräberfelder Kirchenfriedhöfe entstehen. Man begann, die Toten mit christlichen Symbolen zu versehen, zu denen vor allem dünne Goldblattkreuze gehören, besonders bei den Langobarden und Alamannen verwendet, die auf den Mund oder die Brust des Verstorbenen oder auf den Schleier der Frauen gelegt wurden. Es treten Amulettkapseln aus Metall oder Holz auf, die als Behälter von geweihten Gegenständen dienten. Es wurden auch Trachtteile, Schmuck und Geräte mit christlichen Symbolen – Kreuz oder Christusmonogramm – geschmückt. Es ist auch zu vermuten, daß die Germanen – wohl noch als Heiden – unter christlichem Einfluß die Ausrichtung ihrer Gräber von der nord–südlichen in die west–östliche änderten.

Besonders im 7. Jahrhundert verbreitete sich bei fast allen germanischen Völkern der Grabraub, wohl vor allem durch den Mangel an Edelmetallen und Bronze verursacht. Manche Gräberfelder wurden bis zu 90 Prozent ausgeraubt, jedoch blieben Gegenstände mit christlichen Symbolen im Grab zurück. Dies bedeutet, daß die Grabräuber, wohl selbst Christen, nicht wagten, den Toten die Glaubenssymbole wegzunehmen.

Die Datierung der archäologischen völkerwanderungszeitlichen Funde

In diesem Buch wird der Leser bei der Besprechung von archäologischen Funden immer wieder auf Altersbestimmungen verschiedener Gegenstände stoßen. Heute kann man manche von ihnen mit einer Genauigkeit von bis zu etwa 30 Jahren datieren. Die bekannteste Datierungsmethode ist die mit Hilfe des radioaktiven Kohlenstoffs ^{14}C, den alle organischen Substanzen enthalten und der in bekannten Zeiträumen wieder in normalen Kohlenstoff zerfällt. Diese Datierungsmethode durch das Messen des Anteils an ^{14}C ist für die vorgeschichtlichen Epochen vom großen Nutzen, für die Frühgeschichte jedoch zu ungenau. Denn das dadurch errechnete Datum mit einer Streuung von mehr oder weniger hundert Jahren früher oder später kann für den hier geschilderten Zeitraum nur als zusätzliches Kontrollmittel dienen. Hauptsächlich werden die frühgeschichtlichen Funde mit historischen und typologischen Methoden datiert. Etwa seit dem ersten vorchristlichen Jahrhundert verfügen wir über eine Fülle von Nachrichten antiker Autoren über Geschehnisse, die auch Barbaren betreffen. Es ist beispielsweise bekannt, wann die keltischen Burgen, die *oppida,* in Gallien unter Julius Caesar zerstört wurden, dies bedeutet, daß alle dort gefundenen Gegenstände mit wenigen Ausnahmen über den genannten Zeitraum hinausgehen.

Der bedeutendste Fund der Völkerwanderungszeit ist das Grab des fränkischen Königs Childerich mit sehr reichen Beigaben und einem

Siegelring, in den sein Name eingraviert ist. Nach schriftlichen Quellen starb Childerich im Jahre 482. Alle andernorts gefundenen Gegenstände, die in demselben Stil hergestellt worden sind, lassen sich demnach mit dem Childerichgrab vergleichen und dadurch auch datieren.

Die Zerstörungsschichten vieler antiker Städte und römischer Limeskastelle lassen sich mittels schriftlicher Quellen oft auf das Jahr genau datieren. Ebenso sind die Wege der germanischen Völker bekannt, so zum Beispiel erscheinen die Wandalen in Afrika mit ihrem Fundgut im Jahre 429, die Ostgoten in Italien ab 489, die Langobarden – die nächsten Invasoren Italiens – im Jahre 568. Natürlich muß man immer damit rechnen, daß trotz der Berichte schriftlicher Quellen immer gewisse Bevölkerungsgruppen im alten Land zurückblieben oder auch umgekehrt: Einem endgültigen Auszug des gesamten Volkes gingen oft zahlreiche Erkundungen in die spätere neue Heimat voraus, die noch zu keiner eigentlichen Landnahme führten, aber schon ihre archäologischen Spuren hinterließen. Einen unschätzbaren Wert für die Chronologie der völkerwanderungszeitlichen Funde haben die münzdatierten Gräber, also diejenigen, unter deren Beigaben sich spätrömische oder byzantinische Münzen befinden. Nach der jeweils jüngsten Münze wird der Fund datiert; wenn dann dazu diese Münze frisch geprägt, das heißt ohne Abnutzungsspuren erhalten ist, kann man mit großer Wahrscheinlichkeit sagen, daß der Tote zur Regierungszeit dieses oder jenes Kaisers beigesetzt wurde. Manchmal ist sogar das genaue Prägejahr einer Münze innerhalb der Regierungszeit eines Kaisers bekannt. Als die germanischen Könige damit begannen, eigene Münzen prägen zu lassen, erweitert sich die Zahl datierbarer Gräber. Nicht alle Gräber sind jedoch mit Münzen ausgestattet, schlimmer noch, bei gewissen germanischen Völkern, wie bei den Westgoten in Spanien, war es nicht üblich, dem Toten Münzen ins Grab zu legen.

Die Archäologie kennt den Begriff der Beigabenvergesellschaftung, mit anderen Worten die Kombination von bestimmten Beigaben, die sich in mehreren Gräbern wiederholt und sich mit münzdatierten Funden vergleichen läßt. Man kann feststellen, ob ein gewisser Typ, zum Beispiel eine Fibel, eine Schnalle mit charakteristischer Dekoration oder eine bestimmte Art Keramik, nur in einem kurzen Zeitabschnitt vorkommt oder ob Begleitfunde lange Laufzeiten haben. Formen, die häufig stilistischen oder modischen Veränderungen unterliegen, werden in der Archäologie Leitfunde genannt, mit deren Hilfe auch andere Typen chronologisch bestimmt werden können. Eine solche Methode verlangt die genaue Kenntnis zahlreicher Grabkomplexe in verschiedenen Teilen Europas. So werden zum Beispiel die westgotischen Funde Spaniens mit Hilfe der ostgotischen in Italien datiert, diese kann man mit den gotischen Grabkomplexen an der Donau vergleichen, um festzustellen, welche Formen bereits vor der Einwanderung der Goten nach Italien existierten und welche erst in ihrer neuen Heimat entstanden.

Sehr wichtig ist die sogenannte horizontale Stratigraphie der Gräberfelder. Sie erweitern sich mit der Zeit vom frühen Kern der ersten Gräber in eine oder in verschiedene Richtungen aus, wie auch in neuzeitlichen Friedhöfen, wenn ein neuer Teil angelegt wird. Die genaue Kartierung einzelner Beigaben auf dem Friedhofsplan ermöglicht es, frühe und späte Areale zu unterscheiden. Wenn sich das Gräberfeld kontinuierlich nur in eine bestimmte Richtung entwickelte, besteht die Möglichkeit, auch arm ausgestattete Gräber richtig zu datieren. Diese Methode ist nicht nur für chronologische, sondern auch für soziale Studien wichtig, da es sich oft zeigt, daß reiche Gräber von ärmeren umgeben sind. Das Verhältnis von armen zu reichen Gräbern läßt wichtige Schlüsse über gesellschaftliche Schichten zu. Die chronologischen Untersuchungen erlauben es außerdem festzustellen, von wie vielen Generationen ein Friedhof belegt worden ist. Daraus kann man die Zahl der lebenden Bewohner der Gemeinschaft hochrechnen, die ihre Toten im Gräberfeld beisetzte. Ähnliche Beobachtungen sind auch in großen, systematisch ausgegrabenen Siedlungen möglich, in denen verschiedene Bauphasen festgestellt werden können. In Gräbern erhaltenes Holz – Särge, Totenbahren oder manchmal beigegebene kleine Möbel wie Tische und Stühle, die den Verstorbenen im Jenseits Komfort bieten sollten – ermöglicht in bestimmten Fällen eine genaue dendrochronologische Datierung.

Die Datierung der Bestattung eines vornehmen fränkischen Knaben unter dem Kölner Dom erbrachte zwei Ergebnisse: Aufgrund der Beigaben archäologisch datiert lag das Sterbedatum im Zeitraum von 540 bis 560 n. Chr., die dendrochronologische Untersuchung bestätigt dieses Ergebnis mit der Angabe 550 ± 8 Jahre n. Chr. Leider lassen sich nicht alle Funde so genau datieren. Es gibt viele, deren Alter nur mit der Zeitspanne eines halben oder sogar eines ganzen Jahrhunderts bestimmbar ist. Dies gilt besonders für Einzelstücke.

Seit der zweiten Hälfte des 19. Jahrhunderts bemühen sich die Archäologen, die Funde immer genauer zu datieren. Es ist hier nicht möglich, alle wichtigen Forscher aufzulisten. Aber eines steht fest: Ohne ihre unermüdliche Arbeit, nicht nur im Bereich der chronologischen Untersuchungen, wäre die heutige Kenntnis der Völkerwanderungszeit undenkbar. Jeder Forscher baut heute auf den Untersuchungsergebnissen seiner zahlreichen Vorgänger auf und hat es durch das stabile Fundament bisheriger Arbeiten leichter, zu seinem persönlichen Arbeitsziel zu gelangen.

Das Volk auf drei Schiffen – Die Goten und Gepiden

Kein anderes germanisches Volk hat sich Europa so erwandert wie die Goten. Ihr Weg führte von Skandinavien bis zum Schwarzen Meer, über die Balkanhalbinsel bis nach Italien, Gallien und Spanien. Von den Hunnen vertrieben, begannen sie die große Völkerwanderung, an die sich andere germanische Stämme anschlossen. Die frühesten schriftlichen Nachrichten über die Goten stammen aus dem ersten nachchristlichen Jahrhundert. So berichten der griechische Historiker Strabon und Tacitus, der größte römische Geschichtsschreiber, über das Volk der Gutonen, das irgendwo hinter anderen Stämmen wie den Lugiern und den Markomannen lebte. Das Wort *hinter* bedeutet aus der griechisch-römischen Perspektive nördlich von. Diese Gutonen wären also irgendwo in Mitteleuropa zu suchen, da die Markomannen im Böhmischen Becken, die Lugier – aller Wahrscheinlichkeit nach – in Südpolen ihre Wohnsitze hatten. Genauer lokalisiert sie der alexandrinische Geograph Ptolemäus um die Mitte des 2. Jahrhunderts n. Chr. Seine Gytones waren irgendwo in der europäischen Sarmatia seßhaft. Die Weichsel trennte die Germania von der Sarmatia, die sich bis Maeotis, also bis zum Asowschen Meer, erstreckte. Demnach muß man die Goten im Gebiet östlich der Weichsel vermuten. Ptolemäus erwähnt noch andere

Goten, die Goutai oder Gutones, die im südlichen Teil der Insel Skandia lebten. Denn Skandinavien war für die antiken Chronisten immer eine Insel, die Skandia oder Thule hieß. Sie soll auch das Ursprungsland der Goten gewesen sein.

Jetzt gelangen wir zur wichtigsten schriftlichen Quelle: Ein wenig bekannter Schriftsteller, Jordanes, schrieb in der Mitte des 6. Jahrhunderts in Italien, zur Zeit des Kaisers Justinian, die Geschichte der Goten auf. Geschrieben ist eigentlich zu viel gesagt. Denn Jordanes machte nur einen Auszug aus einem umfangreichen Werk von Cassiodorus, einem römischen Senator und Minister am Hofe des ostgotischen Königs Theoderichs des Großen in Ravenna. Cassiodorus' Schrift ist verlorengegangen, und es ist bedauerlich, daß wir sie nicht kennen. Jordanes schreibt selbst in seinem Vorwort mit rührender Ehrlichkeit, daß er sein Büchlein aus den Chroniken der zwölf Bücher des Senators konzipierte, die er nur für drei Tage zur Verfügung hatte. In seiner heutigen Form umfaßt das Büchlein nur etwas über hundert Seiten kleinen Formats. Trotzdem gibt es uns einige Informationen über den Ursprung der Goten und über ihre Geschichte, ohne die wir sehr viel weniger über dieses Volk wüßten. Cassiodorus stützte sich bei seiner Chronik – einer Auftragsarbeit des Königs – auf andere Quellen, die ebenfalls verloren sind.

Die Ostgoten, die in Italien ihr Reich gründeten und mit der hohen Zivilisation in Berührung kamen, sehnten sich nach ähnlich ruhmvollen Traditionen, wie die der Römer und Griechen. Das Werk von Cassiodorus sollte ihnen diese Tradition verschaffen, vor allem aber sollte es den Glanz der königlich ostgotischen Dynastie der Amaler rühmen. Jordanes schreibt am Anfang seiner Geschichte: «Von dieser Insel Skandza (Scandia) also sollen einst wie aus einer Werkstatt der Völker oder einer Mutter der Nationen die Goten mit ihrem König Berig ausgefahren sein. Sobald sie ihre Schiffe verließen und ans Land stiegen, gaben sie demselben sogleich ihren Namen. Denn noch heute heißt, wie man erzählt, dort ein Land Gothiskandza [...]. Als nun die Zahl des Volkes immer mehr zunahm und ungefähr der fünfte König nach Berig herrschte, nämlich Filimer [...], faßte dieser den Entschluß, daß das Heer der Goten mit Weib und Kind auswandern solle. Als er nach geeigneten Wohnsitzen und passenden Gegenden suchte, kam er in die

Lande von Scythien, welche in ihrer Sprache Oium heißen. Die fruchtbaren Gegenden gefielen dem Heer.»

Wo aber lagen Gothiskandza und Oium? Eine wichtige Information fügt Jordanes noch hinzu: Bevor die Goten nach Oium kamen, überquerten sie ein sumpfiges Gebiet. Schließlich gelangten sie an «den entferntesten Teil Scythiens, der an den Pontus grenzt». Mit dem Wort Pontus haben wir bereits einen sicheren Anhaltspunkt: Das Schwarze Meer hieß in der Antike Pontus. Es gibt in der Fachliteratur verschiedene Hypothesen darüber. Viele Historiker haben es immer wieder versucht, den Weg der Goten von Skandinavien her zu rekonstruieren. Es gibt aber auch die Hypothese, vom deutschen Archäologen Rolf Hachmann vertreten, daß die Goten gar nicht aus Skandinavien, sondern aus Masowien in Polen, nördlich von Warschau, stammen. Die Mehrheit der Historiker ist aber der Meinung, daß das gotische Volk aus den zwei schwedischen Provinzen Öster- und Västergötland oder aber von der Insel Gotland an die südliche Küste der Ostsee kam. Denn alle drei Gebiete enthalten in ihren Namen einen gemeinsamen Kern: die Goten. Es stellt sich nun die Frage: Wo landeten die Goten an der südlichen Küste der Ostsee? Man hat versucht, auch die Mündung der Oder in Erwägung zu ziehen, doch scheint die Lokalisation des Ptolemäus, nämlich östlich der Weichsel, entscheidenden Wert zu haben. Gothiskandza wäre also das Gebiet an der unteren Weichsel. Soviel sei nur in groben Umrissen gesagt über die Anfänge und die erste Wanderung der Goten im Lichte der schriftlichen Quellen.

Was sagt die Archäologie dazu? Wir haben gesehen, daß die schriftlichen Quellen die Goten ziemlich ungenau lokalisieren als weit entfernt von den Markomannen und Lugiern, in der Nähe von den Burgunden im Osten, sicher nicht an der Ostseeküste, sondern etwas weiter südlich im Binnenland, östlich der Weichsel. Bereits in den zwanziger Jahren unseres Jahrhunderts meldeten sich die Archäologen zu Wort und versuchten, aufgrund der Funde, vor allem aufgrund der Grabformen und Grabbeigaben, die Heimat der Goten zu finden. Alle gingen von den archäologischen Funden an der unteren Weichsel aus. Dort tritt am Anfang des ersten nachchristlichen Jahrhunderts eine neue Grabsitte auf: Gräber mit Steinsetzungen, etwas später Hügelgräber mit Steinkern und nicht selten mit Steinkreisen innerhalb oder am

Rand des Hügels. Kreise aus großen einzelnen Findlingen heißen auf Schwedisch *dommaringar*, Richterkreise. Bezeichnend sind drei- oder viereckige Steinpflaster im Areal der Gräberfelder. Die wichtigste Erscheinung war das plötzliche Auftreten von Körpergräbern. In den vergangenen Jahrhunderten war es an der unteren Weichsel üblich, die Toten zu verbrennen. Noch etwas sehr Interessantes und Neues kam mit diesen neuen Grabformen: Es gab in den Gräbern keine Waffen, die früher als Grabbeigaben üblich waren. Die Gräber der späteren Goten, die im vollen Licht der Geschichte stehen, die der Westgoten in Spanien und die der Ostgoten in Italien, enthalten ebenfalls keine Waffen. Die fremde Bevölkerung, die an der unteren Weichsel landete, brachte neue Sitten mit. Sie bestattete ihre Männer in Körpergräbern ohne Waffen und errichtete Steinbauten in ihren Friedhöfen. Dies sind Neuerungen, die bisher in Pommern völlig unbekannt waren. Der einheimische Brauch, die Toten zu verbrennen, verschwand jedoch nicht. Im 1. Jahrhundert n. Chr. entstanden gemischte Friedhöfe, in denen Brand- und Körpergräber gleichzeitig auftreten. Man übte demnach beide Bestattungssitten. Es war wahrscheinlich damals so, daß die Neuankömmlinge ihre Toten unverbrannt begruben, die Einheimischen aber, die es weiterhin gab, ihre Toten als Leichenbrand in die Erde setzten. Doch läßt sich dies archäologisch nicht fassen. Die Goten kamen nicht in unbewohntes Land. Die dort ansässige Bevölkerung, die sich schwerlich mit den in den Schriftquellen genannten Völkern identifizieren läßt, blieb demnach ihrer Grabsitte treu. Es gab damals sicherlich viele solcher Friedhöfe, die Landwirtschaft hat sie aber längst zerstört, und bis in unsere Zeit sind nur diejenigen erhalten geblieben, die in Wäldern liegen. Es gibt in Ostpommern und auch im benachbarten Teil Westpommerns, etwa zwischen Koszalin (Köslin) und Gdańsk (Danzig), über 30 Friedhöfe, in denen die Steinsetzungen noch gut erhalten sind.

Beschreiben wir jetzt so ein Gräberfeld mit diesen merkwürdigen großen Steinen: Ein nichtsahnender Wanderer staunt, wenn vor ihm plötzlich große Findlinge, die zum Teil noch aufrecht stehen, auftauchen. Er sieht regelmäßige Kreise von 20 bis über 30 m Durchmesser aus großen Steinen in Abständen von 2 bis 3 m. Hier und da auf dem Boden zwischen dem Heidekraut entdeckt er Steinpflaster aus kleinen Steinen in Form von Dreiecken oder Rechtecken, schließlich große

Erdhügel von etwa 15 bis 20 m Durchmesser. Dies alles liegt zwischen hohen Kiefern und Fichten, darüber treibt der Ostseewind weiße Wolken schnell über den tiefblauen Himmel. Es ist eine unvergeßliche Landschaft. – Unter dem Erdmantel im Hügel verbirgt sich ein großes Steinpflaster, und erst darunter finden die Archäologen Grabgruben, in denen die Toten mit ihren Beigaben liegen. Die Frauen waren in ihrer vollen Tracht beigesetzt, mit Fibeln, Gürtelschnallen, Armringen und Halsketten aus Glas- und Bernsteinperlen, mit silbernen oder auch manchmal goldenen Anhängern. Alle metallenen Trachtteile waren aus Bronze, selten aus Silber. Gürtelschnallen, Messer und manchmal auch Sporen aus Bronze kennzeichnen die Männergräber. Beinkämme finden sich in Frauen- und Männergräbern. Die Untersuchungen der Textilreste, die sich bei den Bronzegegenständen relativ gut erhalten haben, zeigen, daß vor allem Wollkleidung getragen wurde, dünne oder grobe, naturfarbene oder pflanzengefärbte. Man fand auch Spuren bunter Stickerei. Die Stoffreste sind jedoch so winzig, daß sich keine Kleider rekonstruieren lassen. Wir wissen jedoch, wie die sogenannten Moorleichen gekleidet waren, die in den Sümpfen Norddeutschlands und Dänemarks in großer Zahl entdeckt wurden und die zum Teil aus den ersten Jahrhunderten n. Chr. stammen. Die Frauen trugen einen Wollrock und eine Bluse mit weiten Ärmeln oder ein langes schweres Kleid, die Männer Hosen und eine Art Kittel mit engen Ärmeln. Beiden Geschlechtern gemeinsam war ein schwerer Mantel, der gewöhnlich mit einer Fibel an der Schulter oder am Hals geschlossen war. Schuhe waren aus Leder und erinnern an heutige Sandalen. In Pommern wurden Eisengegenstände als Grabbeigaben vermieden, wir wissen nicht aus welchem Grund. Es galt wohl der Grundsatz keine Waffen und kein Eisen. Dies bedeutet natürlich nicht, daß die Goten kein kriegerisches Volk waren. Und ob! Sie richteten sich in ihren Grabsitten nur nach festen Regeln. Zwischen den großen Hügeln entdecken die Archäologen noch zahlreiche Gräber, die zum Teil mit einem kleinen Stein auf der Oberfläche markiert waren, die sogenannten Flachgräber. Darin steht eine Urne mit Leichenbrand und mit verschiedenen Grabbeigaben, an anderen Stellen findet man kleine Gruben mit viel Holzkohle und darin zerstreut verbrannte Knochen und kleine Metallbeigaben. Oder es zeichnet sich ein hellbrauner rechteckiger Umriß ab, der auf ein Skelettgrab hinweist. Die letztgenannten Bestattungen sind für die Archäologen besonders wichtig, weil sich die Grabbeigaben beim Skelett noch an Ort und Stelle *(in situ)* befinden, falls das Grab nicht gestört und beraubt worden ist.

Es gibt auch an der unteren Weichsel sehr reiche Gräber. Nehmen wir als Beispiel das im Jahre 1976 entdeckte Grab der sogenannten Prinzessin aus Leśno bei Bydgoszcz (Bromberg). In der Mitte eines Steinkreises, in einem Baumsarg, dessen Reste sich erhalten haben, lag eine wohlhabende Frau. Ihr Skelett hat sich im sandigen Boden nicht erhalten, die Lage der Beigaben deutet jedoch darauf hin, daß die Verstorbene ausgestreckt in Rückenlage beigesetzt wurde. Die Textilreste bestehen ausschließlich aus Wolle, sie sind jedoch sehr klein; deshalb kann man daraus nicht schließen, wie die Bekleidung aussah. Unter dem Kinn der Toten lagen zwei Bronzefibeln, die sicher das Oberkleid schlossen, auf der Brust lag eine Silberfibel, die vielleicht zum Mantel gehörte. Drei weitere Silberfibeln fand man in einer Reihe rechts des Kopfes. Wahrscheinlich wurden sie dort als Zeichen des Reichtums deponiert und stellen wohl eine zusätzliche Fibelgarnitur dar. An jedem Handgelenk trug die Frau einen Armring aus Silberblech, verziert mit Schlangenköpfen an den Enden. Um den Hals hatte sie eine Perlenkette aus Glas und Bernstein mit goldenem, filigranverziertem Schließhaken im Nacken. Zwischen den Perlen befand sich ein birnenförmiger, mit Filigran und Granulation verzierter Goldanhänger. Im Bereich der Taille lag eine bronzene Gürtelschnalle. Der nicht erhaltene Gürtelriemen aus Leder war mit einigen Bronzebeschlägen verziert, und sein Ende war nicht wie heute mit Hilfe einer Schlaufe befestigt, sondern hing frei bis in Kniehöhe. Das Riemenende war in einige Streifen geschnitten, an denen bronzene Schlußstücke hingen, die Riemenzungen, die durch ihr Gewicht für einen schönen Fall des Riemens sorgten und ihn zierten. Hinter dem Kopf der Frau lagen endlich als Haarschmuck Fragmente einer Bronzehülse mit zwei Glasperlen an den beiden Enden.

Schon die Tracht selbst beweist, wie reich die verstorbene Frau war. Im Grab fand man jedoch noch weitere wertvolle Beigaben. Am Kopf stand ein Bronzekessel, daneben lagen zwei Glasbecher. Zu Füßen fand man Reste eines Holzkästchens mit Bronzebeschlägen, darin eine Tonschale, eine Bernsteinperle und ein Spinnwirtel (als Schwunggewicht für den Spinnstab). Der Kessel war, wie die Stoffreste zeigen, in ein Wolltuch gehüllt. Denn im Kessel lagen feine Wollreste und Menschenhaar. Der Kessel, die Glasbecher und Glasperlen sind Importstücke aus provinzialrömischem Bereich, die restlichen Beigaben einheimischer Herkunft. Wir sehen – und dies bestätigen noch weitere zahlreiche Funde –, auf welch hohem Niveau die Kunst des Schmiedens und der feinen Verzierung stand. Alle genannten Beigaben datieren das Grab der Prinzessin von Leśno ins letzte Viertel des 2. Jahrhunderts n. Chr.

Da keine Waffen ins Grab gelegt wurden, sind Männergräber nur dann sofort als solche erkennbar, wenn sie Sporen als Beigaben enthalten. Ein reiches Männergrab aus etwa derselben Zeit wie das der Prinzessin ist aus Gronowo bei Drawsko (Dramburg) in Westpommern bekannt. Im Bereich eines Hügelgräberfeldes befanden sich zwischen den Hügeln auch Flachgräber. Eines von ihnen, bereits am Ende des 19. Jahrhunderts ausgegraben, war eine Skelettbestattung mit zwei Bronzesporen, einer Schnalle mit Riemenzunge, einer bronzenen Pinzette als Toilettengerät und einigen Bronzegefäßen provinzialrömischer Herkunft, darunter eine schöne Kanne mit Kleeblattausguß. Als weitere römische Importe sind zwei Tonteller mit roter Glasur und mit römischen Töpferstempeln zu nennen. Die Bestattung dieses sehr vornehmen Mannes, dessen Skelett ebenfalls nicht erhaltengeblieben ist, datiert ins dritte Viertel des 2. Jahrhunderts.

Beide Beispiele stammen jedoch aus späterer Zeit, als die Goten in Pommern bereits fest Fuß gefaßt hatten. Zu Anfang des 1. Jahrhunderts waren ihre Gräber noch nicht so reich ausgestattet. Wie bereits erwähnt, gibt es in jener Zeit drei neue Kulturerscheinungen in Pommern: die Körpergräber, die Steinsetzung und die Waffenlosigkeit. Die Steinkonstruktionen lassen sich archäologisch direkt aus Skandinavien herleiten, besonders die Erdhügel mit steinernem Kern, die Steinpflaster und die Richterkreise. In großer Zahl sind sie aus Südostnorwegen und Südschweden bekannt, dort wurden sie durchgehend von der Bronzezeit bis in die Wikingerzeit gebaut. In den Hügeln befindet sich unter dem Steinkern in der Regel ein Zentralgrab, manchmal auch mehrere Bestattungen.

Besonders interessant sind die Steinkreise, da sie im Grunde genommen keine Grabstätten waren. Innerhalb dieser Kreise finden die Archäologen Feuerstellen, Holzkohleschichten, kleine Steinpflaster, verstreut Scherben von zerschlagenen Tongefäßen sowie Relikte aus früheren Epochen wie jungsteinzeitliche Pfeilspitzen oder Äxte aus Feuerstein, die sicher nicht zufällig in eine solche Anlage gelangten. Noch heute meinen Bauern in verschiedenen Teilen Europas, daß auf den Äckern gefundene Feuersteingeräte magische Kraft besitzen. Nicht anders war es wohl in der Eisenzeit, als der eigentliche Verwendungszweck solcher Gegenstände vielleicht längst vergessen war. Dies alles spricht für kultische Zeremonien, die in diesen Steinkreisen stattgefunden haben müssen. Manchmal findet man in ihnen Gräber, die sehr arm oder gar nicht ausgestattet sind. Der polnische Archäologe Ryszard Wołągiewicz hat deshalb die Meinung geäußert, es handele sich bei diesen Gräbern um Menschenopfer oder auch um zum Tode Verurteilte. Auf die Frage, wie sich die Goten in ihrer neuen Heimat verbreiteten, kann nur die Archäologie eine Antwort geben. Jordanes hat nur eine Legende notiert, die sicher einen wahren Kern enthält, aber nichts Genaues sagen kann. An der anderen Stelle seines Werkes erwähnt Jordanes noch einmal die Landung in Gothiskandza: «[...] Die Goten seien mit ihrem König Berig aus dem Schoß der Insel Skandza aufgebrochen und auf nur drei Schiffen zum diesseitigen Ufer des Ozeans [gemeint ist die südliche Ostseeküste – M. M.], das heißt, nach Gothiskandza, gekommen. Von diesen drei Schiffen soll eines, weil es, wie es ja oft vorkommt, später ankam, dem Volk den Namen gegeben haben. Denn in ihrer Sprache heißt träge *gepanta.* Daher kam es, daß sie allmählich und in verderbter Form von diesem Scheltwort den Namen Gepiden erhielten. Denn unzweifelhaft leiten auch sie aus dem Gotengeschlecht ihren Ursprung her.»

Da kommt noch ein zweites Volk, die Gepiden, die mit den Goten sehr nahe verwandt waren. Auch sie hatten Könige. Einer von ihnen, Fastida, kämpfte gegen die Burgunden und besiegte sie, aber in den Kämpfen gegen die Goten brach er das frühere Bündnis der Blutsverwandtschaft, wie sich Jordanes äußerte. Von den Gepiden werden wir noch oft hören. Auf archäologischem Wege ist es zur Zeit völlig unmöglich, die beiden Völker voneinander zu trennen. Versuche, dies zu tun, sind gefährlich, denn die archäologischen Funde lassen sich nicht differenzieren, und willkürlicher Interpretation ist Tür und Tor geöffnet. Die Goten siedelten sich zuerst beiderseits der unteren Weichsel an. Dort existierten bereits Gräberfelder der autochthonen Bevölkerung. Im Laufe des späten 1. Jahrhunderts n. Chr. verbreiteten sich die Goten nach Westen und nahmen das unbesiedelte Moränenhügelland bis nach Westpommern in Besitz. Am Anfang des 2. Jahrhunderts beginnt eine Ausdehnung ihrer Besiedlung auch nach Osten, bis zum westlichen Teil der masurischen Seenplatte. Im Südwesten reichen ihre Spuren bis Poznań (Posen). Überall findet man ihre charakteristischen Gräber, zwar ohne Waffen, doch mit reichem Bronze- und Silberschmuck. Sie bilden eine archäologische Kultur, nach einem großen Gräberfeld in Wielbark bei Malbork (Marienburg) die Wielbark-Kultur genannt.

Wir haben bis jetzt nur von den Gräberfeldern gesprochen, nicht jedoch darüber, wie das Volk lebte und wie seine Dörfer aussahen. Hier klafft leider eine Forschungslücke, die durch zukünftige Ausgrabungen gefüllt werden muß. Bisher sind nur wenige Siedlungen teilweise untersucht worden. Typisch für Südskandinavien sind Dörfer von 0,3 bis etwa 10 ha Fläche, Einzelhöfe sind nicht selten. Charakteristisch für diese Siedlungen sind Langhäuser von 10 bis 60 m Länge und 5 bis 10 m Breite, deren Dächer Holzpfosten stützten. Zwei Reihen solcher Pfosten innerhalb des Gebäudes gliedern den Innenraum in drei Schiffe. Ein solches Haus besaß einen Wohn- und einen Stallteil mit Viehboxen. Die Wände waren entweder aus Stein oder, öfter, aus Lehm und Stein. Die Konstruktion der skandinavischen Häuser ist leicht erkennbar, da die Hauswände häufig noch einen Meter hoch erhalten sind. In den Wohnräumen befanden sich Feuerstellen oder Öfen, manchmal auch niedrige Bänke aus Lehm mit Steinen; in einigen Fällen haben sich auch eingliedrige Holztüren erhalten. Das Dach war mit Grassoden gedeckt. Innerhalb der Siedlungen wurden auch Brunnen, Töpferöfen, Spuren der Eisenverhüttung und auch Nebengebäude zu wirtschaftlichen Zwecken aufgedeckt wie Speicher mit aus Ruten geflochtenen und mit Lehm beworfenen Wänden und Schmieden. Zwischen den Häusern, die in Gruppen standen, verliefen Stein- und Erdwälle, die als Zäune dienten. Die Siedlungen waren in der Regel nicht befestigt. Zu den Ausnahmen zählt ein Dorf in Norwegen, das mit einem großen steinernen Wall umgeben war. Anders ist es in Pommern. Hier scheinen Langhäuser nicht üblich gewesen zu sein. Dies kann aber ein Fehlschluß sein, denn die wenigen bisherigen Ausgrabungen haben vorwiegend kleine Flächen aufgedeckt. Auf einer kleinen Grabungsfläche ist es nicht möglich, die Umrisse eines langen Hauses zu erfassen. So waren die gefundenen, in den Boden eingetieften Hütten meistens nur ein paar Meter lang. Es gibt auch größere, ebenerdige Gebäude mit Holzpfosten für das Dach, dessen Rekonstruktion aber noch nicht klar ist, das sich jedoch nicht viel von dem Dach üblicher Bauernhäuser unterscheiden dürfte. Die Hütten konzentrierten sich um einen Zentralplatz oder standen in Reihen. Auch hier gab es Anlagen wie Brunnen, Herdstellen und Öfen. In den Gräbern finden wir schöne Schmucksachen, die beweisen, daß die Gold-, Silber- und Bronzeschmiedekunst auf hohem Niveau stand. In den Siedlungen hat man bisher keine Spuren feiner Metallbearbeitung gefunden.

Etwa 150 Jahre lang weilten die Goten in Pommern. Dann begann ihre Wanderung Richtung Südosten bis zum Schwarzen Meer. Sie gingen nach «Oium» im Pontus, über ein sumpfiges Gebiet. Diese Wanderung, die in den schriftlichen Quellen nur ganz allgemein beschrieben ist, findet in den archäologischen Funden eine so schöne Widerspiegelung, daß sie auch für viele andere Völker jener Zeit sehr wünschenswert wäre. Gerade die Goten haben deutliche Spuren ihrer materiellen Kultur auf ihrem Wege hinterlassen. Zurück zu den schriftlichen Quellen: Auf dem Weg nach Süden bildete sich die gotische königliche Dynastie der Amaler heraus. Dieser Name bedeutet soviel wie das Höchste unter den Völkern. Als edelster König der Amaler galt Hermanarich, der herrschte, als die Goten bereits das Schwarze Meer erreicht hatten, und dessen Reich ein riesiges Gebiet von der Ostsee bis zum Pontus umfaßt haben soll. Wann der berühmte König regierte, können wir nur vermuten, jedenfalls war es die Zeit nach dem römischen Kaiser Konstantin dem Großen (306–337). Das mächtige Reich Hermanarichs, von dem gesagt wird, daß es viele Völker einschloß, sogar diejenigen, die an der Wolga und Oka saßen, ist jedoch eine Legende. In der Tat wären die Goten nicht imstande gewesen, ein so riesiges Gebiet zu unterwerfen und zu verwalten, zudem müßte ein so imposanter Staat den Römern bekannt gewesen sein. Nur Jordanes berichtet darüber, alle anderen Quellen dieser Zeit schweigen. Es bleibt zu vermuten, daß die Expansion der Goten tatsächlich sehr umfangreich war. Zwar hatten sie lebhafte Kontakte mit zahlreichen Nachbarvölkern, doch bildeten diese Völker kein Reich im eigentlichen Sinne, wir würden das heute als eine lockere Föderation bezeichnen. Hermanarich starb im sagenhaften Alter von 110 Jahren. Ob wir es glauben oder nicht, seine Regierungszeit muß sehr lang gewesen sein. Über seinen Tod sind zwei Versionen auf uns gelangt: die eine nach Jordanes, die andere nach dem großen römischen Historiker des 4. Jahrhunderts, Ammianus Marcellinus, auf dessen Werk wir uns noch vielmals berufen werden. Jordanes sagt, daß Hermanarich in eine Auseinandersetzung mit dem sonst unbekannten Stamm der Rosomonen geriet. Ihr Anführer beging Verrat, und Hermanarich rächte sich grausam an seiner Frau Sunilda. Er ließ sie von Wildpferden zerreißen. Ihre zwei Brüder rächten sich an Hermanarich und verwundeten ihn tödlich. Nach Ammianus Marcellinus beging der gotische König Selbstmord, als er sah, wie die Hunnen sein Reich zerstörten und daß sein Volk sich nicht mehr wehren konnte.

Dies kommt aber später. In unserer Geschichte sind wir immer noch bei der Wanderung nach Süden und wieder bei den archäologischen Funden, die diese Strecke markieren. In der Tat, in der zweiten Hälfte des 2. und zu Beginn des 3. Jahrhunderts wurden in Pommern Gräberfelder mit Steinsetzungen aufgegeben. Gleichzeitig erscheinen Friedhöfe mit ähnlicher Grabausstattung in Masowien und Südostpolen, weiter nach Osten auch in Polesien und Wolhynien. Die Gräber sind meistens nicht mehr mit Steinbauten versehen, da in diesen Gebieten Findlinge nicht mehr vorkommen.

Nördlich von Warschau und weiter südlich entlang des Bugs beginnt für die Archäologen ein sehr interessanter Prozeß: Gräber mit gotischer Ausstattung erscheinen in der zweiten Hälfte des 2. Jahrhunderts in Friedhöfen, die in diesem Gebiet bereits existiert haben. Mit anderen Worten, die neuen Ansiedler belegten die vorhandenen Grabstätten der einheimischen Bevölkerung, die sich auf das Gebiet westlich der Weichsel zurückgezogen hatte. Damals saß hier ein Volk, dessen ethnische Zugehörigkeit sich schwerlich interpretieren läßt. Im Gegensatz zu den Goten bestattete es seine Toten in Brandgräbern und legte ihnen Waffen ins Grab. Auch die Trachtteile waren anders, sie sind vorwiegend aus Eisen hergestellt, sogar der Schmuck. Bei diesem Volk handelt es sich vielleicht um die Lugier, die nach Tacitus weite Gebiete innerhalb der Germania besetzten, sowie um die Vandilier (Wandalen), ein Stamm ostgermanischer Herkunft mit keltischer Tradition, während die Lugier eher als keltisch zu bezeichnen sind. Es ist schwer zu sagen, wie die Bevölkerungsverschiebungen in Masowien und am Bug verliefen, ob mit Feuer und Schwert oder auf friedlichem Weg. Ein ruhiges Zusammenleben der Einheimischen und Neuangekommenen ist im Lichte der Schriftquellen kaum vorstellbar. Wir finden jedoch in verschiedenen Gräbern Schmucksachen beider Kulturen, die darauf hinweisen, daß in mancher Hinsicht ein Tauschhandel stattgefunden haben muß. Die Siedlungen dieses Gebietes sind zu wenig erforscht, als daß festgestellt werden kann, ob sie Zerstörungsspuren aufweisen. So verschieben sich die Funde, die wir mit Recht mit der gotischen Wanderung verbinden dürfen, immer weiter nach Südosten, bis sich eine ausgedehnte archäologische Kultur herausbildet, die sehr weite Gebiete umfaßt und die bisher etwa 2500 bekannte Fundstellen zählt. Sie kommen im Großteil Südosteuropas vor: Das Fundgebiet erstreckt sich vom Bug im Westen bis zu den Flüssen Desna und Donez in der nordöstlichen Waldsteppe und nach Süden über einen großen Teil der Ukraine bis zum Schwarzen Meer. Im Südwesten umfaßt es auch die Moldau, das östliche Siebenbürgen und Bessarabien bis zur Donau.

Um die Mitte des 3. Jahrhunderts ist diese Kultur, nach einem ukrainischen Gräberfeld die Černjachov-Kultur genannt, bereits völlig ausgebildet. Mit dem Hunneneinfall endet sie. In Ostpolen und Wolhynien wird eine Übergangszone zwischen Pommern und der Ukraine sichtbar. Kurz gesagt: Die archäologischen Funde wandern genau in dieselbe Richtung, wie sie die historischen Überlieferungen über die Goten angeben. Überall treten Skelett- und Brandgräber zusammen auf, und es fehlen Waffen. Der ukrainische Teil der Černjachov-Kultur könnte mit dem Herrschaftsgebiet Hermanarichs identisch sein. An der nördlichen Küste des Schwarzen Meeres gab es zahlreiche griechische Kolonien wie Olbia, Fanagoria, Tanais und Pantikapaion. Sie gehörten zum bosporanischen Reich, das von eigenen Königen regiert wurde. Das Reich war jedoch von den Römern abhängig, obwohl es nie römische Provinz war. In seinen Städten blühte der Handel, die Handwerker produzierten Schmuck speziell für den Geschmack der nördlich seßhaften Barbaren, jetzt für die Goten, früher für die Skythen. Deshalb finden die Archäologen in den ukrainischen Gräbern zahlreiche Drehscheibengefäße, auch solche mit roter Glasur, die in den bosporanischen Städten hergestellt wurden, sowie zahlreiche Fragmente von Amphoren, in denen Wein nach Norden transportiert worden war. In ihren neuen Gebieten waren die Goten, wie auch in Pommern, nicht allein. Sie kamen wieder in Berührung mit den einheimischen Völkern, auch mit dem Steppenvolk der Sarmaten. Etwas haben sie von ihrer Heimat im fernen Norden mitgebracht: Es sind die uns bereits bekannten Langhäuser aus Holz, die immer wieder von Archäologen entdeckt werden und die sehr an die skandinavischen Vorbilder erinnern. Hier und da begannen die Goten, besonders an der Schwarzmeerküste, auch Wohngebäude aus Stein zu bauen, wie es im hochzivilisierten bosporanischen Reich üblich war. So gelangten wir mit dem gotischen Volk an die Nordküste des Schwarzen Meeres.

Die Goten sind dort sicher seit dem Jahre 238 in schriftlichen Quellen bestätigt, vielleicht auch früher. Mit ihrer Anwesenheit müssen wir seit dem Anfang des 3. Jahrhunderts rechnen. Im Jahre 238 kam es zum ersten Angriff der Goten auf das bosporanische Reich und auf Histria, eine römische Stadt südlich der Donaumündung in Thrakien. Ein paar Jahre früher fiel wahrscheinlich auch Olbia. In dieser Stadt hören plötzlich die lokalen Münzprägungen auf, die späteste Inschrift stammt aus dem Jahre 248. Später erwähnen die Quellen diese reiche Stadt nicht mehr. Vielleicht hat sich der Ort vom Gotenüberfall nicht mehr erholt. Dies war der Anfang der langen Gotenkriege, über die die römischen Schriftsteller ausführlich berichten. Der nächste Einfall kam zwölf Jahre später, im Jahre 250, von der Moldau und der Walachei ausgehend in die Provinzen Dakien und Mösien, das heutige Rumänien und Nordbulgarien. Daran waren auch andere Germanen, die wandalischen Hasdingen, die Taifalen und die seit langem im unteren Donauraum ansässigen Bastarnen und Karpen, beteiligt. Damals herrschte in Rom Kaiser Philipp der Araber, aber sein Heerführer in Mösien, Decius, hatte sich selbst zum Kaiser erklärt und marschierte nach Italien, um

Philipp zu besiegen, der in der Schlacht gegen ihn im Herbst des Jahres 249 fiel. Als Decius kurz darauf zurückkam, war die Lage bereits katastrophal: Der gotische König Kniva besetzte Philippopolis (Plovdiv) an der Maritza und zog sich erst ins Balkangebirge zurück, als der neue Kaiser sich näherte. Decius verfolgte ihn, Kniva führte die römische Armee in eine Sumpfgegend bei Abrittus in der Dobrudscha. Dort erlitten die Römer eine schwere Niederlage. Auf dem Schlachtfeld fiel Decius, der erste von den Barbaren getötete römische Kaiser. Die nächsten Angriffe folgten in den Jahren 253–268. Nicht nur Mösien und Thrakien waren Ziele der Attacken, sondern auch das bosporanische Reich und die nördliche Küste Kleinasiens mit den Städten Trapezunt und Phasis, schließlich die Peloponnes, Byzanz, Kreta, Rhodos und Zypern. Der größte Einfall im Jahre 268 auf die griechischen Inseln schließt diese verheerende Serie ab. Die Ausgrabungen auf der Krim deuten auf eine plötzliche Katastrophe zwischen 266 und 268 hin. Die Häuser wurden verlassen, Hausrat blieb in den Ruinen.

Aschenschichten mit Skeletten zeigen, daß es ein gewaltsames Ende war. Die Beuteziele der Goten waren jedesmal andere, sie hatten nicht genug Nahrungsmittel und plünderten deshalb bestimmte Gebiete gründlich, besonders Städte und Sanktuarien, in denen viel Gold und Silber zu holen war. In der Regel kamen sie nicht zum zweiten Mal in die verwüsteten Gegenden, sondern suchten sich neue Eroberungsziele. Die Goten verfügten noch nicht über eine hohe Belagerungskunst, aber sie konnten mit der schweigenden Unterstützung der Einheimischen rechnen, die oft genug weder den Römern noch den Christen wohlgesonnen waren. Im Jahre 290/91 erschienen die Gepiden am Schwarzen Meer, die, wie wir uns erinnern, immer etwas später kamen. In dieser Zeit teilten sich bereits die Goten. Aus den bisher allgemein Goten genannten wurden Terwingen und Greutungen, später Vesen und Ostrogothen, in der deutschen Sprache sind sie als West- und Ostgoten bekannt. Der Name Terwingen bedeutet Waldleute, Greutungen das Steppenvolk. Die erst genannten siedelten sich westlich des oberen Dnjestrs und des unteren Pruts an, östlich von ihnen ließen sich die Greutungen nieder, bis die Hunnen kamen. So entstand die Gothia der Terwingen, die sich bis in die kurz vorher durch die römische Armee aufgegebene Provinz Dacia erstreckte. Die Gepiden lebten in einer

Waldgegend. Von dort versuchten sie die anderen Goten aus deren Gebieten zu vertreiben. Seit dem Ende des 3. Jahrhunderts kam es zu den Verträgen zwischen Römern und Goten. Es wurde *foedus,* Frieden, geschlossen, und die Barbaren wurden für eine gewisse Zeit – keineswegs für immer, wie es sich noch später zeigen wird – *foederati,* römische Verbündete. Ihre Aufgabe war es, die Grenzen des Römischen Reiches gegen äußere Feinde zu verteidigen, zum Beispiel gegen andere germanische Stämme und gegen die Perser. Dafür bekamen sie Getreide und Geld. Diese römischen Zahlungen wurden bald in jährliche Tribute verwandelt, die Rom nur dafür zahlte, daß an den Grenzen Ruhe herrschte. Damit wuchs der Goldreichtum der Barbaren, bis schließlich die Hunnen all diesen Reichtum zusammenrafften. Der *foedus* wurde oft gebrochen, und wieder fielen die Verbündeten – jetzt wie früher Feinde – in die römischen Provinzen ein. Die Römer wehrten sich energisch. Schon im Jahre 269 schlug Claudius II. die Goten bei Naissus (Nisch an der March in Südserbien). Als erster Kaiser bekam er den Titel *Gothicus,* den er mehr verdiente als viele folgende römische Herrscher, die sich gern Gotensieger nannten. Aurelian war der nächste, der die Goten besiegte. Konstantin der Große befestigte die Donaugrenze, erneuerte Straßen, baute Brücken und schloß mit den Goten wiederum *foedus.* Am Ende des 3. Jahrhunderts und in der ersten Hälfte des 4. Jahrhunderts siedelten sich die Westgoten in Siebenbürgen an. Dort entstanden wieder die für sie charakteristischen Gräberfelder.

Im westgotischen Dakien wurde um 311 Wulfila (Wölfchen) geboren, der 30 Jahre später gotischer Bischof wurde. Bisher waren die Goten Heiden. Über ihre Glaubenswelt ist uns sehr wenig bekannt, wir können nur Hypothesen aufstellen. Es ist sicher, daß die oben erwähnten Steinkreise in Zusammenhang mit Kult- und Opferhandlungen standen. Die Goten hatten einen Kriegsgott, der vielleicht derselbe war wie der altskandinavische Wodan/Odin. Ihre charakteristische Beigabensitte ohne Waffen weist darauf hin, daß ihre Vorstellungen, wie Krieger ins Jenseits gelangten, ganz konkret waren. Auch verschiedene Amulette, vor allem Muscheln, sind aus ihren Gräbern bekannt. Sie gehören vielmehr dem Bereich der Magie an, nicht dem des Glaubens. Es gibt mehrfach Hinweise dafür, daß die Gräber wieder geöffnet wurden, besonders in Ostpolen und in der Ukraine. Da aber kostbare Sachen, wie Silberfibeln und Anhänger aus Gold und Silber, oft im Grab blieben, war nicht Raub die Ursache der Graböffnung, sondern wahrscheinlich eine Sitte, die noch bis ins 19. Jahrhundert auf der Balkanhalbinsel erhalten blieb: Ein paar Jahre nach dem Tode wurden die Knochen wieder ausgegraben, sorgfältig in Wein gewaschen und wieder ins Grab gelegt. Dies ist zweifellos ein christlicher Brauch, wer weiß, welchen Ursprungs. Um 300 wurde das bosporanische Reich christlich. Von da aus erreichte das Christentum die Goten, doch zunächst wurden nur wenige bekehrt. So entstand auf der Krim eine christliche gotische Gemeinde. Wulfila, mütterlicherseits aus einer Familie aus Kappadokien, die während einer der Attacken ins Gotenland verschleppt wurde, hatte einen Goten zum Vater. Er war ein gebildeter junger Mann, der griechisch und lateinisch sprach und sich in der Rhetorik auskannte. Im Jahre 341 wurde er in Antiochia zum Bischof der gotischen Christen geweiht, seine Pfarrei war jedoch klein. Wulfila wurde mit seinen Leuten nach Mösien vertrieben. In Nicopolis in Niedermösien (Velke Tyrnovo in Bulgarien) führte er über lange Zeit ein friedliches Leben. Vertrieben wurden die gotischen Christen von ihren eigenen Landsleuten, weil die gotische Aristokratie – vor allem Athanarich – dem Christentum feindlich gesinnt war, nicht nur, weil das Christentum die gotischen Traditionen zu zerstören drohte, sondern vor allem deshalb, weil der neue Glaube von den Römern kam. Die Gestalt Wulfilas hätte keine so große historische Bedeutung, wenn er nicht die Bibel ins Gotische übersetzt hätte. Sein Werk hat einen unschätzbaren Wert als Quelle zum Studium der ersten schriftlich überlieferten germanischen Sprache. Aus der gotischen Bibel, nicht aus den Gräbern, wissen wir, daß die Goten mit Panzern, Schilden, Helmen und Schwertern kämpften. Die Goten wurden Arianer, wie wir es vom Anfang unserer Geschichte kennen. Durch die Goten verbreitete sich der Arianismus bei allen germanischen Völkern mit Ausnahme der Franken.

Wenden wir uns wieder weltlichen Problemen zu. Bei den Ostgoten regierte das königliche Geschlecht der Amaler, bei den Westgoten die Dynastie der Balthen, das bedeutet die Kühnen. Als Oberhaupt der Balthen regierte seit 365 Athanarich, der jedoch nicht König, sondern höchster Richter der Westgoten war. Athanarichs feindliche Gesinnung gegenüber Rom und den Christen war bekannt; er hatte in seiner Jugend einen Eid abgelegt, niemals römischen Boden zu betreten. Dieser Schwur führte zu einer spektakulären Szene: Nach drei Jahren Krieg gegen die Römer trafen sich Athanarich und der oströmische Kaiser Valens auf einem Schiff mitten auf der Donau. Dort schlossen sie einen Friedensvertrag. Kurz darauf erschien ein anderer Prätendent für den höchsten Rang bei den Westgoten, Fritigern. Um seinen Plan durchzusetzen, suchte er Hilfe bei den Römern, und es gelang ihm, Athanarich zu bedrängen und zur Flucht zu bewegen. Der alte Herrscher kehrte aber bald zurück. So war die Lage bei den Goten, als im Jahre 375 die Hunnen östlich des Dnjeprs erschienen.

Die furchtbarsten aller Krieger – Die Hunnen

Noch heute ist der Begriff Hunnen mit Schrecken und Assoziationen furchtbarer Ereignisse aller Art verbunden. Die römischen Historiker Ammianus Marcellinus und Jordanes schildern sie in ausdrucksvollen Worten: «Das Volk der Hunnen ist in den alten Schriften nur wenig bekannt. [...] Alle besitzen sie gedrungene und starke Glieder und einen muskulösen Nacken und sind so entsetzlich entstellt und gekrümmt, daß man sie für zweibeinige Bestien oder für Figuren aus Blöcken halten könnte. [...] Bei ihrer reizlosen Menschengestalt sind sie durch ihre Lebensweise so abgehärtet, daß sie keines Feuers und keiner gewürzten Speise bedürfen, sondern von den Wurzeln wilder Kräuter und dem halbrohen Fleisch von jedwedem Getier leben, daß sie zwischen ihre Schenkel und den Pferderücken legen und etwas erwärmen. [...] Ruhelos schweifen sie durch Berge und Wälder und sind von klein auf gewöhnt, Kälte, Hunger und Durst zu ertragen. [...] Bei Kämpfen fordern sie den Gegner zuweilen heraus und beginnen das Gefecht mit ihm in geschlossenen Abteilungen, wobei ihre Stimmen furchtbar ertönen. Da sie für schnelle Bewegungen leicht bewaffnet sind und unerwartet auftauchen, können sie sich absichtlich plötzlich auseinanderziehen und ihre Reihen lockern wie in einer ungeordneten Aufstellung. Ein furchtbares Blutbad anrichtend, galoppieren sie hin und her, und wegen ihrer gewaltigen Schnelligkeit sieht man sie kaum, wenn sie in eine Befestigung eindringen oder ein feindliches Lager plündern. Man möchte sie aus dem Grund die furchtbarsten von allen Kriegern nennen, weil sie im Fernkampf mit Pfeilen kämpfen, die mit spitzen Knochen anstelle von Pfeilspitzen mit wunderbarer Kunstfertigkeit zusammengefügt sind, [...] im Nahkampf aber mit der Waffe ohne Rücksicht auf sich selbst fechten. Während sie den gefährlichen Schwerthieben ausweichen, fangen sie ihre Feinde mit geflochtenen Lassos, umschnüren die Glieder der Widerstrebenden und machen es ihnen damit unmöglich, zu reiten oder zu gehen.» (Ammianus Marcellinus)

Die Hunnen waren «ein unansehnliches, häßliches und kleines, kaum menschenähnliches Geschlecht, an keiner Sprache erkennbar außer an einem etwas, das den Schein einer menschlichen Sprache durchblicken ließ. [...] Sie hatten nämlich ein schreckliches, schwärzliches Ansehen und, wenn man so sagen darf, gewissermaßen einen abscheulichen Klumpen und kein Gesicht, eher Punkte als Augen. Ihre Verwegenheit verrät schon ihr grimmiger Anblick, da sie sogar gleich am Tag der Geburt ihren Kindern ihre Grausamkeit zeigen. Denn den männlichen durchschneiden sie mit Eisen die Wangen, um sie, noch ehe sie Milch genießen, Wunden ertragen zu lehren. Daher bleiben sie bartlos bis in ihr Alter und erreichen das Mannesalter ohne Bartschmuck, weil das von Schnitten durchfurchte Gesicht die rechtzeitige Verschönerung des Bartwuchses durch die Narben verhindert. Sie sind unansehnlich, aber flink und ausgezeichnete Reiter. Sie sind breitschultrig und geübt für Bogen und Pfeile; ihr Nacken ist stark und immer emporgerichtet vor Stolz. In der Gestalt von Menschen leben sie in tierischer Wildheit.» (Jordanes)

Diese langen Zitate zeigen, welchen furchterregenden Eindruck der plötzliche Angriff der Hunnen zunächst auf die Goten und später auf die Römer machte. lhre Kampfweise war völlig fremd, aber für Nomadenvölker typisch, ihre Schnelligkeit die Garantie für den Sieg. Noch etwas erwähnt Ammianus Marcellinus: Die Hunnen «brennen von unmäßiger Begierde nach Gold». Die Griechen und Römer wußten nicht, woher die Hunnen kamen. Ammianus Marcellinus berichtet nur, ihre Heimat läge «jenseits der Maeotis», das heißt jenseits des Asowschen Meeres, «in der Nähe des eisbedeckten Ozeans». Ihre Heimat ist noch heute umstritten, um so mehr, als die Hunnen ethnisch nicht einheitlich waren. Oft wurden sie vom Volk Hiung-nu in der Mongolei abgeleitet, über das chinesische Quellen berichten. Die Verwandtschaft der beiden Völker ist aber fraglich. Es ist möglich, daß der Nomadenstamm der Hunnen irgendwo in Nordchina seine Urheimat hat. Im fernen Osten formierten sich immer wieder neu nomadische Stämme, deren Herkünfte unmöglich zu bestimmen sind. Nehmen wir an, die Hunnen wanderten von Nordchina oder aus der Mongolei nach Westen, vermutlich südlich des Urals. Der deutsche Historiker und Philologe F. Altheim schreibt: «Wer von hier [d. h. vom Ural – M. M.] gen Westen weiterzog, gelangte an der Nordspitze des Kaspischen Meeres vorbei in die Landschaft zwischen den Unterläufen der Wolga und des Don. Und von dort aus mußte er in die südrussische Ebene vordringen.» Es ist gut möglich, daß die Hunnen diesen Weg wählten.

Ihre unverständliche Sprache war möglicherweise altaisch, mit dem Alttürkischen verwandt. Nicht nur die Sprache, sondern auch das Nomadenleben war für seßhafte Völker unbegreiflich. So wundert sich Ammianus Marcellinus, daß die Hunnen auf ihren Pferden schlafen und essen, immer in Bewegung sind, ohne Häuser zu kennen. Wenn die Nomaden keine große Wanderung unternahmen, bewegten sie sich mit ihren Rindern, Pferden und Schafen stets im Kreis zwischen den milden Winterquartieren und den Sommerweiden. Das Bild der römischen Historiker, daß die Hunnen kein Metall schmieden und ihre Frauen nicht spinnen können, ist sicher übertrieben. Es ist klar, daß sie keinen umfangreichen Ackerbau trieben, denn sie waren ein Volk, das ständig unterwegs war. Auch die Behauptung der spätantiken Chronisten, daß die Hunnen keine festen Häuser kannten und sogar Angst hätten, eins zu betreten, kann als Vorurteil betrachtet werden. Wir wissen aus den mittelalterlichen Berichten über die mongolische Goldene Horde des 13.–14. Jahrhunderts, daß die Tartaren runde, leichte Hütten, ähnlich transportfähig wie Zelte, aus Filz und Holzruten bauten. Der persische Historiker Dschuwajni, gestorben im Jahre 1283, hinterließ einen Bericht über die Jagd der Mongolen. Wir können uns vorstellen, daß auch bei den Hunnen die Jagd ähnlich aussah. Sie fand im Winter statt und war systematisch organisiert, zugleich als große militärische Übung. Ein Monat zuvor oder noch früher begannen die Reitertruppen des Khans ein sehr weites Gebiet zu umschließen. Während der folgenden zwei oder drei Monate, ohne Eile, schloß sich der Ring allmählich. Das im engen Kreis zusammengetriebene Wild wurde in einem wahren Blutbad abgeschlachtet. Fleisch und Felle wurden je nach Rang der Teilnehmer verteilt. Das erschreckende Bild der Hunnen, vor allem das von Ammianus Marcellinus hinterlassene, war eine natürliche Reaktion auf den völlig unerwarteten Angriff der Nomaden, deren Kampfweise, wie wir gesehen haben, bisher vollkommen unbekannt war. Aber Ammianus, der hohe römische Offizier und spätere Geschichtsschreiber, haßte alle Barbaren, besonders die Hunnen, die er für die schlimmsten von allen hielt.

Ammianus Marcellinus, geboren um 330 in Antiochia, entstammte einer vornehmen Familie. Als junger Mann wurde er hoher Offizier in der römischen Armee und diente unter Julian Apostata. Alle seine Bücher schrieb er in Rom. Dort verbrachte er seine letzten Jahre. Seine Geschichte, *Rerum gestarum,* hat er mit dem Zeitpunkt begonnen, mit dem Tacitus im Jahre 96 n. Chr. seine Chronik beendet hatte. Die dreizehn ersten Bücher sind aber leider verlorengegangen, so beginnt für uns das Werk des Ammianus mit dem Jahr 353 und endet mit der Schlacht bei Adrianopel im Jahre 378. Die Tendenz seines Werkes ist sehr pessimistisch, er sah fast hundert Jahre vorher den Fall Roms voraus. Als Augenzeuge vieler wichtiger Ereignisse ist Ammians Werk für uns von unschätzbarem Wert. Moderne Historiker sind sogar der Meinung, daß es zwischen Tacitus und Dante nur diesen einen genialen Schriftsteller gab.

Kehren wir zurück zu den Hunnen. Die Hauptwaffe ihrer Reiterei war der Bogen, ein Kompositreflexbogen. Sein Korpus bestand aus Schichten von Holz, Sehnen und Horn. Beinplättchen an Griff und Ohren dienten zur Verstärkung. Ein solcher Bogen ist sehr elastisch. Ein Krieger zu Fuß traf damit sein Ziel sicher bis zu einer Entfernung von 50 bis 60 m, ja sogar bis über 150 m. Die Hunnen konnten vom Pferd aus schießen, die Goten aber nicht, und deshalb fürchteten sie die berittenen hunnischen Bogenschützen sehr. Die zweite wichtige Waffe war ein über 90 cm langes zweischneidiges Schwert mit Parierstange. Ein kurzes, einschneidiges Schwert vervollständigte die Ausrüstung.

Kurz vor dem Zweiten Weltkrieg untersuchte der russische Archäologe A. N. Bernštam acht Hügel mit Katakombengräbern in

Tienšan. Zwar liegt das Gräberfeld in einem Gebiet, in dem früher eine europide Rasse lebte, die in den Gräbern gefundenen Schädel waren aber vorwiegend vom mongolischen Typ. Die Funde datiert Bernštam in die Zeit kurz nach Christi Geburt, da er in ihnen seidene Gewänder fand, die chinesischen aus der Zeit der Han-Dynastie ähnlich sind.

Einige Schädel waren künstlich deformiert: Es erschien in Mittelasien mit einem neuen Volk eine neue Sitte, die der Schädeldeformation, die sich später mit den Nomadenvölkern nach Europa ausbreitete. Dieses Volk wird mit den Hunnen identifiziert. Die neuere Forschung zeigt, daß Schädeldeformationen in Asien bereits im 5. Jahrhundert v. Chr. bekannt waren. Die Hunnen haben sie übernommen und nach Europa gebracht. Die Verformung des Schädels geschieht im Säuglingsalter, wenn die Knochen noch weich sind. Man bandagierte den Kopf eines Kindes so stark, daß der Schädel sich stark verlängerte und ein sogenannter Turmschädel entstand. So «verschönert» wurden vor allem Mädchen. Heute können wir es uns gar nicht mehr vorstellen, daß Deformationen dieser Art in der Völkerwanderungszeit vermutlich vielenorts Schönheitsideal waren, da sie auch von vielen germanischen Stämmen übernommen wurden.

Eine andere Art Deformation beschreibt der Bischof von Clermont, Sidonius Apollinaris (432–479). Er war Zeitgenosse der Invasion der Westgoten nach Gallien. Diesmal geht es um die künstlich abgeflachten Gesichter hunnischer Knaben: «Solange die Nasenlöcher noch weich sind, werden sie durch ein rundherum gehendes Band abgestumpft, um die beiden Durchgänge daran zu hindern, zwischen den beiden Jochbeinen herauszuwachsen, um auf diese Weise für die Helme Platz zu machen; denn diese Kinder sind für Schlachten geboren, und die Mutterliebe verunstaltet sie, weil die Wangengegend sich streckt und dehnt, wenn die Nase dazwischen nicht stört.»

Im Jahre 1956 erschien ein Buch des großen deutschen Archäologen Joachim Werner über hunnische Funde von Zentralasien bis nach Westeuropa. Er faßt in diesem riesigen Gebiet alle Grabbeigaben zusammen, die Zeugnisse der Nomaden sind: runde Metallspiegel und massive Gold- und Silberohrringe in den Frauengräbern, zweischneidige lange Schwerter mit Parierstange und kurze einschneidige, säbelähnliche Hiebschwerter in den Männergräbern. An den langen Schwertern hing oft eine große Perle, meist aus Glas, Halbedelstein oder Bernstein, die keine praktische Funktion hatte, sondern als Amulett diente. In den Männergräbern fand man außerdem Fragmente von Reflexbögen, Sättel aus Holz, Reitpeitschen, Zaumzeug und Pfeilspitzen. Vorwiegend einzeln gefundene Kupferkessel, bis zu einem Meter hoch und bis 50 kg schwer, sind als Opfergefäße zu betrachten, gelegentlich vielleicht auch zum Kochen verwendet worden. Die Waffen haben ihren Ursprung wohl im sassanidischen Persien, Spiegel und Kessel wurden wahrscheinlich aus China übernommen. Die vornehmen hunnischen Frauen trugen goldene Stirnbänder, verziert mit dem tiefroten Halbedelstein Almandin und mit Perlmutteinlagen sowie kostbare, ebenfalls goldene Ohrgehänge mit Filigranzier und Halbedelsteinen. Ammianus Marcellinus schreibt, daß die Hunnen ein Volk ohne Religion seien. Es gibt jedoch in der Geschichte kein Volk, das an gar nichts glaubt; wenn die Götter auch Lenin oder Mao heißen.

In den asiatischen Gräbern findet man Ziermotive wie Lebensbaum und Raubvogelköpfe, vor allem von Adlern. Sehr wahrscheinlich ist, daß unter den Hunnen der Schamanismus verbreitet war. Die Hunnen verehrten ihre Schwerter und hatten Seher, die ihnen vor der Schlacht wahrsagten. Dies ist für ihre Zeit in Europa belegt. Bei den Hunnen waren verschiedene Bestattungssitten verbreitet: Unter niedrigen Hügeln lagen große Feuerstellen, jedoch ohne Menschenknochen, dagegen Pferde- und Schafknochen, vielleicht als eine Art symbolischer Bestattungen. Es sind auch Brand- und Skelettgräber von Menschen bekannt, mit vollständigen Pferdeskeletten oder auch nur mit Pferdeschädeln und einigen Beinknochen. Das läßt vermuten, daß nicht ganze Pferde, sondern nur Häute mitbestattet wurden. Charakteristisch für die Hunnen sind Einzelgräber, oft in der Nähe von Flüssen.

Warum kamen die Hunnen überhaupt nach Europa? Die Ursache ist unbekannt, sie wird in Klimaveränderungen vermutet, in Dürren und in krasserem Wechsel des Sommer- und Winterklimas. Im Jahre 401 fror sogar das Schwarze Meer für 20 Tage zu. Zuerst erschienen die Hunnen westlich des unteren Don und unterwarfen die Alanen. Die Ereignisse des Jahres 375 wirkten wie eine Lawine, wie eine Kettenreaktion. Bischof Ambrosius von Mailand (374–397) schrieb: «Die Hunnen warfen sich auf die Alanen, die Alanen auf die Goten und die Goten auf die Taifalen und Sarmaten.» Wir kennen den Standort der Goten zu dieser Zeit: die Ostgoten östlich des Dnjestrs und Pruts, die Westgoten in Dakien und Siebenbürgen.

Die Alanen waren zwar wie die Hunnen Nomaden, aber keineswegs Asiaten mongolischer Rasse. Ammianus Marcellinus beschreibt sie als schlanke und schöne Menschen mit mittelblondem Haar, «den Hunnen recht ähnlich, aber gemäßigter in ihrer Lebensart und Tracht». Der große Historiker äußert sich über sie ganz anders als über die Hunnen. Im Vergleich zu ihnen wirkten die Alanen auf ihn nahezu zivilisiert. Bereits im 1. Jahrhundert n. Chr. waren die Alanen den Römern bekannt.

Sie wohnten südlich des Kaspischen Meeres, nördlich der Donau, am Schwarzen Meer und am Asowschen Meer. Sie fielen in Armenien, Kappadokien, Griechenland und in die Donauprovinzen ein, wurden aber jedesmal von den Römern geschlagen und zogen sich zurück. Erst Ammianus Marcellinus berichtet mehr über sie, aber ihm waren nur die europäischen Alanen jenseits der Donau bekannt. Auch sie waren Nomaden und zogen mit ihrem Vieh auf der Suche nach jeweils guter Weide durchs Land. Aus dem Kreis der tapfersten Männern wählten sie ihre Herrscher. Wie die Hunnen verehrten sie ihr Schwert und hatten Wahrsager. Im Gegensatz zu den Germanen, die ihre Greise mit Respekt behandelten, verachteten die Alanen alte Männer, die nicht im Kampf den Tod gefunden hatten.

Die Spuren der Alanen sind in den Steppen am Schwarzen Meer und im Kaukasus archäologisch nachgewiesen, hauptsächlich durch Katakombengräber oder Holzschächte unter niedrigen Hügeln, im Kaukasus durch Steinkistengräber. In den Männergräbern fand man Schwerter, Bogenteile, Pfeil- und Lanzenspitzen, in den Frauengräbern Fibeln, Glas- und Steinperlen sowie Armringe. Nach dem Hunneneinfall entstand aus dem Teil von Alanen, der nicht nach Westen gegangen war, eine ethnisch nicht genau differenzierbare gemischt hunnisch-alanische Kultur.

In ihrer späteren Geschichte, als die Alanen nach Westeuropa kamen, paßten sie sich leicht an. Deshalb haben sie nur geringe Spuren hinterlassen. Ihre Pferde waren berühmt, nicht besonders schön und groß, aber sehr robust und ausdauernd. Vom Kaukasus her brachten sie eine Hunderasse mit nach Europa, die heutigen Doggen. Der *canis Alani* war im Mittelalter sehr beliebt und noch heute heißt die Dogge in italienischer Sprache *alano.*

Die Alanen waren indo-iranischer Herkunft, und sie sind einer der Stämme, aus denen sich die Sarmaten entwickeln, von den Griechen Sauromaten genannt. Andere wichtige Völker, die in die Sarmaten aufgingen, waren die Jazygen und Roxolanen. Ursprünglich durchzogen sie als ausgeprägte Nomaden die nordkaspischen Steppen an der Wolga, das westliche Kasachstan und den südlichen Ural. Im 4. Jahrhundert v. Chr. sahen die Griechen sie westlich des Dons, später drangen sie bis zum Dnjepr vor. In der Mitte des 1. Jahrhunderts n. Chr. befanden sie sich bereits zwischen Donau und Theiß im heutigen Ungarn. Das dort erstarkte Volk – jetzt die Sarmaten – unternahm mehrere, jedoch erfolglose Versuche, den römischen Limes zu durchbrechen.

Wie die anderen Barbaren unterlagen die Sarmaten kulturellen Einflüssen aus dem Gebiet der Provinz Pannonia. Im 3. Jahrhundert n. Chr. gerieten sie unter den Druck der sich ausbreitenden Goten. Die mit den Sarmaten verwandten Alanen dienten später in der oströmischen Armee, und einer von ihnen, Aspar, machte Karriere und erlangte den höchsten militärischen Rang in Konstantinopel. Er gehört aber in eine spätere Zeit. Wir werden ihm noch begegnen.

Über die Taifalen wissen wir nur wenig. Sie werden immer in Zusammenhang mit den Goten erwähnt. Als selbständiges Volk erscheinen sie im Jahre 248 in Zusammenhang mit einem gotischen Einfall nach Niedermösien. Ihr Stammgebiet lag in der Nähe der Goten in der Walachei. Jetzt wissen wir, wer sich auf wen geworfen hat: der Reihe nach: die Hunnen auf die Alanen, die Alanen auf die Goten, die Goten auf die Taifalen und Sarmaten.

Wie Asche vom Ätna –
Der Hunnenangriff und die Schlacht bei Adrianopel

Das Jahr 375 hat das Bild Europas vollständig verändert. Das aber ahnte noch niemand, weder die Hunnen, noch die vor ihnen fliehenden Goten, noch die Römer, die nicht ahnten, daß 35 Jahre später zum erstenmal *Roma aeterna* in die Hände der Barbaren fallen sollte. Der greise König Hermanarich sah nur das Ende seines Volkes voraus, doch gerade dessen Geschichte war noch lange nicht zu Ende. «Schon rief die Kriegsgöttin in Gemeinschaft mit den Furien zu den Waffen und brachte dem Osten traurige Ereignisse»: Wieder ist es Ammianus, der nicht vergißt, die Vorzeichen der Katastrophe aufzuzählen: heulende Hunde, jammernde Nachtvögel, die Sonne in glasigem Dunst und wiederkehrende Tote.

Die besiegten Alanen zogen mit den Hunnen nach Westen. In einer Schlacht gegen sie fiel als erster ostgotischer König Vidimir, Hermanarichs Nachfolger. Sein Sohn war noch klein, und die Regentschaft übernahmen für ihn zwei Heerführer, Alatheus und Safrax. Der Westgote Athanarich erfuhr bald von den Ereignissen und wußte, daß auch er sich würde wehren müssen. Am Dnjestrufer, weit entfernt von den Ostgoten, schlug er sein Lager auf und hielt nach den Hunnen Ausschau. Es kam aber ganz anders. Die Hunnen umgingen Athanarichs Vorposten, damit er im voraus nichts von ihnen erführe, und griffen blitzschnell das Lager an. Die Westgoten mußten sich eilig zurückziehen. Die Hunnen hätten sie völlig niedergeschlagen, jedoch waren sie vorerst mit der schweren Kriegsbeute beschäftigt. Mit Windeseile verbreitete sich bei allen Goten die schreckliche Nachricht. Bei den Westgoten kam es zum Bruch: Viele trennten sich von Athanarich und baten, geführt von Fritigern und Alaviv, dem anderen Herrscher, Kaiser Valens in ihrer Verzweiflung um Erlaubnis, die Donau zu überqueren. Sie wollten fliehen, nichts als fliehen und versprachen alles, Frieden und auch militärische Hilfe.

Die Hunnen haben eine wahre Sintflut hervorgerufen. Von Böhmen bis zum Schwarzen Meer bewegten sich die Barbaren. Zuerst waren die Römer sogar darüber sehr erfreut, da neue Rekruten kamen, aus denen man eine große Armee aufstellen konnte! Die Goten erhielten die Genehmigung des Kaisers, sich in Thrakien anzusiedeln, und begaben sich auf Schiffen, Booten und sogar auf Einbäumen über die Donau. Ammianus, ein weitsehender Mann, macht dazu eine bittere Bemerkung: «Dabei verwandte man Sorgfalt darauf, daß kein zukünftiger Zerstörer des Römischen Reiches zurückblieb.» Von ihm stammt auch der Ausdruck, daß die Barbaren wie Asche vom Ätna überall einfielen, da die römische Donaugrenze jetzt offen stand. Bald brach unter den eben angekommenen Westgoten eine Hungersnot aus. Zwei römische hohe Beamten, der *comes* von Thrakien und der dortige Heerführer, begannen das gotische Volk erbarmungslos auszubeuten, so daß sich viele von ihnen als Sklaven verkauften. Das Resultat dieser Behandlung ließ nicht allzu lang auf sich warten. Schon ein Jahr später rebellierten die Westgoten, an dem Aufstand beteiligten sich auch barbarische Sklaven in der Provinz. Es gelang dem Führer Fritigern, die Römer auf thrakischem Boden zu schlagen. Jetzt mußte Valens den Plan der großen Offensive schmieden, denn die Gefahr war kaum zu unterschätzen. Der Neffe von Valens, der weströmische Kaiser Gratian, eilte seinem Onkel zu Hilfe. Aber dieser und sein Rat beschlossen, ohne Hilfe der weströmischen Armee in die Schlacht zu gehen, um die Goten selbst zu besiegen. Am 9. August 378 kam es zur entscheidenden Schlacht bei Adrianopel an der Maritza, deren Unterlauf die heutige bulgarisch-türkische Grenze bildet. Die gotische Wagenburg war früh am Morgen noch 18 km entfernt. So mußten die Römer nicht nur unter glühender Sonne dorthin marschieren, sondern auch durch brennendes Gras, das die Goten in Brand gesteckt hatten, um die Hitze noch unerträglicher zu machen. Als die römische Armee die Goten erreichte, war es bereits Nachmittag, und die Soldaten waren erschöpft.

Ammianus Marcellinus hat uns ein ziemlich chaotisches Bild der Schlacht überliefert: überall schwingende Wurfspeere, Schreie der Sterbenden, mit Blut bedeckter Boden. Dazu kamen Staub, Hunger und Durst. Die Römer mußten zurück. Der Kaiser war nirgends zu finden. Über seinen Tod gab es zunächst verschiedene Meinungen: Er wurde durch einen Pfeil tödlich verwundet und starb in einem Sumpf, in den sein Pferd geraten war, oder, wie andere nachher erzählten, starb nicht gleich, sondern wurde von einigen Leibwächtern in ein Landhaus auf dem Schlachtfeld gebracht. Dort waren sie von Goten eingeschlossen, die gar nicht wußten, daß sich im Haus der Kaiser befand, und schließlich das Haus mitsamt den Menschen kurzerhand in Brand steckten. Einem der Leibwächter gelang es, sich aus dem brennenden Haus zu retten. Als er den Goten erzählte, wer sich im Haus befunden hatte, gerieten sie in Wut, da sie die Chance verpaßt hatten, den Herrscher der Römer lebend gefangenzunehmen. Mit der Schilderung der Schlacht bei Adrianopel endet die Chronik von Ammianus Marcellinus, die uns so viel wert ist, nicht nur, weil der Verfasser ein hervorragender Schriftsteller war, sondern wir schätzen ihn auch als Augenzeugen vieler wichtiger Ereignisse.

Die Goten waren nicht imstande, ihren Sieg auszunutzen. Die Stadt Adrianopolis selbst, die den kaiserlichen Schatz beherbergte, blieb verschont. Sie hatten nicht die nötigen technischen Mittel, um Städte zu belagern. Herwig Wolfram, Verfasser der bedeutendsten modernen Geschichte der Goten, die im Jahre 1979 erschien, ist der Meinung, daß die Schlacht bei Adrianopel kein entscheidender Kampf war. Tatsächlich erholten sich die Römer schnell. Unvermeidliche Folge der Schlacht aber war es, daß Barbaren nun im Römischen Reich lebten und Fuß faßten. Bald darauf brach wiederum der Konflikt zwischen Athanarich und Fritigern aus. Die Leute des Athanarich zwangen ihren eigenen Herrscher zur Flucht, und er, der damals geschworen hat, niemals seinen Fuß auf römischen Boden zu setzen, mußte nach Konstantinopel fliehen. Dort starb er bald darauf.

Auf römischem Boden – Die Ansiedlung der Goten in Pannonien und Thrakien

Allein durch den Hunger gezwungen, zogen die Goten plündernd weiter. Von den Hunnen vertrieben, fehlte ihnen die Nahrungsbasis. Die archäologischen Funde zeigen das folgende Bild: Die weitausgedehnte Černjachov-Kultur in der Ukraine und am Schwarzen Meer, die unzählige Gräberfelder und Siedlungen des 3. und 4. Jahrhunderts hinterließ, endet abrupt mit dem Hunneneinfall Ausgang des 4. Jahrhunderts. Diese Kultur bestand aus verschiedenen ethnischen Elementen, die wichtigsten sind die Sarmaten und späten Skythen im Schwarzmeergebiet, die Dako-Geten zwischen Dnjestr und Donau, die aus dem Norden gekommenen Goten und die seit langem am oberen und mittleren Dnjestr ansässige Bevölkerung, die sich schwerlich mit einem konkreten Volk – vielleicht mit den Slawen? – identifizieren läßt. Trotz dieser Vielfalt war die materielle Kultur recht einheitlich, besonders in bezug auf die Tracht und auf die birituelle Grabsitte: Wie in Pommern bestand die Brand- und die Körperbestattung parallel nebeneinander. Detaillierte archäologische Studien ergaben natürlich verschiedene lokale Unterschiede, auf die hier, um sich nicht in Einzelheiten zu verlieren, nicht eingegangen wird.

Auch der rumänische Teil der Černjachov-Kultur weist dieselben Grundzüge auf, dies läßt sich mit den großen Bewegungen der Westgoten leicht verbinden.

Innerhalb dieser Kultur entwickelte sich eine charakteristische Frauentracht, die sich später – von den gotischen Frauen übertragen – nach Italien und Spanien ausbreitete. Es sind die sogenannten Silberblechfibeln, Gewandspangen mit halbkreisförmigem Kopf. Zunächst sind sie nur ein paar Zentimeter lang, in ihrer späteren Entwicklung erreichen sie aber Längen bis 30 cm. Sie wurden paarweise auf den Schultern getragen, stets mit dem Kopf nach unten. Um die Taille trug eine gotische Frau einen Gürtel mit massiver Schnalle aus Silber oder Bronze. Zu dieser uniformen Tracht gehörten auch – nicht immer – ein Paar Ohrringe, ein oder zwei Armringe und eine Halskette aus Glas- und Bernsteinperlen. In den Männergräbern findet man nach wie vor keine Waffen. In der Ukraine und in Rumänien wurden oft Amulette ins Grab gelegt, Süßwassermuscheln, Purpurschnecken aus dem Mittelmeer, axt- oder halbmondförmige Metallanhänger, ab und zu auch Eierschalen und Schildkrötenpanzer, die vielleicht als Symbole des Lebens oder der Fruchtbarkeit galten. Diese Sitte verschwindet in den späteren gotischen Siedlungsgebieten.

Nach Valens' Tod bestieg Theodosius den Thron in Ostrom. Er wurde später der Große genannt (379–395). In Westrom herrschte Gratian (367–383). Im Jahre 380 siedelte Gratian Teile der Ostgoten in den Provinzen Pannonia II und Valeria an, im Gebiet zwischen Drau und Save. Zwei Jahre später schloß Theodosius einen Vertrag mit den Westgoten Fritigerns, der gewährleistete, daß diese sich in Thrakien (Nordbulgarien) zwischen Donau und Balkangebirge niederlassen durften. Das Gebiet wurde autonom, und die Goten lebten dort zusammen mit der einheimischen Bevölkerung. Es war ihre Pflicht, die römischen Grenzen zu schützen. Dies erfüllten sie jedoch nur so weit, wie es in ihrem eigenen Interesse stand, das heißt, sie verteidigten nur das ihnen zugeteilte Gebiet. Die hunnische Gefahr war in jener Zeit nicht akut. Die gefürchteten Nomaden blieben nördlich der Donau und brauchten Zeit, um sich zu einigen und zu stärken.

Die Goten haben in Thrakien nur sehr geringe archäologische Spuren hinterlassen. Dies ist einerseits durch den Mangel an entsprechenden systematischen Ausgrabungen bedingt, andererseits bleibt zu vermuten, daß die provinzialrömische Kultur in nicht geringem Ausmaß die Goten beeinflußte, so daß sie ihre typische Grabbeigabensitte bald aufgaben. Bisher sind nur drei Frauengräber mit den typischen Silberblechfibeln bekannt, allerdings aus etwas späterer Zeit, von der ersten Hälfte des 5. bis zum Anfang des 6. Jahrhunderts. Interessanterweise wurde eines dieser Gräber in einem spätantiken Straßenpflaster der Stadt Marcianopolis (Devnja) gefunden, ein anderes ist ein Ziegelgrab, typisch für die romanische Bevölkerung. Die Beispiele sprechen für die Assimilation der Barbaren.

Wo aber blieben die Gepiden, die offensichtlich an allen diesen Unruhen nicht teilgenommen haben? Nach dem ungarischen Archäologen Istvan Bóna siedelten sie sich in der damaligen Provinz Dacia an, im nordwestlichen Teil zwischen Theiß und Siebenbürgen. Dort sollten sie weiterhin bleiben und kamen anscheinend mit den Hunnen nicht direkt in Berührung.

Der Foedus zwischen Theodosius und Goten hielt nicht einmal zehn Jahre. Verschiedene gotische Truppen zogen im Jahre 391 vertragsbrüchig durch den Balkan nach Süden, geführt von einem Mann, dessen Name sich 20 Jahre später schrecklich in die Geschichte des weströmischen Reiches einschreiben sollte: Alarich. Er stammte aus dem berühmten westgotischen Geschlecht der Balthen und war damals etwa 20 Jahre alt.

Geschlagen zog Alarich sich mit seinen Truppen zurück. Aber bereits ein paar Jahre später kam es zu einem neuen schwerwiegenden Ereignis: Im harten Winter des Jahres 394/95 fror die Donau fest zu. Dies nutzten die Hunnen aus, erschienen in Thrakien und schlugen vor allem die Goten nieder, die ihre neue Heimat zu verteidigen suchten.

In den Jahren 376–394 standen die Hunnen am linken Ufer der unteren Donau und unternahmen kurze Attacken ins Römische Reich, in die heutige Dobrudscha. Die Alanen schlossen mit ihnen ein Bündnis, das 30 Jahre dauerte. Hunnen und Alanen wurden ein paar Jahre später von Valentinian II. ins weströmische Reich zur Hilfe im Kampf gegen die Usurpatoren gerufen und ließen sich nur mit viel Gold zur Rückkehr bewegen, wahrscheinlich bereits nach Ostungarn. Von der unteren Donau hatten sie sich in jener Zeit dorthin begeben.

Die nächste hunnische Lawine kam aber wieder von Osten: Im Sommer des Jahres 395 überquerten weitere Hunnen den Don, wahrscheinlich vom Hunger getrieben, zogen dann aber durch den Kaukasus und fielen in Persien und in die östlichen römischen Provinzen in Kleinasien ein und nahmen dort unzählige als Sklaven gefangen.

Die Westgoten an der Donau sahen, daß sie ihre Sitze nicht mehr verteidigen konnten und verließen, von Alarich geführt, Thrakien und begannen wiederum zu wandern. Über 20 Jahre später fanden sie in Gallien eine neue Heimat.

Die Mehrzahl der Ostgoten verließ im Jahre 376 auf der Flucht vor den Hunnen ihre alten Siedlungsgebiete östlich von Prut und Dnjestr. Die dort verbliebenen und diejenigen, die sich nicht in die sicheren römischen Grenzen retten konnten, gerieten unter hunnische Herrschaft und zogen mit den Hunnen nach Westen. Diesen Goten sind die Funde in der Südukraine und auf der Krim zugeschrieben, die ins Ende des 4. und an den Anfang des 5. Jahrhunderts datiert sind. Auf diese Funde werden wir noch zurückkommen.

Roma capta – Die Goten in Italien

Die Westgoten Alarichs gingen nach Makedonien und Thessalien bis zur Peloponnes. Dort schloß der oströmische Kaiser Arkadius, Sohn von Theodosius, mit ihnen wieder Frieden. Bald aber wandte sich Byzanz gegen die Goten. Schuld daran war der Aufstand des westgotischen Offiziers Gainas, der, wie auch viele andere seiner Landsleute, in der oströmischen Armee diente. Er besetzte Konstantinopel, ließ Banken plündern und den Palast des Kaisers in Brand stecken. Herwig Wolfram bezeichnet diesen Aufstand als «Skandal ersten Ranges», da er schließlich in der Hauptstadt des oströmischen Reiches geschah! Während der Panik, die in Konstantinopel ausbrach, verbrannten 7000 Goten in einer Kirche, in der sie Zuflucht gesucht hatten. Gainas selbst fiel nach verschiedenen Fluchtversuchen in hunnische Hand und wurde getötet. Seit diesen Ereignissen konnte Alarich nicht mehr mit dem Verständnis der Oströmer rechnen. Deshalb zog er nach Italien, in der Hoffnung, dort Fuß zu fassen. In Rom herrschte zu jener Zeit Honorius, der zweite Sohn von Theodosius dem Großen. Der junge, sechzehnjährige Kaiser herrschte, regierte aber nicht. In seinem Namen tat es Stilicho, Führer des weströmischen Heeres, väterlicherseits Wandale, derselbe, dessen schönes Porträt mit Frau – Nichte von Theodosius – und Sohn auf dem Diptychon aus Elfenbein im Domschatz von Monza bei Mailand bewundert werden kann. Aus der Elfenbeinplatte schaut uns ein stattlicher, bärtiger, römisch gekleideter Mann an, mit Schild, Lanze und Schwert bewaffnet, eine Fibel verschließt den Mantel auf der rechten Schulter. Solche Fibeln aus Gold waren bei den Römern Zeichen hohen militärischen Ranges, und wir werden ihnen noch einige Male begegnen. Stilicho war auch der Schwiegervater von Honorius. Dies stärkte zusätzlich seine Position. Dieser ambitionierte und erfahrene Mann war der letzte Führer der ganzen römischen Armee, auch ihres östlichen Teiles. Ende des Jahres 401 stand Alarich vor Mailand, wo Honorius residierte. Es gelang Stilicho, die Goten und mit ihnen wahrscheinlich auch die Alanen zu bezwingen und zurückzudrängen. Kaiserliche Residenz wurde seitdem die Stadt Ravenna, die, da von Sümpfen umgeben, nicht so leicht einzunehmen war. Noch zweimal waren die Goten geschlagen, im Frühling des nächsten Jahres bei Pollentia, südlich von Turin, und bei Verona. Die durch Hunger und Kämpfe geschwächten Westgoten mußten Italien verlassen. Jedoch nicht für lange. Im Jahre 405 erschienen die Goten wieder in Italien, diesmal nicht Alarichs Truppen, sondern es kamen vom weit entfernten Schwarzen Meer plötzlich unzählige Scharen unter der Führung des Ostgoten Radagais. Florenz war in Gefahr, selbst Rom. Im Jahre 167, während der markomannischen Kriege, standen zwar schon einmal

Germanen bei Aquileia, das war damals aber nur eine kurze Episode. Jetzt war ganz Italien Ziel regelrechter Züge von Barbaren. Die Lage sah noch gefährlicher aus, wenn man das Bild von Norden betrachtete. Am letzten Tag des Jahres 406 überquerten große Scharen Wandalen und Sueben den gefrorenen Rhein zwischen Mainz und Worms und begannen gemeinsam mit den Alanen Gallien zu verheeren. Die Verteidigungslinie am Rhein war mit diesem Überfall völlig zusammengebrochen. Radagais glaubte an die große Zahl seiner Truppen, angeblich 200000. Stilicho aber gelang es, sie bei Florenz zu umzingeln und auszuhungern. Dabei waren seinen Truppen die Hunnen behilflich, die er von der Donau zu Hilfe holte. Radagais' verzweifelte Versuche, sich zu befreien, endeten tödlich. Viele Goten wurden umgebracht, versklavt, die Vornehmen gingen in den römischen Militärdienst.

Aber die Verzweiflung des römischen Volkes war zu groß. Der allgemeine Haß gegen die Germanen übertrug sich auf Stilicho, der ohnehin viele Feinde hatte. Er, der große Politik machen wollte, der sich nach dem Tode von Theodosius berechtigt fühlte, über beide Teile des Römischen Reiches zu wachen, fand den Tod am 22. August 408 vor einer Kirche in Ravenna, in der er Asyl suchen wollte.

Zu dieser Zeit war Alarich bereits wieder unterwegs nach Italien. Diesmal marschierte er bis vor die Mauern Roms. Er belagerte die Stadt regelgerecht, Hunger und Seuchen wüteten. Die Lage war unerträglich, und Alarich bekam, was er verlangte: Fünftausend Pfund Gold, dreißigtausend Pfund Silber, viertausend seidene Gewänder, dreitausend purpurgefärbte Felle und ebensoviel Pfund Pfeffer. Alarich nahm diesen Preis an – wir werden gleich sehen, was die Germanen davon am meisten begehrten – und blieb in Italien, nicht weit von Rom. Der Abschluß der Verträge mit Honorius zog sich hin, Alarich geriet in Zorn. Wieder zog er vor die Stadt Rom und gab, um den Kaiser zu schnellem Handeln zu zwingen, den Kaisertitel kurzfristig dem Präfekten der Stadt und entmachtete ihn nach ein paar Monaten wieder. Der westgotische Führer hielt sich in Italien auf, war imstande, einen Gegenkaiser aufzustellen, am 24. August 410 zog er schließlich in Rom ein.

Die Worte *Roma capta!* – Rom ist genommen! erklangen im ganzen Imperium. Es gab nichts Schlimmeres als das. Drei Tage und drei Nächte plünderten die Goten und nahmen zahllose Beute und unzählige Sklaven mit, unter anderen auch Honorius' Schwester Galla Placidia. Die Pläne Alarichs gingen aber noch viel weiter. Er wollte nach Afrika, er wollte das Land erobern, das seit Jahrhunderten als Kornkammer des Imperiums galt. Aber bevor die Goten Sizilien erreichten, starb Alarich in Kampanien. Er wurde in einem leeren Flußbett vor einem provisorischen Staudamm bei Cosenza begraben. Dann wurde der Damm geöffnet, und alle, die mit der Beisetzung beschäftigt gewesen waren, mußten in den Fluten sterben.

Dichtung oder Wahrheit? Es scheint, daß die Geschichte dieses Begräbnisses wohl eher als eine Dichtung zu werten ist, die der sagenhaften Volkstradition Nahrung geben sollte, denn als Wahrheit. Der große Alarich wurde ebenso dramatisch bestattet, wie sein Leben verlaufen war. Leicht war dieses Leben nicht gewesen, denn er suchte stets eine neue Heimat für sein Volk, er wurde oft geschlagen, gab aber nie auf. Wer weiß, was geschehen wäre, wenn er Afrika erreicht hätte! Die Entstehung der germanischen Reiche, die sich bald bilden sollten, hätte einen ganz anderen Verlauf genommen, und wir hätten nicht die Geschichte der Wandalen, sondern die der Westgoten in Nordafrika studieren können.

Nach Alarichs Tod wurde sein Schwager Athaulf König der Westgoten, der Galla Placidia heiratete. Als Hochzeitsgeschenk bekam sie von ihm fünfzig Jünglinge in seidenen Gewändern. Galla Placidia, eine kluge und energische Frau, schien ganz zufrieden damit zu sein, einen Barbaren heiraten zu können. Sie wird später eine große Rolle in der römischen Geschichte spielen.

Die Westgoten blieben noch ein Jahr plündernd in Italien. Im Jahr 412 verließen sie das Land und zogen nach Gallien. Dort kamen sie zum erstenmal nach vielen Jahren zur Ruhe.

Ganz Gallien rauchte ... –
Die Wandalen, Alanen und Sueben in Gallien

Während Alarich und Radagais Rom bedrohten, brach die römische Grenze am Rhein zusammen. Gallien stand den Barbaren offen, die in der Silvesternacht des Jahres 406 über den gefrorenen Rhein zogen. Orientius, Bischof von Auch in Aquitanien, schrieb über die Ereignisse im Jahre 406: «Müde erwartet alles das greisenhafte Ende der Welt, und schon läuft ab die Zeit am letzten Tage. Siehe, wie rasch der Tod die ganze Welt bezwungen und welch starke Völker die Wucht des Krieges zu Boden geworfen hat! [...] Da lagen welche als Futter der Hunde, die brennenden Häuser wurden für viele zum Scheiterhaufen, der sie des Lebens beraubte. In Dörfern und Häusern, auf dem Land, an den Straßen und in allen Gauen, auf allen Wegen hier und dort herrschte Tod, Schmerz, Vernichtung, Niederlage, Brand und Trauer. Ganz Gallien rauchte als einziger Scheiterhaufen.» Diese Worte schrieb Orientius erst in den Jahren 430–440, aber das Entsetzen über die plötzliche Invasion klingt, als ob es gestern gewesen wäre.

Wer kam nach Gallien? Die Alanen kennen wir schon. Es wird jetzt Zeit, von zwei anderen Völkern zu reden, von denen besonders den Wandalen eine große historische Rolle zuteil wurde. Der Ursprung des ostgermanischen Volkes der Wandalen ist wahrscheinlich in Skandinavien zu suchen, wohl in Jütland. Die nordjütische Halbinsel Vendsyssel wird in der Forschung immer mit den Wandalen in Verbindung gebracht, der Ort Hallingdal im Oslofjord mit den Hasdingen, einem Teil des Wandalenstammes. Ortsnamen mit wandalischem Kern findet man auch in Uppland. Als Vandilier kannten sie Plinius der Ältere und Tacitus, die Chronisten des ersten nachchristlichen Jahrhunderts, die aber bereits von Wandalen auf dem Kontinent südlich Skandinaviens berichten. Der andere Teil der Wandalen hieß Silingen und wird von Ptolemäus genannt. Aus den kurzen Erwähnungen von Plinius und Tacitus geht hervor, daß die Vandilier irgendwo im Flußgebiet der Oder und Weichsel lebten, die Silingen werden in Schlesien lokalisiert. In den letzten Jahrhunderten v. Chr. entstand im Gebiet von Süd- und Zentralpolen eine archäologisch einheitliche Kultur, die hauptsächlich mit einem anderen Volk verbunden wird. Dies ist der Stammesverband der

Lugier, eines Volks unter starkem keltischem Einfluß. In der Nachbarschaft der Lugier hatten die Wandalen wahrscheinlich ihre Wohnsitze. Tacitus schreibt nur, daß den östlichen Teil der Germania viele Völker bewohnen, unter denen auch die Wandalen zu suchen sind. Diese archäologische Kultur, nach einem Gräberfeld in Südostpolen die Przeworsk-Kultur genannt, mit einem Zentrum zwischen Oder und Weichsel, aber den Unterlauf beider Flüsse aussparend, zeichnet sich durch eine starke Einheitlichkeit aus. Es herrschen Brandgräber vor, Waffen – Schwert, Lanze, Schild und Sporen – und Geräte wie Messer, Feuerstahl, Schere waren typische Grabbeigaben für Männer. Bei den Frauen überrascht die große Anzahl von Trachtteilen aus Eisen, nicht aus Bronze. Sogar Schmuck, wie zum Beispiel Anhänger, war aus Eisen. Die Träger der Przeworsk-Kultur lebten in relativ kleinen eingetieften Häusern, die manchmal ausgedehnte Siedlungen bildeten. Die Przeworsk-Kultur zeichnet sich besonders durch eine entwickelte Eisenverhüttung und -verarbeitung aus. In Zentralpolen und nördlich von Warschau wurden Tausende von Verhüttungsöfen entdeckt, in denen man aus Erz Eisen gewann. Jeder Ofen konnte nur einmal benutzt werden, da man beim Herausziehen des Eisens den oberen Teil des Ofens zerstören mußte. Im 2. Jahrhundert n. Chr. erscheinen archäologische Fundstellen der Przeworsk-Kultur an der oberen Theiß, in der östlichen Slowakei, in der Karpathenukraine, in Nordostungarn und Nordwestrumänien. Im Jahre 171 n. Chr. berichten römische Quellen über die Hasdingen, die an die Nordgrenze der Provinz Dacia kamen und baten, im römischen Gebiet aufgenommen zu werden.

Um die Mitte des 3. Jahrhunderts verließ ein Teil der Silingen sein Gebiet und ging nach Westen. Der Rest blieb in Schlesien. Diese Wanderung war sicher durch den Druck der Goten von Norden bedingt, die bereits auf dem Weg zum Schwarzen Meer waren. Einige außergewöhnlich reiche Gräber der spätrömischen Kaiserzeit lassen sich mit großer Wahrscheinlichkeit den Wandalen zuschreiben. Zuerst nehmen wir als Beispiele drei Grabkammern aus einem Vorort von Wrocław (Breslau), in denen vermutlich eine fürstliche Familie bestattet wurde: ein Mann, eine Frau und ein Knabe. Das Geschlecht läßt sich nur auf Grund der Beigaben bestimmen, da sich im Boden außer ein paar Zähnen keine Knochen erhalten haben. Das erste Grab wurde von drei Arbeitern bei Ausschachtungen im Jahre 1886 entdeckt. Glücklicherweise waren bereits nach zwei Tagen Fachleute an Ort und Stelle, so daß nichts verlorenging oder versteckt werden konnte, wie es – wie wir weiter sehen werden – bei solchen Entdeckungen oft der Fall ist. Zwei weitere Gräber wurden im nächsten Frühling entdeckt. Sorgfältig im Museum aufbewahrt, sind die Funde ihrem traurigen Schicksal nicht entgangen: Während des Zweiten Weltkrieges gingen alle Goldgegenstände und zum Teil auch silberne nach Berlin; dort sind sie spurlos verschwunden. Nur einige Funde sind übriggeblieben, von den anderen hat man Kopien für Ausstellungszwecke angefertigt.

Die Grabkammern, mit Steinen ausgelegt, waren bis 1,75 m tief und oben mit Holzbrettern bedeckt. In jeder Kammer lagen auf dem Boden Grabbeigaben neben dem nicht mehr erhaltenen Skelett. Im ersten Grab befand sich der spektakulärste Fund, ein bronzener Vierfuß, mit Bacchus-Darstellungen verziert. Zwischen den Füßen lag eine Bronzeschüssel. Farbige Glasgefäße, Spielsteine aus Glas, weitere Bronzegefäße, goldene und silberne Fibeln und Schnallen, ein silberner Löffel, je ein goldener Arm- und Halsring bildeten den Rest dieses außergewöhnlichen Grabinventars. Ähnliche Funde enthielten die zwei weiteren Bestattungen. Im Frauengrab fand man außer Gold- und Silberfibeln und einer Prunkschnalle noch acht filigranverzierte große Anhänger aus Goldblech. Das dritte Grab, das des Knaben, war wieder mit Bronzegefäßen und Goldfibeln ausgestattet. Zum Grabinventar gehörte außerdem eine Millefioriglasschale mit buntem Blumenmuster, das aus zusammengeschmolzenen farbigen Glasstäbchen entstanden ist. Das Kind besaß noch ein Holzkästchen, dessen Deckel mit Silbermünzen verschiedener römischer Kaiser geschmückt war, von Hadrian bis Septimius Severus (119–207 n. Chr.), und einen goldenen Arm- und Halsring. Hier werden nur die wertvollen Funde erwähnt, von denen die Glasschale, die Bronzegefäße und der Vierfuß römische Importe sind. In den drei Gräbern gab es noch Keramik, Toilettenbesteck, weitere Gürtelteile und anderes mehr. Die späteste Münze war ein Denar aus der Zeit von Claudius Gothicus (268–270). Aufgrund aller Beigaben sind die Gräber in die Zeit von 260 bis 310 datiert. Wir haben hier eine wahrhaft fürstliche Familie vor uns, die, wie die Fülle der provinzialrömischen Gegenstände zeigt, rege Kontakte mit dem Römischen

Reich hatte. Besonders bemerkenswert sind die zwei massiven Goldarmringe im Männer- und Knabengrab. Sie waren Würdezeichen bei den Germanen und – wie es auch aus anderen Gräbern hervorgeht – wurden nur von männlichen Mitgliedern der fürstlichen oder königlichen Familien getragen, auch später in der Völkerwanderungszeit.

Etwa zeitgleich mit der schlesischen Fürstenfamilie sind zwei weitere Gräber aus der Ostslowakei. Das Grab von Cejkov – vielleicht eine Doppelbestattung von Mann und Frau – enthielt eine Besatzgarnitur aus 69 Goldblechen, wieder einen Goldarmring und einen Halsring sowie einen silbernen Fingerring mit Onyx provinzialrömischer Herkunft. In Ostroviany fand man ein Grab wohl eines Königs mit Goldpokal, eine germanische Arbeit, und mit zwei provinzialrömischen Silbergefäßen, dazu ein Dreifuß aus Bronze, eine Fibel mit Onyxplatte, vermutlich ebenfalls römischer Herkunft, und drei goldene germanische Fibeln. Goldener Arm- und Halsring in Kombination, auch in diesem Grab wiederholt, sind als königliche oder fürstliche Insignien zu interpretieren. Im Jahre 248 plünderten die Hasdingen gemeinsam mit den Goten die römischen Gebiete an der unteren Donau. Sie wurden von Kaiser Aurelian geschlagen und später, nachdem sie in Konflikt mit den Goten geraten waren, auch von diesen. Gegen Ende des 3. Jahrhunderts wurden die Hasdingen wieder unruhig und zogen nach Westen. Die Silingen und die Donausueben schlossen sich ihnen auf dem Weg an. Die letztgenannten waren damals noch in der westlichen Slowakei seßhaft. Sie überschritten die Donau bei Budapest, dann zogen sie in die Gegend von Wien. Kurz von Stilichos Truppen aufgehalten, gingen sie in jener verhängnisvollen Silvesternacht 406 bei Mainz über den Rhein. Die rheinische Grenze zu Gallien stand offen. Wir erinnern uns, dies war die Zeit, in der Alarich und Radagais Italien bedrohten. Stilicho mußte alle römischen Truppen vom Rhein abkommandieren, und so kam es zum Unglück am letzten Tage des Jahres 406. Gallien rauchte.

Zwei Jahre lang, von 407 bis 409, blieben die Barbaren plündernd in Gallien. Im Jahre 409 schrieb der heilige Hieronymus einen Brief an die Witwe Aferuchia mit der Absicht, ihr eine zweite Heirat auszureden, dies sei gegenwärtig nicht ratsam. Obwohl weit entfernt in Bethlehem, nennt er die geplünderten Städte: Mainz, Worms, Reims, Amiens, Arras, Tournai, Speyer, Straßburg, Lyon und Narbonne. Arles, Béziers und Bazas in Südgallien werden in anderen Dokumenten genannt. Toulouse verdankt seine Schonung seinem Bischof.

Die genaue Strecke der Invasoren läßt sich nicht rekonstruieren. Vermutlich operierten sie in getrennten Gruppen mit Hilfe der Alamannen, die in jener Zeit in Südwestdeutschland saßen. Im nordwestlichen Gallien, zwischen Orléans und Paris, gibt es einige Ortsnamen, die auf einen Aufenthalt der Alanen hindeuten: Alain, Alaincourt und Aillanville. Es ist aber wahrscheinlicher, daß diese Ortsnamen nicht auf jene Alanen zurückgehen, die mit den Wandalen Gallien plünderten, sondern auf die Alanen, die als römische Verbündete von Aetius im Jahre 442 bei Orléans angesiedelt worden waren, um Aufstände der gallischen Bauern zu unterdrücken und um die Westgoten zu kontrollieren, die sich seit 412 in Gallien aufhielten.

Im Herbst des Jahres 409 entschlossen sich die Barbaren, nach Spanien zu ziehen. Ihr Weg führte sie von der atlantischen Küste aus über die Pyrenäen, denn die Pässe am Mittelmeer wurden von Römern bewacht. Der französische Historiker Christian Courtois stellt die Frage: Warum sind sie nicht in Gallien geblieben? Denn im Vergleich zur gesamten gallischen Bevölkerung waren die paar tausend Barbaren trotz ihrer Zerstörungskraft nur eine winzige Minderheit, und das reiche Spanien lockte. Eine andere Hypothese lautet, daß die Wandalen so große Angst vor den Hunnen gehabt hätten, daß sie, obwohl sie den Nomaden nie direkt begegnet waren, so weit wie möglich nach Westen zogen. Der wahre Grund ist nicht klar, eines steht jedoch fest: Sie konnten Gallien auf Dauer nicht beherrschen. Dieser Ansicht ist auch Courtois. Verlassen wir die Wandalen und ihre Verbündeten in den Pyrenäen und wenden wir uns wieder nach Osten.

Rot und Gold – Die Entstehung des polychromen Stils am Schwarzen Meer

Wir greifen die Geschichte der Hunnen zu der Zeit wieder auf, in der sie sich am Schwarzen Meer und an der unteren Donau befinden. Bis zum Jahre 420 ist nur wenig bekannt. Sie nahmen aber, von Stilicho zu Hilfe gerufen, an der Bekämpfung des Radagais in Italien teil. Ihr Anführer war damals Uldin, der erste Hunne, dessen Name im Lichte schriftlicher Quellen steht. Nach Stilichos Sieg über die Goten kehrte Uldin nach Pannonien zurück. Die Hauptmasse der Hunnen aber blieb am Schwarzen Meer und erstarkte in der Zeit zwischen 378 und 445. Die unterworfenen Ostgoten blieben bei ihnen. Außer ihren Zügen nach Kleinasien und später nach Thrakien ist aus jener Zeit wenig über sie bekannt. Ein Teil der Hunnen war bereits früher nach Ostungarn gewandert. In den dreißiger Jahren des 4. Jahrhunderts nahmen sie Pannonien in Besitz. Die Zerstörungs- und Brandschichten in den bosporanischen Städten und in den Siedlungen Südrußlands bestätigen die Raubzüge der Hunnen am Schwarzen Meer, die wir heute aber nicht allein den Hunnen, sondern einem ethnischen Konglomerat mit stark gotischem Anteil zuschreiben. Bald aber erholten sich die Städte des bosporanischen Reiches wieder, und Zentren wie Tanais, Fanagoria und Pantikapaion, nun Bospor genannt, belebten sich wieder.

In römischer Zeit, also in den ersten vier nachchristlichen Jahrhunderten, umfaßte das bosporanische Reich den östlichen Teil der Halbinsel Kertsch und die gegenüber liegende Halbinsel Taman zwischen dem Asowschen und dem Schwarzen Meer. Westlich davon, auf der Krim an der nördlichen Küste des Asowschen Meeres, saß damals das zu den Skythen zählende sarmatische Volk der Roxolanen. Das bosporanische Reich, von einer lokalen Königsdynastie regiert, entstand aus der griechischen Kolonisation des fünften vorchristlichen Jahrhunderts und war im Verlauf des zweiten und dritten nachchristlichen Jahrhunderts bereits stark mit Barbaren durchmischt. Zahlreiche barbarische Nachbarn strömten in die blühenden Städte und prägten deren Kultur. In der Spätantike war das Reich von Rom abhängig. Die Bevölkerung lebte vom Ackerbau. Besonders hoch entwickelt war der Weinbau, der industrielle Ausmaße angenommen hatte. In den Städten nahm die

Goldschmiedekunst einen enormen Aufschwung, zunächst auf zahlreiche Bestellungen von skythischen Häuptlingen hin, später kauften auch Goten und Hunnen gern die Erzeugnisse dieser Handwerker. So entstand aus späthellenistischer Tradition und neuen Ideen der polychrome Stil, dessen prächtige Beispiele wir vom Ende des 4. und vom 5. Jahrhundert kennen.

Das Herstellungsprinzip der Schmuckstücke des polychromen Stils ist, in ein Goldblech oder Goldband verschiedene Halbedelsteine oder buntes Glas einzusetzen. Die ganze Oberfläche ist in regelmäßigem Abstand damit bedeckt, und zusammen mit Gold ergibt dies einen schönen farbigen Effekt. Meist wurden tiefrote Almandine verwendet, eine Form des Granats. Auf noch freie Stellen wurden winzige Goldkügelchen oder geflochtener Golddraht gelötet (Granulation und Filigran). Außer persönlichem Schmuck wurden auch Teile des Pferdegeschirrs wie Riemenbeschläge in diesem Stil hergestellt. Die sichtbaren Holzteile der Pferdesättel waren ebenfalls mit kostbar verziertem Goldblech beschlagen. In den reichen hunnischen Frauengräbern findet man manchmal Diademe aus Goldblech mit Almandinen. Der Brauch, Diademe zu tragen, stammt sowohl aus dem Späthellenismus – Beispiele findet man wiederholt auch im bosporanischen Reich – als auch aus den Tiefen Asiens. Dort war eine solche Kopfzier ebenfalls üblich.

Die im polychromen Stil verzierten kostbaren Gegenstände, die zur Grabausstattung vornehmer nomadischer Frauen und Männer gehörten, waren nicht nur in der Steppenzone des Schwarzen Meeres verbreitet, sondern auch im Osten, an der unteren Wolga, am Rand des Urals, in Kasachstan und in Zentralasien bis zum Altai. Nicht alle Funde lassen sich unmittelbar mit den Hunnen in Zusammenhang bringen. Die frühesten oben besprochenen Gegenstände, die so aufwendig verziert waren, gelangten sicher noch nicht mit den Hunnen nach Mittel- und Westeuropa. Es gibt spätere Erzeugnisse aus der ersten Hälfte des 5. Jahrhunderts, die aller Wahrscheinlichkeit nach schon in einem zweiten Herstellungszentrum des polychromen Stils im Siedlungsgebiet der Hunnen irgendwo an der Donau entstanden waren. Diese späteren Funde sind nicht mehr mit Filigran und Granulation verziert und nicht mehr so fein gearbeitet. Die hochentwickelte Arbeitstechnik der bosporanischen Goldschmiede wird imitiert und nachempfunden. Aber dennoch machen auch diese Gegenstände gewaltigen Eindruck und repräsentieren außergewöhnlichen Reichtum.

Eine weitere Technik wurde bei der Herstellung der polychromen Kunstwerke angewandt, die sogenannte Zellenverzierung. Halbierte und geschliffene Almandine wurden dicht an dicht passend in tiefe Zellen eingesetzt. Helmut Roth, ein Spezialist für frühmittelalterliches Kunsthandwerk, beschreibt diese Zellentechnik folgendermaßen: «Eine solche Steinhalterung [also in Zellen – M. M.] läßt sich auf zweierlei Weise herstellen. Zum einen besteht die Möglichkeit, die goldene Metalloberfläche im Umriß der beabsichtigten Steinformen zu durchbrechen und mit einer Metallplatte zu hinterlegen; zum anderen kann man auf einer Metallplatte schmale Stege auflöten und somit ein radiales oder ein kurvolineares Zellenwerk schaffen, in das die Almandine in eine Füllmasse über gewaffelter Goldfolie eingelegt werden.» In neuerer Zeit entstand die These, von den russischen Archäologen I. Bažan und M. Ščukin und der schwedischen Spezialistin für frühmittelalterliche Kunst Birgit Arrhenius vertreten, daß nicht das bosporanische Reich der Herkunftsort der Zellenornamentik sei. Ihre Ursprünge seien vielmehr in Georgien zu suchen, denn dort verbreitete sich am Ende des zweiten nachchristlichen Jahrhunderts die Technik der Emailverzierung. Georgien, das antike Iberische Reich, war seit Pompeius im ersten nachchristlichen Jahrhundert wie Bospor von Rom abhängig. Ein Jahrhundert später bauten dort römische Legionäre bereits ihre Lager. In georgischen Gräberfeldern tauchen um die Mitte des 3. Jahrhunderts n. Chr. erstmals Broschen, Dolchgriffe und Plaketten auf, die mit Almandinen in Goldzellen verziert sind. Die Granate und Almandine kommen in den Bergen Südeuropas, Vorderasiens und Nordafrikas vor. Die meisterliche Schmuckfertigung ist wohl ein Verdienst der provinzialrömischen Kunst. Die Vorliebe zu bunten Steinen aber ist wohl eher eine Eigenschaft der Steppenvölker.

In Georgien enthalten viele Gräber römische Münzen, Silberschalen und Schmuck. An der Schwelle vom 3. zum 4. Jahrhundert entstand dort an der Grenze zu den Nomadengebieten unter Einfluß römischer und persischer Kunst der rot-goldene Stil. Der polychrome Stil entwickelte sich bis zur Mitte des 5. Jahrhunderts weiter. Bei späteren

Funden, etwa seit der zweiten Hälfte des 5. Jahrhunderts, erscheinen zahlreiche menschliche Masken, die nichts mehr mit dem Stil von Gold und roten Steinen zu tun haben. Dies ist die Zeit, in der in die Steppen am Schwarzen Meer neue Nomaden einwandern, die Onoguren, Utriguren und Kutriguren.

Der polychrome Stil wandert, wie wir noch sehen werden, mit den Hunnen und Goten nach Westen, bis zum Rhein und weiter bis nach Gallien, Italien und Spanien. Die reichen Gräber der Hunnenzeit aus dem bosporanischen Reich lassen vermuten, daß die Invasion der Hunnen nicht alles zerstörte. Die bosporanische Aristokratie griechisch-alanisch-sarmatischer Herkunft fand einen Weg, sich der neuen Situation anzupassen. Trotz der Zerstörungsspuren in Städten und Siedlungen bestanden einige Orte unbeeinträchtigt weiter.

Das Land Dori – Die Krimgoten

Nicht alle Goten und Alanen zogen mit den Hunnen nach Westen. Um den Hunnen auszuweichen, suchten Teile beider Völker Schutz auf der Südkrim. Prokop von Caesarea, der byzantinische Historiker des 6. Jahrhunderts, erwähnt in seinem Werk über die Bauten Justinians Festungen auf der Krim und in Bospor und beschreibt das Land Dori. Dort lebten zu seiner Zeit noch Goten. Prokop hat die Gegend Dori nur allgemein beschrieben, so daß es Historikern viele Schwierigkeiten bereitet, dieses Gotenland zu lokalisieren. Mit Hilfe archäologischer Funde gelang es festzustellen, daß Dori im Bergland der Südkrim lag. Dort wurden mehrere Gräberfelder mit Katakomben entdeckt, die wohl als Familiengrüfte dienten. In diesen Gräbern fand man für Goten charakteristische Fibeln und Gürtelschnallen, die viele Ähnlichkeiten mit ukrainischen Funden einerseits und mit donauländischen andererseits aufweisen. Das erste solche Gräberfeld ist bereits am Anfang des 19. Jahrhunderts untersucht und bald auch veröffentlicht worden.

Suuk-su, so heißt dieser Fundort, zählt über 200 Gräber aus dem 6. und 7. Jahrhundert, die Fibeln und Gürtelschnallen enthielten, die sich mit gotischen Gräbern Italiens und Spaniens vergleichen lassen. Dies veranlaßte die Archäologen, die Funde aus Suuk-su und aus anderen, später entdeckten Friedhöfen dieses Typs den Goten zuzuschreiben. Unter diesen Nekropolen gibt es auch solche, die der sarmato-alanischen Bevölkerung zugewiesen werden. Sie alle sind Zeugnisse einer barbarischen Enklave auf der Krim, die sich erstaunlich lang behaupten konnte. Die Krimgoten wurden früh katholische Christen. Bereits am Anfang des 5. Jahrhunderts existierte auf der Krim ein Bistum namens Gothia.

Inmitten des Gebietes, in dem sich die krimgotischen Friedhöfe konzentrieren, erhebt sich eine mächtige Zitadelle in Mangup zum Beispiel von 90 ha Fläche. Das Gebiet ist ein hügeliges Plateau, um die Hügel verläuft eine 1,5 km lange Mauer aus Steinplatten, deren Bautechnik in Justinianische Zeit, also in das 6. Jahrhundert zurückgeht. Die Mauer erhebt sich nicht auf dem Plateau selbst, sondern an den Hängen der Hügel, so daß die Zitadelle keinen übersichtlich geschlossenen Komplex bildet und ein freier Blick über die Mauern gewahrt bleibt. Prokop von Caesarea schreibt, daß die Bewohner des Landes Dori nicht gern hinter Mauern eingeschlossen lebten. Mangup wird heute mit der aus griechischen Quellen bekannten Festung Doros gleichgesetzt. Es spricht vieles dafür, daß sie den Krimgoten als Refugium diente. Ihr Areal war nie vollständig besiedelt gewesen, so daß sie wohl eher als Fluchtburg in unruhigen Zeiten gedacht war. Sie fiel unter dem Druck osmanischer Türken im Jahre 1475. Die gotische Sprache überlebte auf der Krim bis ins 17. Jahrhundert. Ein Gesandter des französischen Königs, der Franziskaner Wilhelm Ruysbroek, der im Jahre 1253 auf der Krim weilte, erwähnt in seinem Reisebericht, daß auf der Krim viele Goten lebten, die Deutsch sprachen. Dreihundert Jahre später besuchte Ogier-Ghiselin de Busbecq, ein flämischer Gesandter des Kaisers Ferdinand I., den Sultan von Konstantinopel. Am Hofe traf er zwei Männer von der Krim. De Busbecq war ein Gelehrter, er interessierte sich für Botanik, Münzen und alte Handschriften. Der Sultan wußte von seinen Interessen und lud ihn zu einem Gastmahl ein, an dem auch die beiden Gesandten von der Krim teilnahmen. Einer von ihnen sprach Gotisch, der andere nicht mehr. De Busbecq notierte viele Worte, die ihm – und uns – sehr gut bekannt waren wie Broe/Brot, Reghen/Regen, Schwester, Goltz/Gold, Tag, Handa/Hand, Boga/Bogen, Salt/Salz,

Sunne/Sonne. Der Mann aus der Krim begann auch auf gotisch zu zählen: ita, tua, tria, fyder, fynf, seis, sevene, athe, nyne, thiine [...].

Im Jahre 1779 wurden auf Befehl von Katharina II. alle Christen von der Krim an die Nordküste des Asowschen Meeres umgesiedelt. Mit ihnen verschwanden die letzten Krimgoten für immer aus der Geschichte. Sie hatten die gotischen Reiche im Westen um über tausend Jahre überlebt und fühlten sich lange Zeit danach noch als Goten, bis man sie im mittelalterlichen Europa vergaß.

Die Rute des Zornes Gottes – Attila und sein Reich

Wem ist der Name Attila nicht bekannt? Als Inbegriff des Schreckens, der Wildheit und der Grausamkeit lebt er noch heute in vielen Sprachen fort. Schon sehr früh nach dem Zerfall des hunnischen Reiches setzte das christliche Denken die Hunnen der Geißel Gottes gleich. Dies zeigt, wie groß das Erschrecken über den Hunneneinfall im 5. Jahrhundert war. Schon bald wird Attila Held mittelalterlicher Epen, vor allem des Nibelungenliedes und seiner norwegischen Version, der Thidreksaga, die beide im 12./13. Jahrhundert verfaßt wurden. Als teuflische Gestalt mit zwei Hörnern auf dem Kopf und langen spitzen Ohren erscheint Attila-Rex auf einer Silbermedaille italienischer Arbeit des frühen 16. Jahrhunderts, die heute in der Bibliothèque Nationale in Paris ausgestellt ist. Pierre Corneille schrieb eine Tragödie, Giuseppe Verdi komponierte eine Oper, beide mit dem Titel Attila. Der Hunne wird auch Sujet zahlreicher Kunstmaler. Auch der Film beschäftigte sich mit ihm, von Fritz Lang (Kriemhilds Rache, 1924) bis Pietro Francisi (Attila, flagello di Dio mit Anthony Quinn und Sophia Loren, 1954) und bis zur Parodie des letzteren Werkes im Jahre 1982.

Bevor wir Attila ins Licht der historischen Quellen stellen, müssen wir die Entstehung des Hunnenreiches kennen. Die Legionen verließen die römische Provinz Dacia, das heutige Rumänien, im Jahre 275, in der Regierungszeit von Kaiser Aurelian. Ein Teil der Zivilbevölkerung, besonders Leute im westlichen Siebenbürgen, bewahrte aber die romanische Sprache. Bald siedelten sich dort auch andere barbarische Stämme an, vor allem Gepiden, Westgoten und Wandalen. Als die Hunnen einfielen, unterwarfen sie die Gepiden. Die Wandalen und die Westgoten wanderten aus.

Zum zweitenmal von einem römischen Heerführer zu Hilfe geholt, wie es Stilicho schon einmal getan hatte, kamen die Hunnen nach Italien. Der Mann, der nun ihre Hilfe brauchte, war Aetius, genannt der letzte Römer, von Jugend an war er eng mit den Hunnen verbunden. Die hunnische Herrschaft erstreckte sich damals von den südrussischen Steppen bis nach Ostungarn. Der Anführer der Hunnen war nach Uldins Tod der Herrscher Rua. Aetius wurde um das Jahr 390 in Durostorum an der unteren Donau im heutigen Bulgarien geboren, dort war sein Vater Kommandant der römischen Reiterei. Die Familie war reich, vornehm und so bedeutend, daß der junge Aetius als Geisel zu den Hunnen geschickt wurde. Geiseln in der Antike haben nichts mit heutigen Entführungen gemeinsam. Um die Einhaltung eines Vertrages zu garantieren, wurden Angehörige vornehmer römischer Familien zu den barbarischen Vertragspartnern gesandt. Dort wurden sie mit Sorgfalt und Respekt behandelt. Auch Barbaren kamen als Geiseln nach Rom. Ein solcher Garant war Aetius. Während seines Aufenthaltes bei den Hunnen lernte er ihre Sprache und ihre Sitten kennen und gewann persönliche Freunde. Nach Italien zurückgekehrt, bekleidete er ein hohes Amt am Hofe des Kaisers Johannes, eines ehemaligen Beamten von Honorius, der nur zwei Jahre lang, von 423 bis 425, nach Honorius' Tod herrschte.

Die Lage des weströmischen Reiches war in diesen Jahren sehr schwierig. Die Schwester von Honorius, Galla Placidia, war bald nach ihrer Heirat mit dem westgotischen König Athaulf Witwe geworden und kehrte nach Ravenna zurück. Ihr Bruder zwang sie, Constantius zu heiraten, den Führer der weströmischen Armee, der, ähnlich wie einst Stilicho, alle Fäden der kaiserlichen Marionette in der Hand hatte. Constantius und Galla Placidia hatten eine Tochter und einen Sohn, den späteren Kaiser Valentinian III. Nach wenigen Jahren war sie wiederum verwitwet. Zur Zeit der Heirat mit Constantius brach in Ravenna der Germanenhaß aus. Galla Placidia als Athaulfs Witwe hatte noch immer Barbaren an ihrem Hof! Sie wurde von ihrem Bruder, der glaubte, sie sei im Begriff, Verrat zu begehen, nach Konstantinopel verbannt. (Ihr Lebenslauf ist wirklich einen schönen historischen Roman wert!) Johannes wußte, daß seine Position als Kaiser schwach war, um so mehr, als sich bereits von Konstantinopel eine Armee auf den Weg gemacht hatte, um den kleinen Valentinian, den späteren III., auf den westlichen Kaiserthron zu setzen. In dieser Situation ging der kaisertreue Aetius zu den Hunnen und erbat ihre Unterstützung für Johannes.

Er kam mit sechzigtausend hunnischen Kriegern zurück. Die Hilfe kam jedoch zu spät. Johannes war tot, Galla Placidia selbst hatte ihn hinrichten lassen. Der sechsjährige Knabe Valentinian wurde Kaiser. Seine Mutter Galla Placidia regierte in seinem Namen. Noch heute steht in Ravenna ihr Mausoleum, sie ist dort jedoch nicht bestattet, denn sie starb in Rom. Galla Placidia, von späteren Historikern stets sehr kritisch beurteilt, war sicherlich eine kluge und begabte Frau, die nach besten Kräften versuchte, ihren Sohn Valentinian zu einem frommen und tapferen Herrscher zu erziehen. Es war jedoch niemand in diesen letzten Jahren imstande, das westliche Reich zu retten.

Die Hunnen unterstützten Aetius auch weiterhin darin, in Gallien die Westgoten und die rebellierenden Bauern zu bekämpfen. Dafür überließ ihnen der Letzte Römer den nördlichen Teil Pannoniens, von der Donau bis zur Drau. So entstand das hunnische Reich, dessen Herrscher nach Uldins Tod wie erwähnt Rua war. Die berühmteste Aktion von Aetius und den Hunnen war die furchtbare Schlacht gegen die Burgunden im Jahre 436, die damals am Rhein bei Mainz und Worms saßen. Dieses Blutbad ist der historische Kern des Nibelungenliedes. Rua starb im Jahre 434, die Herrschaft übernahmen zwei Könige: Bleda und Attila, Ruas Neffen. Glücklicherweise verfügen wir über eine Schilderung von Priskos von Panion, einem griechischen Chronisten, der Attila selbst begegnete. Seine byzantinische Geschichte umfaßt die Jahre 434–471. Er schrieb also eigene Erlebnisse nieder. Mit einer byzantinischen Gesandtschaft fuhr er im Jahre 449 zu den Hunnen und hinterließ uns einen wertvollen Bericht über seinen Besuch am Hofe Attilas. Zur Zeit unmittelbar nach Ruas Tod war Attila noch jung und nicht so mächtig wie schon kurze Zeit später. Schon damals fühlte er sich berufen, über die Welt zu regieren, seit ihm ein Hirt ein gefundenes Schwert als das des Kriegsgottes dargebracht hatte. Vielleicht hatte der Hirt zufällig ein altes Grab entdeckt, in dem ein besonderes Schwert lag. Attilas Mitherrscher Bleda war unterlegen, aller Wahrscheinlichkeit nach ließ ihn Attila ermorden. Seit dem Jahre 445 war Attila dann Alleinherrscher.

Schon früher waren die Hunnen regelmäßig in die Balkanprovinzen eingefallen. Die Römer wehrten sich und zahlten, zahlten, zahlten. Im Jahre 447 verlangte Attila den fälligen Tribut in Höhe von 6000 Pfund Gold. Im selben Jahr schreibt der byzantinische Chronist Marcellinus Comes: «Attila verheerte in einem Krieg fast ganz Europa.» Die Hunnen kamen bis zu den Thermopylen, in Thrakien eroberten sie über hundert Städte und näherten sich Konstantinopel. Wie hoch waren nun die Summen, die die Hunnen von Byzanz erhielten? Otto Maenchen-Helfen hat eine Bilanz aufgestellt. Daraus ergibt sich, daß die Hunnen in den vierziger Jahren des 5. Jahrhunderts insgesamt etwa 13000 Pfund Gold bekamen, davon wurde fast die Hälfte im Jahre 447 gezahlt. Die Einkünfte des Ostreiches im 5. Jahrhundert waren jährlich 270000 Pfund Gold, davon wurden 45000 allein für die Armee ausgegeben. Attilas 6000 Pfund machten, auch in den nächsten Jahren, 2,2 Prozent der gesamten byzantinischen Einkünfte aus. Wir müssen uns vorstellen: fast zwei Tonnen Gold pro Jahr! Hinzu kamen noch kostbare Geschenke und der Sold jener Hunnen, die in der byzantinischen Armee als Hilfstruppen dienten. Ein Pfund Gold war 72 byzantinische Goldmünzen wert *(Solidi)*. Herwig Wolfram schreibt: «Als Alarich 4000 Pfund Gold von den Römern erhielt, war das eine Summe von 288000 Solidi, davon konnten damals über 90000 Menschen ein Jahr lang ganz anständig leben!» Solche Tribute – jedoch nicht in solcher Höhe – wurden auch an germanische Völker ausgezahlt. Es ist demnach kein Wunder, daß das 5. Jahrhundert in Europa als wahres Goldzeitalter gilt und daß Goldfunde in den damaligen barbarischen Ländern so zahlreich sind. Die Bodenfunde, die wir kennen, sind nur ein Bruchteil des Goldes, das bis nach Skandinavien in Umlauf war.

Die byzantinische Armee war nicht imstande, gegen die Hunnen erfolgreich zu kämpfen. Attila konnte deshalb Ostrom einen Vertrag diktieren, der neben der Regelung von Tributen und von Handelsrechten der Hunnen auf römischen Märkten an der Donau die Klausel enthielt, daß keine Bündnisse mit Völkern, die Krieg gegen die Hunnen führten, geschlossen werden durften.

Zu jener Zeit saßen in Nordafrika längst die Wandalen, Karthago fiel in ihre Hände. Die Ostgrenze Ostroms war ständig durch Perser bedroht. Auch Katastrophen erschütterten das Reich. Beim Erdbeben im Jahre 447 stürzten in Konstantinopel unter anderem die Stadtmauern ein, Hungersnöte grassierten. Diese schwierige Lage nutzten die Hunnen weidlich aus.

Gehen wir jetzt mit unserem Augenzeuge Priskos von Panion zu den Hunnen. Der Chronist, im Zeitraum zwischen 410 und 420 in Thrakien geboren, war Sekretär der Unterhändler, als im Jahre 449 eine byzantinische Gesandtschaft zu Attila ging. Anlaß für die Verhandlungen war, daß Attila ein Gebiet an der Donau mit Krieg zu überziehen drohte, dieses Gebiet sollte nach dem erwähnten Vertrag völlig leer sein, ein Niemandsland zwischen Hunnen und Byzantinern. Dieses Land hatte Byzanz aber nicht ganz geräumt, zudem kamen immer wieder hunnische Überläufer nach Ostrom. Dies konnte Attila nicht dulden. Um einen Krieg mit den Hunnen zu vermeiden, suchten die Gesandten Attila auf.

Ihr Weg führte sie über Serdica (Sofia), Naissus (Nisch) und über die Donau bis zu Attilas Zelten. Es ist nicht bekannt, wo genau die Hunnen auf pannonischem Boden ihr Lager errichtet hatten. Die Gesandten wurden zunächst nicht sonderlich freundlich empfangen, man wußte, daß Konstantinopel einen Mordanschlag auf Attila plante. Schließlich gelangten die Gesandten aber doch zu Attilas Residenz. Der hunnische König war «von kurzer Statur, breiter Brust, mächtigen Hauptes, schlitzäugig, mit spärlichem und grauem Barthaar, plattnasig und dunkelhaarig besaß er alle Merkmale hunnischer Herkunft.» Aus Priskos weiteren Bemerkungen geht hervor, daß Attila sehr temperamentvoll war und leicht in Zorn geriet. An Attilas Hof gab es Übersetzer; einer von ihnen war der Römer Orestes, Attilas Sekretär, Vater des letzten weströmischen Kaisers Romulus Augustulus. Am hunnischen Hof sprach man neben Hunnisch Lateinisch und Gotisch.

Es wurde ein Gastmahl bei Attila gehalten, von Priskos folgendermaßen beschrieben: «Das Attila-Haus stand in der Mitte eines großen Dorfes, höher gelegen als andere Häuser, die Holzwände waren getäfelt. Es war mit einem Zaun mit Holztürmen umfriedet, nicht zum Schutz, sondern zur Zierde. Innerhalb der Umfriedung standen zahlreiche Gebäude; die einen aus geschnitzten und vertäfelten, die anderen aus geglätteten, in Abständen nebeneinander gestellten Balken, welche hölzerne Bögen krönten. Diese Bögen erhoben sich zu ansehnlicher Höhe. Dort wohnte Attilas Frau. Die Barbaren, die dort als Türhüter amtierten, ließen mich ein. Ich traf sie auf einem weichen Lager ruhend; der Boden war mit wollenen Teppichen bedeckt, über die man schreiten mußte. Zahlreiche Dienerinnen umstanden sie im Kreise, und andere hockten rings auf dem Boden und schmückten Leinwandstreifen mit bunter Stickerei, die dann zur Zierde auf die Kleider der Barbaren aufgenäht werden.»

Am gleichen Tag abends fand das Gastmahl bei Attila statt: «Wir standen an der Schwelle des Saales, Attila gegenüber. Die Mundschenken reichten uns nach Landessitte einen Kelch; wir mußten, ehe wir uns setzten, zur Begrüßung daraus trinken. Dann nahmen wir die uns angewiesenen Plätze ein. Die Stühle standen längs der beiden Seitenwände; in der Mitte saß Attila auf einem Ruhebett. Dahinter führten ein paar Stufen zu einem anderen Ruhelager empor, das man mit Leinentüchern und bunten Decken geschmückt hatte [...]. Als die höchsten Ehrenplätze galten die Sitze in der Reihe zur Rechten Attilas; für die zweithöchsten im Range war die Reihe zu seiner Linken bestimmt. Dort saßen auch wir neben Berichos, einem vornehmen Skythen; er aber saß näher an Attilas Thron. Rechts neben dem Lager des Königs stand der Sitz des Onogesios [eines hohen Beamten am Hofe, M. M.], gegenüber saßen zwei Söhne Attilas. Der älteste Sohn saß auf dem Sofa des Königs; allein nicht dicht neben ihm, sondern am äußersten Ende; er hielt aus Ehrfurcht vor seinem Vater den Blick gesenkt. Als alle die ihnen gebührenden Plätze eingenommen hatten, trat ein Mundschenk zu Attila und reichte ihm einen gefüllten Becher; Attila nahm ihn entgegen und trank seinem Sitznachbarn zu. Der so Geehrte erhob sich und durfte sich erst wieder setzen, wenn er den Wein gekostet oder auch den Becher ausgetrunken und dem Mundschenken zurückgegeben hatte. Nachdem er sich gesetzt hatte, tranken die anderen dem König auf gleiche Weise zu. Sie erhoben ihre Becher, wünschten dem König Heil, tranken daraus und erzeigten ihm so die gebührende Ehre. Jeder Gast hatte seinen eigenen Mundschenken, der zu ihm hintrat, sobald sich Attilas Mundschenk zurückgezogen hatte. Nachdem alle der

Reihe nach so begrüßt worden waren, trank Attila uns zu, jedem einzelnen nach der Sitzordnung. Nach diesen Begrüßungen zogen sich die Mundschenken zurück. Dann wurden Tische neben dem Attilas aufgestellt, immer ein Tisch für drei, vier oder auch mehr Gäste, und jeder konnte nach Belieben zulangen, ohne die Sitzordnung zu stören.

Zuerst erschien ein Diener Attilas mit einer Schüssel voll Fleisch. Nach ihm kamen andere mit Brot und Zukost. Den übrigen Barbaren und uns wurden auf Silbertellern erlesene Speisen vorgesetzt. Attila jedoch erhielt nur einen Holzteller mit Fleisch. Er zeigte sich sonst überaus mäßig; seine Gäste erhielten nämlich goldene und silberne Becher vorgesetzt, er aber trank aus einem hölzernen. Schlicht war auch sein Gewand, das nur durch fleckenlose Reinheit hervorstach. Weder sein Schwert, das er am Gürtel trug, noch die Bänder an den Sandalen, die er nach Barbarensitte anhatte, noch auch das Geschirr seines Rosses waren wie bei den übrigen Skythen [der allgemeine Name der Barbaren, M. M.] mit Gold, Edelsteinen oder anderem Zierat geschmückt. Nachdem die Speisen des ersten Ganges verzehrt waren, standen wir alle auf und setzten uns wieder, als jeder in der früheren Reihenfolge einen ihm gereichten vollen Becher auf Attilas Wort geleert hatte. Nach dieser abermaligen Ehrung des Königs setzten wir uns wieder, und es wurde auf allen Tischen eine zweite Schüssel mit anderen Speisen aufgetragen. Auch von diesen aßen wir alle; sodann standen wir wieder wie vorhin auf, tranken Attila zu und setzten uns. [...] Als es dunkel wurde, hat man Fackeln entzündet und zwei Barbaren sangen Lieder, die Attilas Siege lobten. Nachher trat ein barbarischer Narr auf. [...] Als sich nun das Gastmahl bis in die späte Nacht hineinzog, hielten wir es für ratsam, nicht mehr zu trinken und brachen früher auf.»

Der lange Bericht von Prikos ist mehr als Gold wert. Dank ihm können wir die hunnischen Sitten aus erster Hand kennenlernen und mehr noch: Über die innere Einrichtung von ergrabenen Häusern wissen die Archäologen so gut wie nichts. In der Regel sind nur Grundrisse, Spuren der Pfostenkonstruktion und Reste von Öfen oder Feuerstellen erhalten geblieben. Hier aber haben wir die ganze Möblierung des Hauses einer vornehmen Person vor uns. Attilas Bescheidenheit fällt auf; er, vor dem West- und Ostrom zitterten, hielt nichts von kostbaren Kleidern, Schmuck und Tafelgeschirr. Der goldgierige Hunne brauchte das Edelmetall nicht, um sich zu schmücken. Zum Attila-Reich gehörten auch unterworfene germanische Völker wie Ostgoten, Gepiden, Rugier und der Teil der Alanen, der im Jahre 406 nicht mit den Wandalen und Sueben nach Gallien gezogen war.

Was aber sagen nun archäologische Funde über das hunnische Reich mit Zentrum in Pannonien aus? Auf einer Karte, in die sogenannte reiternomadische Elemente aus der ersten Hälfte des 5. Jahrhunderts eingetragen sind, gruppieren sie sich an der mittleren Donau, zwischen Donau und Theiß, westlich der Donau in der römischen Grenzprovinz Valeria (das ist ein Teil Pannoniens nach Diocletians Reform) und in der Gegend von Wien. Nicht alle Funde stammen aus Gräbern; in einigen Fällen fand man eine Menge kostbarer Gegenstände in geringer Tiefe unter der heutigen Oberfläche, ohne Spuren menschlicher Knochen. Für die eurasiatischen Steppenvölker ist die Sitte des Totenopfers bewiesen. So wurden zum Beispiel an ein plastisches Menschenbild verschiedene Gegenstände gehängt wie Waffen, Pferdeschädel oder Pferdegeschirr, oder es wurden symbolische Gräber errichtet. Einige Funde aus Ungarn lassen diese Sitte auch für die europäischen Hunnen vermuten.

Der bedeutendste hunnische Fund aus Mitteleuropa ist das Totenopfer von Szeged-Nagyszéksos, das 206 goldene Gegenstände enthält, von einem Gesamtgewicht von über einem Kilogramm. Im Jahre 1926 fand man bei Szeged in einem Weingarten einen aus einem goldenen Stab gefertigten Halsring. Kurz darauf und noch einmal acht Jahre später erfolgten fachmännische Ausgrabungen, die weitere Goldsachen erbrachten. Wahrscheinlich war der Fund bedeutend größer: Nach Aussage des Weingartenbesitzers wurden hier vor dem Ersten Weltkrieg viele Gegenstände gefunden, die man auf Schubkarren nach Hause fuhr, die aber längst verschollen sind. Außer dem Halsring bestand der Fund aus einigen massiven Goldschnallen mit Almandineinlagen auf dem Beschlag, aus Riemenendbeschlägen, dem Griff und den Scheidenbeschlägen aus Goldblech eines Prunkschwerts, weiteren Beschlägen eines Dolches und zweier Messer, Goldbeschlägen von zwei Holzsätteln und Teilen eines Pferdegeschirrs, goldener Plättchen mit Einlagen, die auf Lederriemen aufgenietet gewesen waren. Weitere Goldbleche dienten zum Schmücken eines Bogenköchers, der, weil aus organischem Material, nicht erhalten war. Dazu kamen noch ein Kelch und eine Schale aus Elektron, einer Legierung von Gold und Silber. Der Kelch trug eine eingepunzte griechische Inschrift. Zwei wohl hölzerne Trinkschalen, von denen nur Goldbänder erhalten sind, und der goldene Beschlag einer Nomadenpeitsche ergänzen diesen ungewöhnlichen Fund. Fast alle Gegenstände tragen Schmelzspuren, da aber keine Knochen zum Vorschein kamen, mag es sich um ein Opfer handeln, das im Verbrennen eines Scheiterhaufens bestand, auf dem sich diese Gegenstände befanden. Die Gefäße, die auch Brandspuren aufweisen, enthielten sicher Speise- und Trankopfer. Es bleibt ungewiß, wo und wie der Tote selbst bestattet wurde, der zweifellos ein vornehmer hunnischer Krieger war.

Ein ähnlicher Fund wurde im Jahre 1979 in Pannonhalma bei Györ entdeckt. Auch hier waren die Gegenstände großenteils beschädigt und lagen als Haufen beieinander. Neben Pferdegeschirrteilen, einer eisernen Trense mit Goldblechüberzug und goldenen Sattelbeschlägen sind als besondere Funde ein 107 cm langes zweischneidiges Schwert und eine Goldblechverkleidung eines Reflexbogens zu nennen. Die Parierstange des Schwertes war auf der Schauseite mit einem Band aus 23karätigem Gold versehen, das völlig mit Almandinplättchen in Zellenwerk verziert ist. Auch Schwertscheidenbeschläge – dünne Goldbleche mit punziertem Schuppenmuster – waren dabei. Drei dünne Goldbleche mit geometrischem Muster zierten ursprünglich den Griff und die Enden des Reflexbogens. Gegossene Bronzekessel mit Randverzierungen in Form von Pilzen dienten wie in Asien zu symbolischen Opferzwecken. Bisher sind zwanzig Exemplare aus Mitteleuropa bekannt, ein Kesselfragment ist bei Troyes in Frankreich gefunden worden. Eine deutliche Konzentration liegt an der mittleren Donau und in der Walachei. Einige wurden in den Ruinen spätrömischer Kastelle entdeckt und sind vielleicht Spuren der hunnischen Hilfstruppen in römischem Dienst.

Aus der Hunnenzeit sind auch echte Gräber bekannt, die ähnlich ausgestattet sind wie die Opferfunde. Ein solches Grab ist aus Südpolen bekannt, ein Kessel stammt aus Schlesien. Dies zeigt, wie weit die hunnische Herrschaft nach Norden reichte. Man darf jedoch nicht annehmen, daß Attilas Reich – wie die Funde andeuten – ein richtiger

Staatsorganismus von Westeuropa bis zur unteren Wolga und zum Kaukasus war. Viele Gebiete waren sicherlich von Attila abhängig, wurden vielleicht auch von ihm kontrolliert, wie es die südpolnischen Funde zeigen, aber zu Attilas Reich gehörten sie im engeren Sinne nicht. Erst die spätere Legende machte aus dem hunnischen Reich einen riesigen Staat.

Auch hunnische Frauen haben auf ungarischem Boden ihre Spuren hinterlassen. Das wohl bekannteste Grab ist das im Jahre 1887 entdeckte Skelettgrab von Csorna, in dem sich ein etwa 30 cm langes und 4,5 cm breites Goldband auf dem Schädel befand. Es war ein mit Almandinen verziertes Diadem. Danach gehörte die Verstorbene der obersten Schicht an. Weitere Beigaben waren ein «nomadischer» Metallspiegel, zwei Gürtelschnallen und zwei Schuhschnallen, einige Glasperlen und eine beschädigte Silberfibel. Da Fibeln nicht zur hunnischen Frauentracht gehörten, ist zu vermuten, daß eine hunnische Frau diesen typisch ostgermanischen Schmuck übernommen hatte. Die von antiken Schriftstellern oft erwähnte Goldgier der Hunnen spiegelt sich in den Münzschätzen wider. So im Fund von 1438 Solidi (6,5 kg Gold) in Szikancs in Ostungarn oder in einem anderen von 108 Solidi (0,5 kg Gold) von Biria in der Slowakei. Der Schatz von Szikancs besteht vorwiegend aus Münzen von Theodosius II. Sie sind fast alle frisch geprägt und waren wahrscheinlich nie in Umlauf, sondern sind unmittelbar nach der Ausgabe vergraben worden. Diese Münzfunde könnten ein Teil des Tributs sein, der den Hunnen von Konstantinopel gezahlt wurde. Der Fundort liegt zwischen den Flüssen Theiß und Maroš, also im Kern des Attila-Reiches.

Die Gräber hunnischer Krieger niedrigen Ranges enthalten Schwerter mit Parierstange ohne Zellenwerk, silberne und bronzene Schnallen und bronzene Trensen. Wir wissen wenig über das Leben des gewöhnlichen hunnischen Volkes. Die Hunnen haben keine größeren Gräberfelder hinterlassen. Ihre Bestattungen oder Totenopfer wurden stets einzeln entdeckt. Zudem bestand die Bevölkerung der damaligen Provinz Pannonia aus verschiedenen germanischen Völkern, deren genaue ethnische Zugehörigkeit nicht durch Grabfunde definiert werden kann. Es ist auch denkbar, daß die Germanen hunnische Sitten – auch die Grabbeigaben – für ihre Toten übernahmen. Bevor wir uns mit den

Hunnen unter Attila – «der Rute des Zornes Gottes», wie sie der erste Bischof der spanischen Kirche, der Enzyklopädist und Historiker Isidor von Sevilla, im 7. Jahrhundert nannte – gen Westen wenden, gehen wir noch einmal an die Vitrinen der archäologischen Museen.

Die Schätze an der Donau

Im Frühling des Jahres 1837 entdeckten zwei Landarbeiter in Pietroasa (heute Pietroasele in der Walachei am Fuß der Karpaten nördlich von Bukarest) einen Schatz. Sie schwiegen ein ganzes Jahr über ihren Fund, bis der albanische Baumeister Vérussi ihr Vertrauen gewann. Dieser fuhr nach Bukarest, um den Metallwert des Fundes zu schätzen, kehrte nach einigen Tagen zurück und kaufte den beiden Bauern alles ab. Er zahlte eine Summe von 1500 französischen Francs und gab ihnen einige Kopftücher und bestickte Hemden für ihre Frauen dazu. Der Baumeister Vérussi wußte, daß diese Transaktion gegen das rumänische Gesetz war, denn alles, was sich unter der Bodenoberfläche anfindet, gehört dem Staat. Also begann er die Kostbarkeiten zu zerlegen, um sie so an einen Juwelier in Bukarest verkaufen zu können. Dabei sind Edelsteine aus den Goldfassungen herausgefallen. Vérussi übte seine zerstörerische Tätigkeit im Hause eines der Entdecker aus, und der Bauer warf die herausgefallenen Steine achtlos weg. Spielende Kinder fanden sie zwischen wühlenden Schweinen und nahmen sie mit nach Haus, um sie ihren Eltern zu zeigen. So wußte bald jeder im Dorf, was gefunden worden war. Bald kamen Beamte, um die Bauern zu verhören und zu verhaften. Am Fundort erschien Prinz Michel Ghica höchstpersönlich, ein Bruder des rumänischen Königs und großer Antiquitätenliebhaber. Das Versteck, in dem Vérussi den Schatz verborgen hatte, wurde entdeckt.

Der Schatz bestand aus 22 Goldgegenständen, reich mit Granaten, Halbedelsteinen und bunten Glaseinlagen dekoriert. Zwölf davon, von einem Gesamtgewicht von fast 19 kg, gelangten ins Nationalmuseum nach Bukarest. Sie waren durch die barbarische Behandlung von Vérussi in einem elenden Zustand. Der gerettete Teil des Schatzes enthält folgende Goldgegenstände: einen Teller von über 50 cm Durchmesser, einen schlanken Krug mit Standring, 36 cm hoch, eine Reliefpatere mit menschlichen Gestalten – vielleicht eine Prozessionsszene – und mit sitzender weiblicher Vollfigur in der Mitte, schließlich zwei massive Halsringe, von denen einer die Runeninschrift GUTANIOWI HAILAG trägt. Sie wird meistens folgendermaßen interpretiert: «Wodan, dem skandinavischen Gott oder dem Jupiter der Goten gewidmet» oder aber «Der Schatz ist ein Heiligtum der Goten». Eine weitere Gruppe umfaßt Goldsachen, die mit Granat- und Bergkristalleinlagen verziert sind. Dies sind zwei korbartige Gefäße, ein achteckiges und ein zwölfeckiges mit Henkeln in Form von Panthern, ein Halskragen, eine diskoidale Fibel, zwei weitere ähnlicher Form mit stilisierten Vogelköpfen und eine große Adlerfibel. Alle Fibeln waren mit Ketten versehen, an deren Enden Bergkristalle in Goldfassung oder Goldanhänger mit Granaten hingen. Die größte Fibel war 15 cm lang, zusammen mit den Anhängern 27 cm. Nach den wirren Aussagen der Bauern befanden sich unter den verlorenen Gegenständen noch eine weitere Patere, ein Krug, eine Fibel und einige Arm- oder Halsringe. In Bukarest wurden alle Goldgegenstände gezeichnet und zum Teil auch farbige Bilder angefertigt.

Dies war aber noch nicht das Ende des turbulenten Schicksales dieses so außergewöhnlichen Fundes. Im Jahre 1867 wurde er zur Weltausstellung nach Paris geschickt, anschließend nach London. Alle Sachen waren in einer speziell für diese Ausstellungszwecke konstruierten Vitrine ausgestellt, deren oberer Teil aus Glas und Metall, der untere aus Holz bestand. Über Nacht versenkte man den Schatz im Holzkasten. Wieder in Bukarest zurück wurde er im Nationalmuseum ausgestellt, aber dort hat man die Sicherheitsmaßnahmen vernachlässigt, und die Goldsachen standen Tag und Nacht sichtbar in der Glasvitrine. Am 2. Dezember 1875 geschah dann das Unglück: Ein junger Mann, bereits einige Male vorbestraft, öffnete den Saal im Stock über der Ausstellung, der zur Universität gehörte, mit einem Nachschlüssel. In der nächsten Nacht brach er ein Loch durch den Fußboden und stieg in den Ausstellungsraum ein, zerbrach das Glas der Vitrine und nahm alle Gegenstände mit. Im Getöse eines winterlichen Unwetters gingen die Geräusche des Einbruchs unter, so daß er von niemandem gesehen oder gehört wurde. Um sie in Taschen transportieren zu können, zerbrach er alle mühsam rekonstruierten Kunstwerke wieder. Im Hof des Museums wurde ihm eines der großen Gefäße zu schwer, er warf es von sich und verschwand. Einige Stunden später fand ein Universitätsprofessor das Gefäß im Schnee und alarmierte die Behörden. Im ganzen Land wurden Bilder des verlorenen Schatzes verbreitet. Schließlich kam ihm die Polizei auf die Spur, als der Dieb einem Freund ein Stück Gold vom Schatz schenkte. Den Rest bewahrte er in seinem Klavier auf, wo ihn die Polizei bald fand, jedoch wieder in einem bedauernswerten Zustand! Die Funde wurden von einem Berliner Künstler zum zweiten Mal restauriert.

Das Werk über den Schatz von Pietroasa, dessen Autor der große rumänische Historiker Alexandru Odobescu war, zählt über 900 Seiten und erschien in Paris in den Jahren 1889–1900 in französischer Sprache. Der Verfasser beschäftigte sich mit dem Schatz über 25 Jahre lang. Nach dem Diebstahl im Museum wurde ihm sogar vorgeworfen, daß er an der bösen Tat beteiligt gewesen sei, um den Schatz später in England oder Frankreich zu verkaufen. Es ist zu hoffen, daß der Schatz von Pietroasa noch weitere unruhige Zeiten überleben wird. Im Dezember 1989 brannte die Nationalbibliothek in Bukarest. [...]

Odobescu und nach ihm viele andere Historiker und Archäologen hielten die Funde für den Schatz des Königs Athanarich. Wegen der Runeninschrift gibt es keinen Zweifel, daß er in gotischem Besitz gewesen war. Gehören die Funde wirklich in die Athanarich-Zeit? Wie wir uns erinnern, wurde Athanarich von seinem eigenen Volk verbannt und suchte Zuflucht in Konstantinopel, dort starb er im Jahre 381. Das hieße, der Schatz wäre noch vor seinem Tode vergraben worden. Die neuere archäologische Analyse des rumänischen Archäologen Radu Harhoiu hat jedoch ergeben, daß der Schatz späteren Datums ist und wahrscheinlich um die Mitte des 5. Jahrhunderts in den Boden gelangte, also zur Zeit Attilas. Einige Goldgefäße sind aber erheblich älter und stammen aus dem 3. Jahrhundert. Wir wissen, daß die Hunnen nicht nur Goldmünzen, sondern auch Geschenke aus Edelmetall bekamen, unter denen sich sicher auch kostbare Antiquitäten befanden. Einige Verzierungsmotive wie die Panther und auch die Form der polygonalen Gefäße sind orientalischer Herkunft, andere stammen aus dem Bereich der byzantinischen Kunst. Die Fibeln und der Halskragen sind dagegen im polychromen Stil hergestellt. Dabei wurde auch Zellenwerk verwendet. Dies wie auch die Adlerfibel deuten auf das Gebiet des Schwarzen Meeres hin. Der edle Raubvogel war ein beliebtes germanisches Motiv. Der Schatz von Pietroasa weist stilistische Merkmale von mehreren Kunstzentren auf und zeigt so, wie kompliziert die ethnischen Verhältnisse im 5. Jahrhundert waren.

Im Jahre 1889 entdeckten zwei Straßenarbeiter in Apahida bei Cluj (Klausenburg) in Siebenbürgen einen Holzsarg mit menschlichen Knochen, der in 2 m Tiefe lag. Das Grab enthielt folgende Beigaben: zwei Silberkrüge mit bacchischen Trinkszenen, Goldbeschläge wohl eines Holzgefäßes, einen massiven goldenen Armring, eine goldene Zwiebelknopffibel, eine große und eine kleinere Goldschnalle mit Almandineinlagen, sechs große Goldanhänger in Form von Tierköpfen mit daran hängenden Ketten. Dabei fand man noch zwei Siegelringe aus Gold. In beiden waren Kreuze eingeritzt, auf einem Ring ein nicht entziffertes Monogramm, der andere trug die Inschrift OMHARUS. Dies ist zweifellos ein germanischer Personenname. Wer war Omharus? Die schriftlichen Quellen erwähnen ihn nicht. Wir wissen nur, daß er, den Grabbeigaben nach, ein reicher Mann und Christ war. Der Stil der Grabbeigaben erinnert sehr an das Grabinventar des fränkischen Königs Childerich, der im Jahre 482 starb. Dieser wichtigen Person werden wir noch begegnen. In der zweiten Hälfte des 5. Jahrhunderts saßen in Siebenbürgen die Gepiden, demnach wäre Omharus wohl ein vornehmer Gepide.

Im Jahre 1968 kam etwa 500 m weiter ein zweites Fürstengrab zum Vorschein, wieder von Arbeitern entdeckt, die einen Teil der Goldgegenstände, etwa 100 g, sofort verkauften; sie wurden zu modernem Schmuck verarbeitet. Den Archäologen gelang es, den Rest, unter anderem 800 g Gold, zu retten. Die Arbeiter hatten nur den Oberkörper des Toten beschädigt, die Beine mit einigen Grabbeigaben, wie zum Beispiel zwei goldenen Schuhschnallen, waren noch ungestört. Der Rest der Grabgrube wurde systematisch untersucht. Fast alle Beigaben waren aus Gold, mit Ausnahme einer Schwertklinge und dreier Trensen aus Eisen sowie einiger silberner Ringe des Zaumzeugs. Das Grabinventar war im selben Stil wie die Beigaben des ersten Fürsten von Apahida hergestellt. Auch hier waren Almandineinlagen vorhanden. In dieser Grabausstattung gab es jedoch viel mehr Trachtteile und dazu noch prachtvolles Pferdegeschirr, das sich vollständig rekonstruieren ließ. Zum Trachtenschmuck gehörte eine große Gürtelschnalle wie im ersten Grab, zwei Schuhschnallen mit Riemenzungen, goldene Kugelperlen, die am Gürtel hingen, und die Belegplatte einer Ledertasche. Die germanischen Männer trugen oft am Gürtel solche Taschen, die heutigen Gürteltaschen durchaus ähnlich sind. Die Taschenklappe der reichen Männer war mit einem trapezoiden Beschlag versehen, der die Schauseite fast ganz bedeckte. Hier war es ein Golddeckel, mit Nieten an der Lederklappe befestigt und durch kleine Schnallen mit der Tasche verbunden. Der Beschlag war mit Almandinen und Glaseinlagen in goldenen Zellen verziert, die insgesamt ein schönes geometrisches Muster bildeten. Der Tote wurde mit seinem Eisenschwert bestattet, das an seiner rechten Seite lag. Das Schwert hing an einem Tragbügel aus massivem Gold mit Almandineinlagen. Zu Füßen des Verstorbenen lag ein vollständiges Pferdegeschirr: eine Trense, goldene Rosetten, Schnallen und weitere Beschläge des Brust-, Schwanz- und Kopfriemens, alles mit Almandinen geschmückt, schließlich goldene Sattelbeschläge, zwei Adler und drei Rosetten, die an der hohen Vorderseite des Sattels mit Nieten befestigt waren. Der Sattel und zwei zusätzliche Trensen lagen in einer Holztruhe (60 x 40 x 50 cm) von der heute nur noch die Eisenbeschläge erhalten sind. Die beiden Adlerfiguren sind, wie auch die Adlerfibeln aus Pietroasa, die frühesten Belege für die Übernahme des Adlermotivs durch Germanen, denn ursprünglich gehörte der Adler in die Vorstellungswelt der Steppenvölker. Wenn man die beiden vornehmen Männer aus Apahida vergleicht, ergeben sich wesentliche Unterschiede. Fürst Omharus war eher byzantinisch, dies äußert sich in seiner Grabausstattung deutlich, auch war er Christ. Der namenlose zweite Fürst war barbarisch mit östlichen Zügen, darauf weist das Pferdegeschirr hin. Es scheint, daß das Grab dieses Herrn des zweiten Fundes älter ist als das von Omharus. Wahrscheinlich war er ein gepidischer Fürst, der zur Zeit Attilas nach Siebenbürgen kam. Ein Schwert wurde ihm ins Grab gelegt, eine Sitte typisch für die Gepiden, im Gegensatz zu den Goten. Die beiden rumänischen Verfasser der Monographie über das zweite Grab, K. Horedt und D. Protase, gehen sogar so weit zu vermuten, der Fürst könnte der gepidische König Ardarich sein, dessen Volk zwar unter hunnischer Herrschaft stand, der aber später – wie wir sehen werden – eine Koalition gegen die Hunnen organisierte. Auf Grund der Beigaben ist das Grab in die Jahre 550–575 datiert. Der bereits christliche Omharus war vielleicht Nachfolger des ersten Fürsten und – wie die goldene Fibel, ein Zeichen hohen römischen Militärranges, und die Siegelringe zeigen – ein byzantinischer Verbündeter und etwa Zeitgenosse des fränkischen Königs Childerich.

Vielleicht gab es noch ein drittes Grab in Apahida. Im Jahre 1978 kam noch ein Einzelfund, eine große Goldschnalle mit Almandinen, zum Vorschein, die aus einer dritten Fürstenbestattung stammen könnte.

Die Gegend von Klausenburg hat noch weitere Funde geliefert, die darauf hindeuten, daß sich hier ein wichtiges Machtzentrum befand. Im Jahre 1963 wurde in Someşeni, einem Vorort von Cluj, ein weiterer Goldfund entdeckt, nur 5 km von Apahida entfernt. Der ein Kilogramm schwere Schatz lag in einem Tongefäß. Nach der Entdeckung durch Arbeiter wurde er zerlegt und verkauft, so daß fast die Hälfte verlorenging. Den geretteten Teil des Schatzes bilden zwei Gürtelschnallen, ein massiver und ein hohler Armring, ein Pektoral (Brustgehänge) mit Kreuzmotiv, das vermutlich an einer Flechtkette hing, vier Fingerringe, einer davon mit Silbergemme, sowie zahlreiche Anhänger und Perlen. Dies alles ist aus bis über 95 Prozent reinem Gold, die Schmuckstücke sind reich mit Almandinen verziert. Der Schatz gehörte wahrscheinlich einer reichen Frau, die ihren Schmuck nach der Mitte des 5. Jahrhunderts in einem Topf verbarg. Sie war Christin, Zeitgenossin des Omharus und gehörte wahrscheinlich zu der bei Klausenburg herrschenden gepidischen Familie. Ihr Schmuck hat teilweise byzantinischen Charakter.

Auch in Siebenbürgen, etwa 60 km westlich von Apahida, wurden zwei weitere Schätze entdeckt. Der Ort heißt Szilágysomlyó in ungarischer Sprache, in rumänischer Simleul Silvaniei. Den ersten Schatz hat man im Jahre 1797 entdeckt, und glücklicherweise gelangten fast alle Stücke ins Hofmuseum nach Wien. Heute sind sie im Wiener Kunsthistorischen Museum zu bewundern. Den größten Teil bilden 24 goldene Medaillons der Kaiser Maximianus, Constantius, Valens, Valentinian I. und Gratian, also aus der Zeit vom Ende des 3. Jahrhunderts bis zum

Jahr 383. Solche Medaillons, viel größer als normale Münzen und ebenfalls mit Kaiserporträts, schenkten die römischen Kaiser oft bei Vertragsabschlüssen den germanischen Herrschern. Einige Medaillons von Szilágysomlyó zählen zu den größten bekannten Exemplaren dieser Art. Alle waren mit Ösen versehen, die nachträglich von germanischen Schmieden angeschweißt worden waren.

Ein weiteres Prachtstück ist eine lange goldene Kette, an der zahlreiche Anhänger an Ringen hängen. Die Anhänger tragen keine gewöhnlichen Ornamente, sondern etwa 2–3 cm große Miniaturen von verschiedenen Geräten und Waffen: Messer, Sicheln, Hämmer, Schlüssel, Hacken, Scheren, Pflugschare, Spaten, Schilde, Schwerter oder Dolche, Lanzen- und Pfeilspitzen sowie eine Miniaturhand und ein Mann in einem Boot. Dazwischen hängen einige punzverzierte Weinblätter, ein schwerer Rauchtopas ist das Hauptstück dieser Kette. Sie ist einmalig. Zwar sind Miniaturgeräte aus germanischen Gräbern früherer Jahrhunderte bekannt, gewöhnlich aus Bronze oder Eisen, niemals aber in solcher Menge und Vielfalt. Die Kette hatte sicher eine symbolische Bedeutung und ist kaum als reiner Schmuck zu betrachten. In der Literatur wird die Meinung geäußert, es handele sich um eine Ehrenkette. Es ist jedoch sehr schwierig, eine eindeutige Interpretation zu liefern. Kürzlich wurde vermutet, daß die Kette kein Brustgehänge war, sondern vom Gürtel herab hing, wie es später bei fränkischen und alamannischen Frauen üblich war. Die Anhänger sind vorrömischer, römischer und germanischer Herkunft und man fragt sich, aus welchem ursprünglichen Schmuck sie zusammengestellt wurden.

Über 20 Goldringe, ein Anhänger mit Granulation, ein Fragment eines Armbands mit Tierkopf und ein Gürtelteil mit einer menschlichen Gestalt ergänzen diesen außergewöhnlichen Fund, dessen Gewicht fast 2,5 kg Gold beträgt. Der Fund macht den Eindruck, als wäre er ein Familienschatz, der über mindestens zwei Generationen im Besitz einer Familie war, darauf deutet vor allem die Folge von Kaisermedaillons hin.

Nach über 90 Jahren fand ein Bauer aus Szilágysomlyó noch einen zweiten Schatz, unweit vom ersten. Sein Charakter ist ganz anders: Er besteht aus einem Goldring, einer Onyxfibel, zehn Paaren Goldfibeln mit Almandinen und weiteren Fibelbruchstücken sowie aus drei Goldschalen. Dieser Schatz gelangte ins Nationalmuseum nach Budapest. Die Onyxfibel ist aus Gold mit einer großen Onyxplatte in der Mitte und einem Bergkristall am Fuß, die anderen Fibeln sind mit Email- und Almandineinlagen verziert, ein Paar hat seitliche Löwenköpfe. Dieser Schatz wiegt etwa 2,5 kg. Zwischen beiden Schätzen bestehen enge stilistische Verbindungen. Es ist hier unmöglich, alle Details zu vergleichen, aber eines muß gesagt werden: Die Onyxfibel, die sogenannte Kaiserfibel, die nur vom Kaiser getragen wurde und wahrscheinlich ein Geschenk an einen germanischen Fürsten war, ist ein Prachtstück. Die anderen Fibeln sind wahrscheinlich das Werk germanischer Goldschmiede. Die Funde von Szilágysomlyó werden von den Archäologen verschieden datiert, es bestehen Meinungsunterschiede zwischen einem Datum um 400 und einem um die Mitte des 5. Jahrhunderts. So oder so, sie waren sicherlich der Besitz einer reichen und mächtigen germanischen Familie, deren genaue ethnische Herkunft sich jedoch nicht ermitteln läßt.

Aus den Jahren 375–450 sind an der mittleren Donau zahlreiche Grabfunde bekannt, deren Beigaben außergewöhnlich reich sind. Auch in Ungarn, Mähren und Niederösterreich entdecken Archäologen immer wieder Einzelgräber oder kleine Gräbergruppen – große Gräberfelder waren nicht üblich –, die Gold und Silber enthalten. Einige haben einen ausgesprochen nomadischen Charakter (auch Diademe werden gefunden), die anderen sind ostgermanisch. Für diese wirren Zeiten, als im Karpatenbecken viele Völker unter Attilas Herrschaft gerieten, sieht die Archäologie zur Zeit keine Möglichkeit, einzelne Grabfunde einem konkreten germanischen Stamm, den Herulern, Skiren oder den Ostgoten, zuzuschreiben. Deshalb nennt man sie ostgermanisch.

Zwei solche außergewöhnliche Gräber wurden im Jahre 1910 von einem Bauern aus Untersiebenbrunn in Niederösterreich entdeckt. Das erste war die Bestattung einer jungen Frau von 20 bis 24 Jahren, die, um die wichtigsten Funde zu nennen, zwei Paare großer Silberfibeln mit Goldauflage und Almandinen, zwei goldene massive Armringe, goldene Ohrringe und zwei Halsringe aus geflochtenen Golddrähten besaß, darunter einer mit zierlichem Anhänger. Einige Monate später kam das Grab eines siebenjährigen Knaben zum Vorschein. Diesmal ist es gelungen, die ursprüngliche Lage der Beigaben am Skelett zu notieren: So trug das Kind auf den Schultern je eine Silberfibel, die exakt gearbeitete Zikaden darstellen, außerdem Glas- und Bernsteinperlen am Hals.

In beiden Gräbern befanden sich je ein Metallspiegel, ein Toilettenbesteck aus Silber (ein kleiner Löffel, wahrscheinlich um die Ohren zu reinigen, ein Fingernagelputzer und eine Pinzette) und mehrere kleine Goldflitter, also dünne Blechstreifen zum Annähen auf das Kleid. Dieser Kleiderbesatz war charakteristisch für Nomadenvölker. Es ist möglich, daß sich in der Nähe noch ein drittes Grab befand, nämlich das eines Mannes. Dafür sprechen ein massiver Goldhalsring, ein Teil einer Schwertscheide aus Gold und Fragmente einer Pferdeausrüstung. Das Skelett ist wahrscheinlich vergangen. Deshalb hat man bei der Entdeckung die genannten Sachen mit den weiblichen Beigaben vermischt. So hätten wir hier vielleicht ein vornehmes Ehepaar mit Kind vor uns. Der Fund von Untersiebenbrunn ist in die erste Hälfte des 5. Jahrhunderts datiert. In Pusztabakod an der Donau stieß man im Jahre 1859 auf zwei menschliche Skelette, «neben welchen allerlei Altertümer lagen». Diese Altertümer sind eine goldene Halskette mit Granatkugeln und herz- und halbmondförmigen Anhängern, eine andere aus geflochtenem Golddraht, zwei Goldarmringe mit Granaten und Tierköpfen verziert, Goldringe und eine große Silberfibel. Dieser Fund ist etwas jünger als das Frauengrab aus Untersiebenbrunn, er ist in die Zeit um 450 datiert.

Hier sind nur die wichtigsten Schatz- und Grabfunde des Karpatenbeckens besprochen. Die Liste ist viel länger. Die Gräber zeigen den ungewöhnlichen Reichtum der germanischen Fürsten, die dem Attila-Reich zugeordnet waren und die sich gemeinsam mit den Hunnen bereichern konnten. Römisches Geld floß in Strömen zu den Barbaren. Die märchenhaften Funde sind nur ein Teil dessen, was damals in die Hände der Barbaren gelangte.

Moderne Fälschungen der völkerwanderungszeitlichen Kunstwerke

Im Jahre 1937 veröffentlichte der Kunsthistoriker Adama van Scheltema aus München in der deutschen Nazi-Zeitschrift «Germanen-Erbe» eine Adlerfibel mit Edelsteinschmuck. Nach der Publikation soll sie in Klimkovice (Königsberg) in Mähren gefunden worden sein. Die Fibel in Form eines Adlers war aus Gold und wog 196 g. Die Flächen zwischen fünf aufgesetzten Almandinen, vier kleinere auf Flügeln, Hals und Schwanz um einen großen Cabochon auf der Brust des Adlers, waren mit in Zellen gefaßten weiteren Almandinen bedeckt, deren Stege dem Adler Kontur geben. Als Auge war ein Bergkristall eingelegt. Die Königsberger Fibel entsprach anderen Adlerfibeln der Völkerwanderungszeit aus Italien und Spanien und wurde als gotisch bezeichnet. Sie entstammte der angeblichen Sammlung des Kunsthändlers Herbert Marwitz aus München, der sie durch Vermittlung des Kunsthistorikers van Scheltema an das Germanische Nationalmuseum in Nürnberg verkaufte. Bald nach der Veröffentlichung haben verschiedene Archäologen Zweifel an der Echtheit des Stückes geäußert, da der Fundort sehr ungewöhnlich war. Ein solches gotisches Prachtstück konnte sich kaum dorthin verirrt haben. Man hat außerdem verschiedene technische Unstimmigkeiten festgestellt. Weitere Untersuchungen, zum Beispiel der merkwürdigen Krustenbildung auf der Rückseite der Fibel und Erkundungen am Fundort selbst, haben schließlich dazu Anlaß gegeben, eine Strafanzeige gegen Unbekannt zu stellen. Marwitz, der nach Italien flüchtete, wurde dort verhaftet. In seinem Haus fand man weitere Fälschungen frühgeschichtlicher germanischer Kunst, die alle genau untersucht wurden. Es zeigte sich, daß Marwitz bereits früher einige gefälschte Gegenstände an Museen verkauft hatte. Er wurde zu fünf Jahren Zuchthaus verurteilt.

Zwei deutsche Archäologen, W. von Stokar und H. Zeiss, letzterer ein bekannter Spezialist für westgotische Funde, veröffentlichten im Jahre 1940 die ganze Geschichte und dazu noch Beweise, Resultate stilistischer und chemischer Untersuchungen, die eine Herstellung der Fibel in frühgeschichtlicher Zeit vollkommen ausschlossen. Zum Beispiel war die künstlich präparierte Kruste aus demselben Material wie bei einer anderen gefälschten Fibel aus dem Elsaß, die auch zur Sammlung von Marwitz gehörte. Der Verfasser der Erstpublikation, van Scheltema, reagierte auf diese Veröffentlichung mit einem Aufsatz, in dem er die Echtheit der Fibel verteidigte. Es kam schließlich im Jahre 1941 zu einer Stellungnahme des Reichsamtes für Vorgeschichte. Danach wurde die Adlerfibel aus Klimkovice für echt erklärt. Aber im Jahre 1949 entdeckt man zufällig die Werkstatt, in der die falschen Stücke, die später von Marwitz verkauft wurden, hergestellt worden waren.

Denn ein Münchener Goldschmied namens Pirzl bewarb sich um Konservierungsaufträge des Landesamtes für Denkmalpflege und legte als Beweise seiner Fähigkeiten Goldarbeiten vor, die er zusammen mit seinem Schwager für Kunsthändler als Stilimitationen gefertigt hatte. Auf den beigelegten Bildern waren dieselben Fibeln zu sehen, die im Prozeß einige Jahre zuvor eine so große Rolle gespielt hatten! Der Goldschmied gestand, daß er die berühmte Königsberger Fibel angefertigt hatte und zeigte auch seine Skizzen, Modelle und Werkzeuge. Er nahm auch offiziell Stellung und gab zu, das Museum in Nürnberg besucht zu haben, besonders im Hinblick auf Adlerfibeln aus Italien und auf die entsprechende Literatur. Danach hatte er mit der Arbeit auf Bestellung von Marwitz begonnen. Der Verbleib der falschen Königsberger Fibel, die so viele Sorgen gemacht hatte, ist unbekannt. Sie wurde auf Veranlassung Himmlers vor Kriegsende in ein Schloß am Starnberger See gebracht und dort im Park in einer Schatulle vergraben. Im Jahre 1949 wollte man sie ausgraben, aber die Schatulle war verschwunden. Da amerikanische Soldaten bereits im Jahre 1945 den Park mit Minensuchgeräten abgesucht hatten, haben sie wohl die Kiste gefunden und die Fibel mitgenommen, so daß ihr weiteres Schicksal unbekannt bleibt.

Die Adlerfibel war nicht die einzige Arbeit von Pirzl. Er hat auch den sogenannten Schatz aus Szirák in Nordungarn geschaffen, den wieder Marwitz bestellt hatte und den später eine Münchner Bank kaufte. Der «Fund» enthielt Goldfibeln mit Almandinen, eine Halskette, einige Fingerringe und einen echten Solidus des Kaisers Constantius II. aus dem Jahre 353. Während des Prozesses gegen Marwitz wurden auch diese Stücke – außer der Goldmünze – durch von Stokar und Zeiss als Fälschungen erkannt. Nicht alle Gegenstände stammten jedoch aus

Pirzls Werkstatt. Der Kunsthändler Marwitz muß noch andere Goldschmiede beauftragt haben, die allerdings unbekannt geblieben sind. Fälschungen von Goldfibeln und Schnallen der Völkerwanderungszeit kamen vor dem Krieg auch in Frankreich und Spanien vor, doch keine hat eine solchen Wirbel verursacht und wurde so bekannt wie das Stück aus Königsberg in Mähren.

Der sogenannte Schatz aus Mojgrad in Ungarn, der in Transsilvanien auftauchte, erwies sich ebenfalls als Fälschung. Der Goldschatz, dessen Hauptteil kupferzeitlich war, weckte von Anfang an gewisse Zweifel, als er zu Beginn unseres Jahrhunderts zum Vorschein kam. Bald zeigte sich, daß ein Teil des Schatzes das Werk eines ungarischen Fälschers und Kunsthändlers war, dessen Geschäft in der Zeit zwischen beiden Weltkriegen besonders florierte. Fünf Gegenstände aus diesem Schatz, zwei Schnallen, eine Perle, eine Schwerttragöse und ein Ring vom Schwertknauf, alle aus Gold und im völkerwanderungszeitlichen Stil, galten noch lange als Originale. Sie wurden aber vorsichtshalber in der Fachliteratur nicht mehr erwähnt. Erst in den letzten Jahren hat man eindeutig nachgewiesen, daß die Stücke, die aus dem 5. Jahrhundert stammen sollen, moderne Fälschungen sind und mit der Absicht, sie zu verkaufen, unter die kupferzeitlichen Gegenstände gelegt worden waren. Man verfügt auch über eine spätere Aussage eines anderen Antiquitätenhändlers, der von den Fälschungen wußte.

Es ist kein Wunder, daß die wunderschönen Funde der Völkerwanderungszeit, des Goldzeitalters in Europa, gefälscht wurden. Die Echtheit der Goldstücke, die plötzlich auftauchen, ist manchmal schwer festzustellen, besonders dann, wenn die Fälscher künstliche Krusten oder Benutzungs- und Beschädigungsspuren anbringen. Nur ein spezialisierter Archäologe, der den Stil und die Techniken jener Periode sehr gut kennt, ist imstande, Fälschungen zu entlarven. Imitationen archäologischer Funde aus verschiedenen Epochen führen manchmal zu verzweifelten Versuchen der «Entdecker», die Echtheit zu verteidigen. So war es auch im Fall des Kunsthistorikers van Scheltema. Wir dürfen nicht vergessen, daß die Königsberger Fibel in den Zeiten der Nazi-Symbolik auftauchte, in der der «germanische» Adler eine besondere Rolle spielte. Um so mehr ist die Objektivität der beiden Forscher von Stokar und Zeiss zu schätzen.

Hunnen, nun eure Waffen auf! –
Die Schlacht auf den Katalaunischen Feldern

Wir haben Attila bei Tisch sitzen lassen. Er saß dort nicht lange. Schon bald wandte er sich gegen Westrom. Der hunnische König stand im Jahre 449 auf dem Gipfel seiner Macht, er hielt sich für unbesiegbar und plante einen Feldzug gegen Westen. Der wandalische König Geiserich unterstützte diesen Plan, denn er hatte geglaubt, seine Schwiegertochter, eine westgotische Prinzessin, habe ihn vergiften wollen. Er hatte sie mit abgeschnittenen Ohren und Nase zu ihrer Familie zurückgeschickt und mußte nun die Rache der Westgoten fürchten. Er wiegelte Attila gegen die Westgoten auf, um sie durch einen Hunneneinfall in Gallien zu schwächen.

Nicht nur der wandalische König versuchte, Attila zu diesem Feldzug zu bewegen. Man wollte Iusta Grata Honoria, Schwester des weströmischen Kaisers Valentinian III. und Tochter der Galla Placidia, gegen ihren ausdrücklichen Willen dazu zwingen, einen römischen Senator zu heiraten. Sie schickte einen Gesandten zu Attila und bot ihm ihre Hand an! Der hunnische Herrscher ließ sich nicht lange bitten und wandte sich mit dem Heiratsantrag an Valentinian. Der Kaiser bekam einen Wutanfall, Honoria mußte schließlich doch den ungeliebten Römer heiraten, und kurz darauf wurde sie vom Hof in Ravenna verbannt. Als Attila das erfuhr, bekam er seinerseits einen Wutanfall und verlangte um so nachdrücklicher Honoria zur Frau. Zum zweitenmal bekam er vom Hof in Ravenna einen Korb. Der deutsche Historiker Otto Maenchen-Helfen schreibt: «Ich halte nichts von der oft erzählten melodramatischen Geschichte der lasterhaften Prinzessin Honoria, von ihrer heimlichen Verlobung mit Attila und dem, was daraus folgte. Sie trägt ganz den Stempel byzantinischen Hofklatsches.» Ob Klatsch oder nicht, jedenfalls zog Attila im Frühling des Jahres 451 nach Gallien zu Felde, auch um den Streit mit Aetius, seinem ehemaligen Freund, über die Erbfolge bei den Rheinfranken zu beenden. Sie konnten sich nicht einigen, welcher Sohn des verstorbenen fränkischen Königs ihm auf den Thron folgen sollte.

Mit den Hunnen zogen Ostgoten, Alanen, Gepiden, Skiren, Rugier, Burgunden und Thüringer, insgesamt 30 000 Mann. Sie gingen über den

Rhein, nahmen Metz, Reims und Orléans. Das kleine Städtchen Lutetia Parisiorum an der Seine wurde jedoch verschont. Die Einwohner des Städtchens gerieten in Panik, eine fromme Frau aber sammelte alle um sich und betete darum, das Städtchen zu verschonen. Diese Frau ist die Heilige Genovefa, Schutzpatronin der Stadt Paris bis heute.

Aetius kam von Italien mit einem kleinen Heer, den Rest sammelte er in Gallien: Rheinfranken, Salier, Burgunden, Sachsen und die in Gallien noch seit dem Jahr 406 verbliebenen Alanen. Die stärksten Verbündeten waren die Westgoten. Sie für seine Pläne zu gewinnen, war für Aetius äußerst wichtig. Die Westgoten lebten seit 412 in Gallien und hielten seit dem Jahr 418 weite Gebiete von der Atlantikküste über das Tal der Garonne bis zur Loire besetzt.

Am 20. Juni des Jahres 451 standen zwei Heere «im weiten Gelände» auf den Katalaunischen Feldern an der Marne, in der Nähe von Troyes. Jordanes, der als einziger Historiker die Schlacht beschrieben hat, zitiert Attilas Rede vor Beginn des Kampfes, die übrigens sicher eine spätere Erfindung ist: «Nun bietet euren Verstand, Hunnen, nun eure Waffen auf! Wer verwundet wird, vergelte mit dem Tod eines Feindes, wer noch heil, sättige sich in ihrem Blut! [...] Ich täusche mich nicht über den Erfolg. Das ist das Feld, das uns so viele Siege verheißen hat. Ich selbst werde zuerst mein Geschoß in die Feinde schleudern. Wenn einer Ruhe ertragen kann, während Attila kämpft, ist er tot!»

Obwohl die Rede sicher nicht authentisch ist, hatte Attila alle Gründe, seine Leute zu ermuntern. Die Hunnen waren durch Krankheiten und Hunger erschöpft. Deshalb begannen sie den Kampf erst nachmittags, wohl hoffend, in der Dunkelheit leichter die Schlacht zu gewinnen. Bei den Römern stand Aetius am rechten Flügel, der unsichere Alanenkönig in der Mitte, den linken Flügel führte der Westgotenkönig Theoderid. Attila auf der Gegenseite nahm den Platz in der Mitte seines Heeres ein, an die Flanken hatte er unterworfene Stämme gestellt, die Gepiden unter Ardarich und die Ostgoten den Westgoten gegenüber. Goten gegen Goten. Es begann «ein schrecklicher Kampf», einer der größten in der Geschichte Europas. Ein kleiner Bach, der durch die Ebene floß, füllte sich bald so mit Blut, daß er sich in einen reißenden Gießbach verwandelte. Im Kampf wurde König Theoderid vom Pferd gerissen und in den eigenen Reihen zu Tode getrampelt. Andere sagen, daß er durch einen ostgotischen Wurfspieß getötet wurde. Selbst Attila wäre beinahe von westgotischer Hand gefallen, es gelang ihm jedoch, sich gerade rechtzeitig in sein Lager zurückzuziehen, das von hunnischen Wagen umgeben war. Es wurde dunkel. Im Lager der Hunnen erschien plötzlich Thorismund, Theoderids Sohn, davon überzeugt, ins eigene Lager zu kommen. Er wußte noch nicht, daß sein Vater bereits gefallen war. Ein Westgote, selbst schwer verwundet, rettete ihm das Leben. Auch Aetius verirrte sich in der Nacht zu den Hunnen, und nur mit Mühe erreichte er wieder seine Truppen.

Am nächsten Morgen sahen Aetius und seine Leute über das dicht mit Leichen übersäte Schlachtfeld. Die Hunnen wagten sich nicht mehr aus ihrem Lager. Von dort klangen nur Hornsignale zu den Römern herüber.

Man erzählt, daß Attila mit dem Schlimmsten rechnete. Er ließ sich einen Scheiterhaufen aus Pferdesätteln errichten, er wollte sich verbrennen lassen, wenn plötzlich Feinde ins Lager kämen. Niemand sollte sich rühmen dürfen, den unbesiegbaren Attila überwunden zu haben. Inzwischen begannen die Westgoten ihren König zu suchen, der am Morgen nicht zurückgekommen war. Sie fanden ihn in einem großen Leichenhaufen. Die Goten trugen ihren König weinend, singend und klagend ins Lager. Hinter dem Zug schritt sein Sohn Thorismund. Er wollte den Tod seines Vaters rächen, deshalb wandte er sich nach der Trauerzeremonie an Aetius und fragte, was zu unternehmen wäre, um die Hunnen völlig zu vernichten. Aetius plante jedoch nicht, den Hunnen eine totale Niederlage zuzufügen. Denn dann würden die Westgoten mächtiger und gefährlicher, als er es sich wünschte. So riet er Thorismund, lieber in seine Heimat zurückzukehren und darauf zu achten, daß seine Brüder ihm nicht das Erbe raubten. Attila selbst zog wieder nach Osten. In der Schlacht fielen nach Jordanes' Bericht insgesamt 16500 Krieger. Die Katalaunischen Felder waren der Schauplatz des letzten Sieges des römischen Heeres. Noch ein Vierteljahrhundert trennte das weströmische Reich von seinem endgültigen Untergang.

Attilas Tod und das Ende des hunnischen Reiches

Wir wissen es nicht, wo sich Attila im Jahr nach der Schlacht aufhielt. Als er erfuhr, daß kein Bund mehr zwischen Westgoten und Römern bestand, marschierte er im Jahre 452 nach Oberitalien und plünderte dort Aquileia, Verona, Brescia, Bergamo und Mailand. Es war seine Absicht, nach Rom weiterzuziehen, doch seine Vertrauten erinnerten ihn an Alarichs Schicksal, der kurz nach der Eroberung Roms gestorben war. So zögerte Attila die Entscheidung immer wieder hinaus, bis Krankheiten das Heer zu dezimieren begannen. Eine würdige Lösung ergab sich schließlich wie von selbst: In sein Lager kam eine Gesandtschaft aus Rom mit Papst Leo an der Spitze, dem es gelang, Attila zum Rückzug zu bewegen. So zog Attila wieder in sein Reich an der Donau.

Er nahm die junge Ildiko zur Frau. Angeblich hatte er mit seinen verschiedenen Frauen im ganzen 150 Söhne! Wie Jordanes – nach Priskos – berichtet, trank er in der Hochzeitsnacht sehr viel Wein. Am nächsten Morgen, durch das Geschrei der jungen Braut alarmiert, fanden seine Diener ihn tot, an einem Blutsturz erstickt.

So starb Attila, der größte Schrecken aller Zeiten. Seine Leiche wurde mit chinesischer Seide umhüllt zur Schau gestellt, die besten Reiter umritten unter Trauergesängen die Aufbahrung. Danach gab es ein Totenmahl mit «unermeßlichem Trinkgelage», und erst dann erfolgte das Begräbnis. Attilas Leiche soll in drei ineinander geschachtelten Särgen bestattet sein, der innerste aus Gold, der zweite aus Silber und der äußere aus Eisen. Es wurden ihm erbeutete Waffen, kostbares Pferdegeschirr mit Edelsteinen, seine Ehrenzeichen und andere Gegenstände mitgegeben. Dies alles erinnert uns an das Totenopfer von Szeged-Nagyséksós und an weitere Funde dieser Art. Es ist jedoch leider nicht möglich, eines davon mit der Person des Hunnenherrschers zweifelsfrei in Zusammenhang zu bringen. Die Särge aber dürften Legende sein, wie Archäologen meinen. Alle, die am Grab gearbeitet hatten, wurden getötet, so, wie es auch nach Alarichs Beisetzung im Fluß geschah.

Nach dem Tod Attilas teilten seine Söhne das Reich unter sich auf. Da ihre Zahl aber zu groß war (150!), kam es sofort zu heftigen Auseinandersetzungen. Der Gepidenkönig Ardarich, zu Lebzeiten Attilas ein ergebener Untertan und Vertrauter, nutzte die Gunst der Stunde und verbündete sich mit den Ostgoten, Rugiern und Skiren gegen die Hunnen. Im Jahre 454 oder 455 kam es zur Schlacht am Nedao, einem kleinen Fluß in Pannonien (vielleicht ein Nebenfluß der Save?), in der 30000 Hunnen fielen, unter ihnen auch Attilas ältester und geliebter Sohn Ellac.

Das Hunnenreich existierte nicht mehr. In Siebenbürgen siedelten sich die Gepiden an, in Pannonien die Ostgoten, die die Hunnen noch einmal im Jahre 464 oder 466 schlugen. Die Reste der besiegten Hunnenheere zogen bis zum Dnjepr. Ein Teil wandte sich an den oströmischen Kaiser mit der Bitte, in seiner Armee dienen zu dürfen. Andere wurden Bauern auf byzantinischem Boden. Ernac, der jüngste Sohn Attilas, fand in der Dobrudscha eine Heimat und trat in den oströmischen Militärdienst ein. Sein Bruder Dengizich, der nach Thrakien wollte, wurde dort von einem römischen General getötet. Seinen Kopf brachte man nach Konstantinopel und stellte ihn auf einen Pfahl gespießt im Zirkus aus, den Kopf des Sohnes von Attila!

Der letzte Hunneneinfall aus der Donaugegend geschah unter dem Kaiser Zeno (474–491). Dann blieb es still um die Hunnen.

Auch Aetius, den Sieger über die Hunnen, ereilte bald der Tod. Wie wir wissen, war Attila nach der Schlacht auf den Katalaunischen Feldern noch einmal in Italien eingefallen, so schien die Hunnengefahr noch nicht gebannt. Dies hat der Autorität von Aetius sehr geschadet, und seine Feinde – wer hat die nicht in einer solchen Position? – überzeugten Kaiser Valentinian III. davon, daß sich sein Armeeführer mit dem Gedanken trage, ihn zu ermorden. Eines Tages empfing Valentinian Aetius in Rom. Als es zwischen ihnen zu einem heftigen Streit kam, verwundete Valentinian ihn mit seinem Schwert. Seine Diener warfen sich auf Aetius und töteten ihn. Das geschah im Jahre 454. Ein halbes Jahr später wurde auch Valentinian ermordet.

In sehr kurzen Abständen starben Theoderid, sein Sohn Thorismund, Attila, Aetius und Valentinian. Aber an jenem Tag, als der ostgotische König Valamir die Hunnen noch einmal schlug, kam sein Neffe, der spätere König Theoderich der Große, auf die Welt. Eine neue Ära begann.

Die Spuren der Hunnen und ihrer Verbündeten am Rhein und in Gallien

Eine so schnelle Invasion wie die hunnische nach Gallien kann sich in archäologischen Funden kaum widerspiegeln. Wir müssen aber dennoch mit verschiedenen Kontakten rechnen, nicht unbedingt nur kriegerischer Natur. Invasionen und Heerzüge hinterlassen auch Einflüsse auf Mode und Tracht. Eheschließungen auf allen sozialen Ebenen verschlugen Frauen und Männer in fremde Länder, es ist mit Reisen einzelner Personen oder kleiner Gruppen zu rechnen, von denen manche vielleicht für immer fern der Heimat zurückblieben. Nicht vernachlässigt werden darf die Anwesenheit barbarischer Soldaten in römischen Diensten, die, wie archäologische Funde belegen, mit ihren ganzen Familien nach Gallien kamen. Aus dem Ende des 4. und der ersten Hälfte des 5. Jahrhunderts sind einige reiche Gräber bekannt, deren Beigaben den Grabfunden aus dem Donaugebiet sehr ähnlich sind. Zum Teil sind solche Funde sogar identisch.

Als Beispiel dafür mag ein reiches Kriegergrab aus Pouan in der Champagne dienen, das bereits im Jahre 1842 entdeckt wurde. Es enthielt ein zweischneidiges Schwert, dessen Griff mit Goldblech bedeckt ist, und ein kleineres, einschneidiges mit ebenso verziertem Griff und Almandinzellenverzierung, vier Goldschnallen, davon zwei mit Almandinen, einen Halsring, einen massiven Armring und einen Siegelring mit dem eingravierten ostgermanischen Namen HEVA. Dieses Grab wurde sogar mit dem in der Schlacht auf den Katalaunischen Feldern gefallenen westgotischen König Theoderid in Zusammenhang gebracht. Dies ist jedoch wenig wahrscheinlich. Es handelt sich wohl um einen vornehmen barbarischen Krieger, der vielleicht tatsächlich an der Schlacht teilnahm und fiel. Noch etwas ist an diesem Grab sehr interessant: Es lag in einem alten Flußbett, so wie es auch von der Bestattung des Alarich überliefert ist. Diese Sitte war jedoch nicht nur bei den Goten, sondern auch bei den Hunnen üblich.

Im elsässischen Städtchen Mundolsheim entdeckte man im 19. Jahrhundert einige Gräber. In einem befanden sich vergoldete silberne Sattelbeschläge mit derselben Verzierung wie auf Stücken aus den zentralrussischen Steppen, dem Kaukasus und der Krim. Fragmente eines

Schwertes und eine Axt sind heute verloren. Äxte waren bei den Hunnen nicht in Gebrauch, dafür aber bei den Franken. Wer war nun dieser Krieger, und was tat er am Rhein? Wie der französische Archäologe Michel Kazanski vermutet, ist es gut möglich, daß er ein barbarischer Anführer war, der aus den Steppen kam und an der römischen Grenze seinen militärischen Dienst leistete.

Ein weiteres bekanntes Kriegergrab stammt aus Altlussheim im Rhein/Neckar-Kreis. Daraus stammt ein langes zweischneidiges Schwert, dessen Parierstange mit Almandinzellwerk verziert ist. Wieder sind die Parallelen in hunnischen Gräbern zu finden. Da aber weitere reiternomadische Grabbeigaben fehlen, war der Verstorbene nicht unbedingt ein Hunne, sondern wohl eher ein Ostgermane oder ein Alane. Ein einmaliger Schatzfund wurde in Wolfsheim bei Mainz entdeckt. Er enthielt einen Solidus des Kaisers Valens (364–378) und als weitere Goldgegenstände eine Fibel, einen massiven Armring, drei Schnallen und eine Bernsteinperle, die nach hunnischer Sitte wohl ein magischer Schwertanhänger war, und einen Halsring, an dem ein mit Almandinen verziertes Pektoral hing. Das letztgenannte Stück trägt auf der Rückseite den Namen von Ardashir I., dem im Jahre 241 n. Chr. gestorbenen Gründer der persischen Sassanidendynastie.

Auch Frauen haben ihre Spuren hinterlassen. So hat man in Airan in der Normandie, Département Calvados, ein reiches Grab entdeckt mit zwei großen vergoldeten silbernen Fibeln, deren Außenseite ganz mit Almandinen besetzt ist, eine Gürtelschnalle und eine goldene Halskette aus geflochtenem Draht, ähnlich der aus Untersiebenbrunn. 65 kleine geometrische Goldflitter bildeten einen zierlichen Kleiderbesatz. Eine Dame aus Hochfelden im Elsaß besaß eine ähnliche goldene Halskette, zwei goldene Ohrringe, ein Paar Silberfibeln an den Schultern und 120 kleine Goldplaketten, die auf das Kleid am Halsausschnitt und an den Ärmeln an den Handgelenken aufgenäht gewesen waren. Ein bronzener runder Spiegel, der hinter ihrem Rücken lag, ist eine typische Grabbeigabe vornehmer ostgermanischer Damen aus dem Donauraum.

Ein Mädchen von Balleure, Département Saône-et-Loire, drei Damen aus Saint-Martin-de-Fontenay, Département Calvados, und eine Frau aus dem Gräberfeld d'Arcy-Sainte-Restitue bei Soissons waren alle in Donautracht bestattet, mit großen Silberfibeln, Ohrgehängen und Schnallen.

Alle diese Gräber interpretiert die Archäologie als Bestattungen vornehmer barbarischer Krieger und ihrer Familien, die an der römischen Grenze am Rhein und an der Atlantik- und Kanalküste in römischem Dienst waren. In der zweiten Hälfte des 5. Jahrhunderts war die römische Armee stark barbarisiert. Dies äußert sich besonders in den letzten Jahrzehnten der römischen Herrschaft in Gallien durch archäologische Funde.

Man fand in einem Grab bei Reims einen typischen Nomadenspiegel aus Metall, der am ehesten alanisch-sarmatischer Herkunft ist. Wir nennen auch noch das Fragment eines hunnischen Bronzekessels aus der Gegend von Troyes, also in dem Gebiet, in dem die Schlacht auf den Katalaunischen Feldern stattfand. Um das Bild zu ergänzen, seien noch deformierte Schädel aus Gräbern Nord- und Südgalliens erwähnt. Eine Dame mit so verschönertem Kopfprofil aus dem Friedhof in Saint-Martin-de-Fontenay trug die großen Donau-Fibeln, ihre Herkunft unterliegt also keinem Zweifel. Hier wurden nur die wichtigsten Funde aufgezählt. Ihre Sprache ist deutlich. In der Attila-Zeit und vor dem Fall des Römischen Reiches ist die Anwesenheit der Ostgermanen und der Steppenvölker in Westeuropa sicher, obwohl man wohl nie von einer Besiedlung im engeren Sinne sprechen kann.

Das Tolosanische Reich der Westgoten

Alarich war tot. Sein Schwager Athaulf führte sein Volk im Jahre 412 über die Alpen nach Südgallien. Auch hier plünderten sie, Narbonne und Toulouse fielen in ihre Hände. Gallien war schwach, der Bevölkerungszuwachs war gering, und es hungerte. Erst drei Jahre zuvor hatten die Wandalen das Land verlassen, unmittelbar danach erhob sich in Gallien ein Usurpator gegen Kaiser Honorius, dessen Umsturzversuch blutig endete. Nach drei Jahren voller Uneinigkeiten mit Rom wurde Athaulf von einem Mann ermordet, der angeblich den Tod eines Goten durch Athaulfs Hand rächen wollte. Im Jahre 415 wurde Vallia zum König der Westgoten gewählt. Er wollte mit seinem Volk nach Afrika, dies war schon die Absicht Alarichs gewesen, und zog von Wandalen und Alanen unbehelligt durch Spanien. Die gotischen Schiffe waren jedoch nicht seetüchtig. Die Überfahrt von Gibraltar scheiterte. Vallia suchte eine andere Lösung. Er wurde römischer Föderat und verpflichtete sich, gegen die Alanen und Wandalen in Spanien zu kämpfen, was er auch tat. Nach zwei Jahren Krieg wurden die Westgoten von Spanien abberufen und kamen zurück nach Gallien. Dort siedelten sie sich mit römischer Billigung an. Es entstand das Tolosanische Reich mit der Hauptstadt Tolosa/Toulouse.

Diese für die gallische Bevölkerung leidvolle und unruhige Zeit beschreibt aus eigener Anschauung Paulinus von Pella (376 bis um 460), der im hohen Alter von 83 Jahren den *Eucharisticos* verfaßte. Er war Gutsbesitzer in Aquitanien und 30 Jahre alt, als die Wandalen im Jahre 406 einfielen. Sechs Jahre später kamen die Westgoten. Paulinus verlor seinen Besitz und floh aus dem brennenden Bordeaux nach Bazas. Dort erlebte er die Belagerung der Stadt durch die Westgoten und Alanen. Als er nach Bordeaux zurückkam, war er, der ehemalige Gutsbesitzer, ein armer Mann und pachtete von einem Goten ein kleines Stück Land.

Die Westgoten nahmen das Land von Toulouse bis Bordeaux und von südlich der Pyrenäen bis an die Loire in Besitz, jedoch ohne die Mittelmeerküste. Mit den Römern hielten sie nicht immer Frieden. Doch stand, wie wir gesehen haben, König Theoderid, Vallias Nachfolger, mit Aetius in der Schlacht gegen die Hunnen auf den Katalaunischen Feldern.

Die Zeiten waren chaotisch. Immer wieder fielen die Westgoten in Spanien ein, um reiche Beute zu machen. Es wurde erst ruhiger, als Eurich durch Brudermord den Thron gewann. Der römisch-gotische Frieden wurde gebrochen, das Tolosanische Reich durch den Sieg des Eurich über die Römer im Jahre 471 unabhängig. Eurich, der von 466 bis 484 herrschte, erweiterte sein Reich in dieser Zeit erheblich. Pamplona, Saragossa und Tarragona wurden besetzt, er schloß, von den Römern anerkannt, die Auvergne im Osten seinem Reich an.

Ein gallorömischer Aristokrat, Sidonius Apollinaris, Dichter und Schwiegersohn des weströmischen Kaisers Avitus, der nur ein Jahr lang (455) herrschte, erlebte die Ausbreitung der Westgoten in Gallien. Sidonius lebte in Clermont. Als die Westgoten die Stadt im Jahre 474 einnahmen, schickten sie ihn in die Verbannung. Früher war er den Westgoten freundlich gesonnen, nun waren sie für ihn *gens perfida.* Sidonius Apollinaris schrieb mehrere *carmina* (Lieder) und *Panegyrike* (Lobgedichte), auch seinem kaiserlichen Schwiegervater Avitus gewidmet. Über die Verbannung beklagte er sich in einem Brief an den westgotischen Kanzler mit folgenden Worten: «Wenn mich, von Nachtwachen erschöpft, die Stunde des Morgengrauens in ein entlegenes Gemach getrieben hatte, war meinen geschlossenen Augen kaum eine kurze Ruhe gegönnt; denn alsobald ging der Krach los, den zwei alte gotische Weiber machten, die ganz in der Nähe meines Kämmerleins nach demselben Innenhofe hinaus wohnten, Geschöpfe, wie man sie zänkischer, trunksüchtiger, kotziger überhaupt nicht denken kann.»

Aber zurück zu Eurich, unter dessen Herrschaft das Tolosanische Reich den Gipfel seiner Macht erreichte. Nach den Erfolgen in der Auvergne und in Spanien besetzten die Westgoten Marseille und Arles, die Hauptstadt des römischen Südgalliens. Seither existierte dort keine römische Präfektur mehr. Zu dieser Zeit kam es höchstwahrscheinlich zur Festschreibung des westgotischen Rechtes, im *Codex Euricianus,* der das Zusammenleben von Römern und Goten regelte, vor allem Kauf, Schenkungen, Kreditgeschäfte und Testamente. Von diesem Gesetzbuch sind nur Fragmente erhalten.

Die Archäologie weiß erstaunlich wenig über die westgotische Zeit Galliens. In Spanien wurden Tausende von spätwestgotischen Gräbern entdeckt, in Frankreich gibt es jedoch nur sehr wenige archäologische Funde. Das Tolosanische Reich existierte aber neunzig Jahre lang, und ein Teil blieb wahrscheinlich noch bestehen, als die Westgoten von den Franken aus Gallien vertrieben wurden.

Die Westgoten behielten aber in ihrem Codex das römische Gesetz bei, das Mischehen zwischen Barbaren und Einwohnern der Provinzen verbot. So haben sie sich nicht mit der gallo-römischen Bevölkerung vermischt. Dies erklärt das Fehlen archäologischer Funde aber nicht. Man könnte meinen, daß die Westgoten schnell im Romanisierungsprozeß ihre ethnische Identität verloren haben. Sie lebten in römischen Gebieten. Sogar die Kirche von Toulouse war im 5. Jahrhundert katholisch und nicht arianisch. Die Westgoten siedelten aufgrund der *hospi-*

talis romana in Aquitanien zwischen Loire und Garonne. Die Gallo-Römer mußten ihnen einen Teil ihres Landes, ein bis zwei Drittel, je nach Vertrag, abtreten. Vor allem wurden die großen südgallischen Latifundien geteilt, die römischen Senatoren und dem Kaiser gehört hatten. Damit besaß der westgotische König sehr viel Land, das er auch seinen Leuten schenkte. Der englische Archäologe Edward James schrieb im Jahre 1985: «Ohne historische Quellen konnte kein Archäologe die Ansiedlung der Westgoten in Aquitanien von 418 bis 507 vermuten.» Die wenigen westgotischen Funde aus diesem Gebiet sind später datiert und stammen aus dem 6. Jahrhundert, als die Westgoten noch ein kleines Stück Land nördlich der Pyrenäen in Händen hatten. Ebenfalls im 6. Jahrhundert wurde ein Gräberfeld von etwa 50 Bestattungen in der Gegend von Tarn belegt, nördlich von Toulouse. Auf diesem Friedhof wurden arme Leute bestattet, Bauern, die mit Gürtelschnallen ausgestattet waren, die denjenigen ähnlich sind, die in den so zahlreichen westgotischen Gräbern Spaniens gefunden wurden. Dies kann darauf hinweisen, daß noch zu Zeiten des spanischen Reiches der Westgoten ein Teil von ihnen in Gallien lebte.

Es gibt so gut wie keine Spuren außer einem neuentdeckten und noch unpublizierten Frauengrab aus Lézoux in der Auvergne. Doch ist es fraglich, ob dieses Grab noch innerhalb der Grenzen des Tolosanischen Reiches liegt. Es enthielt ein Paar Silberblechfibeln, die man, wären sie im Gebiet an der mittleren Donau gefunden, kurz vor die Mitte des 5. Jahrhunderts datieren würde. Als weitere Hinweise kann man einige einzelne Silberfibeln aus dem westgotischen Gebiet Galliens werten, die vielleicht aus Frauengräbern stammen, und drei Grabsteine mit Inschriften gotischen Bezugs. Auf einem erscheint der Name Turismud, auf einem anderen ist die Regierungszeit von Alarich II. erwähnt. Hinzu kommt ein Einzelfund aus einem fränkischen Gräberfeld des 6. und 7. Jahrhunderts in Südwestfrankreich, ein Kamm von genau derselben Form, wie sie für gotische Kämme in der Ukraine und an der Donau typisch ist. Er ist in die zweite Hälfte des 4. bis in die Mitte des 5. Jahrhunderts datiert.

Mit diesem Phänomen, mit dem fast vollständigen Schweigen der archäologischen Funde, werden wir noch einmal konfrontiert werden, und zwar im Suebenreich in Nordostspanien und Portugal. Man kann nicht annehmen, daß sich die Westgoten nur in Gallien schnell ihrer ethnischen Charakteristika entledigten, vor allem deshalb nicht, weil sie später in Spanien so viele typisch gotische Funde hinterließen. Liegt es am derzeitigen Forschungsstand? Sicher hätte man im Laufe des 19. und 20. Jahrhunderts ihre Spuren entdecken müssen. Gegenwärtig ist es noch nicht möglich, diese Frage zu beantworten. Aus schriftlichen Quellen wissen wir, daß König Eurich außer in der Hauptstadt Toulouse auch in Narbonne und Bordeaux residierte. In Narbonne besaß sein Sohn einen Palast. Die Stadt war zugleich der Sitz des arianischen Bischofs. Da die Westgoten immer noch Arianer waren, wird in Toulouse eine arianische Palastkapelle vermutet.

Der königliche Palast in der Hauptstadt Toulouse soll in der Nähe der alten, im Jahre 1761 zerstörten Kirche La Daurade gelegen haben. Darauf deuten architektonische Details in den Plänen aus dem 17. Jahrhundert hin, die aus dem 4.–5. Jahrhundert stammen und als die Reste der Palastkapelle interpretiert werden. Aus schriftlichen Überlieferungen erfahren wir ferner, daß die Goten gern Pelze trugen, dies fiel den Römern auf. Wir hören Einzelheiten vom Leben am königlichen Hof, von der Jagd, der immer noch lebendigen gotischen Sprache und von arianischen Priestern. Sidonius Apollinaris beschreibt das Aussehen und den Tagesablauf des Königs Theoderid II., des Bruders und Vorgängers Eurichs, den der nach Macht strebende Eurich im Jahre 466 ermordete, um selbst den Thron zu besteigen. Am frühen Morgen betete der König, dann kümmerte er sich um die Verwaltung seines Reiches, oft ging er zur Jagd. Bei gewöhnlichen Mahlzeiten – nicht an Festtagen, dann war alles sehr luxuriös – wird die Bescheidenheit des Königs hervorgehoben. Der Abend endete wieder mit staatlichen Angelegenheiten, und später noch, aber nur selten, gab es unterhaltende Darbietungen beim Nachtmahl.

Nach dem natürlichen (!) Tod Eurichs in Arles im Jahre 484 regierte sein Sohn Alarich II., dessen Schicksal traurig war. Im Gegensatz zu seinem Vater war er ein schwacher Mensch und seinem Gegner, dem fränkischen König Chlodwig, nicht gewachsen, der immer mächtiger wurde und begann, die Westgoten aus Gallien zu verdrängen. Trotz des Friedens, den die beiden Könige vereinbart hatten, fiel Chlodwig in westgotisches Gebiet ein. Es kam zur Schlacht bei Vouillé, in der Nähe von Poitiers, in der Alarich fiel. Mit dem Jahre 507 erlosch das Tolosanische Reich, und die überlebenden Westgoten zogen nach Spanien. Die Stunde der Franken war gekommen.

Das Gesicht des letzten tolosanischen Königs aber ist uns bekannt! Von einer saphirnen Siegelplatte schaut uns ein junger Mann an, mit großen Augen und römischer Frisur, die Haare fallen auf die Stirn. Er trägt auch einen römischen Panzer. Der umlaufende Text lautet spiegelschriftlich ALARICUS REX GOTHORUM. Der gotische König ist absichtlich als römischer Herrscher dargestellt. Wo dieses Siegel aus Saphir gefunden wurde, ist nicht bekannt. Der Stein gehörte zur Sammlung des Grafen Ulrich von Montfort aus Vorarlberg. Nach dessen Tod im Jahre 1574 wanderte er durch verschiedene Sammlungen, heute wird er im Kunsthistorischen Museum in Wien aufbewahrt. Die Siegelplatte war Teil eines Fingerringes. Mit dem traurigen Tod Alarichs II. ist die Geschichte der Westgoten jedoch lange nicht zu Ende. Sie muß aber hier unterbrochen werden, um den Platz den Wandalen, Burgunden, Alamannen und Franken zu räumen. Denn ohne sie wären die weiteren Ereignisse nicht zu verstehen.

Die Herren Afrikas – Die Wandalen und Alanen

Nach drei Jahren in Gallien zogen die Wandalen, Alanen und Sueben auf die Iberische Halbinsel. Dort verheerten sie zwei Jahre lang das Land, bis sie unter Kaiser Constans römische Föderaten wurden. Die Wandalen und Alanen blieben nur rund 20 Jahre, von 409 bis 429, die Sueben aber siedelten sich auf der Halbinsel nachweislich an. Die neuen Völker teilten das Land Hispanien unter sich auf: die Hasdingen und Sueben nahmen die Provinz Gallaecia, das heutige Galicien, das das nordwestliche Spanien und das nördliche Portugal umfaßt. Die Silingen übernahmen Baetica, die Südspitze der Iberischen Halbinsel, und einen Teil Andalusiens, die Alanen Lusitania und vorübergehend auch Carthaginiensis, das südliche und mittlere Portugal sowie Neukastilien mit dem östlichen Teil Andalusiens. Der nordöstliche Teil Spaniens, die Tarraconensis, und die wichtigen Häfen Sevilla und Cartagena blieben römisch. Die römische Bevölkerung mußte den Barbaren ein Drittel ihres Landbesitzes abtreten. Damit die Invasoren aber nicht zu mächtig wurden, erschien im Jahre 419 in Byzanz folgendes Edikt: Derjenige, der die Barbaren den Schiffbau lehrt, wird zum Tode verurteilt.

Die Römer beauftragten den westgotischen König Vallia (416–418), die Wandalen und Alanen zu bekämpfen. Der Westgote bereitete den Alanen und Silingen eine schwere Niederlage. Die Überlebenden schlossen sich den Hasdingen an. Die Sueben dagegen behielten das westliche Galicien. Ihr Reich überdauerte bis zum Jahre 585, bis auch sie unter westgotische Herrschaft gerieten.

Inzwischen begannen die durch Kämpfe nicht geschwächten Hasdingen mit dem Bau ihrer später so berühmten und gefährlichen Seeflotte. Geiserich wurde neuer hasdingischer König, ein sehr talentierter Mann, der von 428 bis 477 über die Wandalen herrschte. Unter Geiserich siedelten die Wandalen nach Afrika über. Die Idee dazu war bereits früher entstanden, aller Wahrscheinlichkeit nach, weil die nordafrikanischen Provinzen berühmte Kornkammern der damaligen Zeit waren.

Eine andere Version lautet, daß Bonifatius, Herrscher über die afrikanischen Provinzen, es kommen sah, daß der Kaiserhof in Ravenna ihn abberufen und einen anderen *comes* nach Afrika schicken wollte. Um seine Position zu behaupten, lud er die Wandalen nach Afrika ein, vielleicht in der Hoffnung, daß dieses auf den ersten Blick nicht gefährliche Volk, das zudem von den Römern und Westgoten in Spanien dezimiert worden war, ihm tatsächlich helfen würde, sich als Statthalter zu halten. Ein beträchtlicher Teil der wehrhaften Männer würde sicher in Kämpfen fallen, den verbliebenen Teil der Wandalen gedachte er in der Provinz Afrika anzusiedeln. Vielleicht wäre es auch so gekommen. Aber Bonifatius hatte sich mit Geiserich als König der Wandalen gründlich verrechnet. Im Mai des Jahres 429 sammelte sich das ganze Volk der Wandalen bei Tarifa, dem einzigen Ort an der Straße von Gibraltar, dessen Ufer nicht steil ist. Es sollen 80000 Leute gewesen sein. Die Vorbereitungen und die Überfahrt dauerten einen ganzen Monat. Es fuhren alle: Krieger, Frauen, Greise, Kinder und Sklaven. Die Fahrt führte nach Tanger und Ceuta.

Heute ist Tarifa ein verschlafenes kleines Hafenstädtchen mit einem leeren Marktplatz. Aber wenn man am Strand steht und über die Wandalen nachdenkt, belebt sich die Gegend plötzlich mit Schiffen und Booten, mit brennenden Feuern und schreienden Kindern.

Die archäologischen Funde, die den nur zwanzigjährigen Aufenthalt der Wandalen und Alanen in Spanien beweisen, sind verständlicherweise sehr spärlich. Der wichtigste Fund stammt aus Beja in Südportugal: In einem Ziegelgrab auf einem römischen Friedhofsgelände fand man eine Spatha, ein zweischneidiges Schwert, mit zellendekorierter Parierstange und Goldknauf sowie zwei Goldschnallen. Das Schwert erinnert sehr an Funde aus der Krim und dem Karpatenbecken und ist aufgrund von Vergleichsstücken ins erste Drittel des 5. Jahrhunderts datiert. Im Grab wurde entweder ein wandalischer oder ein alanischer Krieger beigesetzt, denn den Westgoten war die Waffenbeigabe, wie wir bereits wissen, fremd. Aus dem römischen Theater in Málaga ist ein Frauengrab aus derselben Zeit bekannt, mit zwei Goldschnallen und einer Nadel im barbarischen Stil. Die Lage der beiden Funde inmitten römischer Objekte spricht für eine verhältnismäßig schnelle Assimilierung der Barbaren. Aus Granada stammt schließlich eine als Schatz oder als Grabbeigabe zu deutende goldene Halskette mit Anhängern, deren Entsprechungen man im wandalischen Gebiet Mitteleuropas sowie weit entfernt am Schwarzen Meer findet. Sie könnte einer vornehmen Wandalin oder Alanin oder aber einer Westgotin gehört haben. Dies ist aber wenig wahrscheinlich, da die Kette früher datiert ist als die westgotische Ankunft in Spanien. In verschiedenen römischen Siedlungen Hispaniens tauchen einfache Fibeln germanischer Herkunft aus Bronze und Eisen auf, die im Gegensatz zu den beiden vornehmen Bestattungen und zum Schatz aus Granada für eine einfache Schicht des wandalischen Volkes sprechen. Ein indirekter Hinweis auf die Wanderung der Wandalen, Alanen und Sueben über die Iberische Halbinsel sind römische Solidi-Schätze des 4./5. Jahrhunderts. Der Weg nach Spanien ging über die nördliche Seite der Pyrenäen nach Westen und dann nach Süden. In Südgalicien findet man daher eine Konzentration dieser Schätze. Andere sind entlang der atlantischen und mittelmeerischen Küste verstreut.

Über die in Galicien gebliebenen Sueben wissen wir sehr wenig. Der Chronist Hydatius erwähnt in seiner Geschichte suebische Plünderungszüge, die nach der Auswanderung der Wandalen und Alanen bis nach Südspanien reichten. Aber die Chronik des Hydatius schließt mit dem Jahre 468, und es folgen 90 Jahre des Schweigens über die Sueben. Erst im Jahre 558 taucht der suebische König Theodemir in schriftlichen Quellen auf, der über Galicien und das nördliche Lusitanien bis zum Fluß Tajo herrschte. Im Jahre 585 wurden die Sueben vom westgotischen König Leovigild geschlagen und seinem Reich angeschlossen. Die Sueben behielten aber ihr eigenes Stammesrecht.

Es ist verständlich, daß die Archäologie nur geringe Spuren des kurzen Aufenthaltes der Wandalen und Alanen in Spanien fand. Aber auch die Sueben, deren Reich über 170 Jahre bestand, haben fast keine archäologischen Funde hinterlassen. Außer einigen Schnallen aus dem 5. Jahrhundert aus Nordostspanien sind nur ihre Münzen bekannt, die sich glücklicherweise von den westgotischen unterscheiden, so daß man sie als eindeutig suebisch identifizieren kann. Es ist interessant, daß in den Reichen der Sueben und Westgoten jeweils nur selten Münzen des anderen Reiches vorkommen. Dies spricht gegen ökonomische Beziehungen zwischen beiden Völkern. Meist war das Verhältnis zueinander wohl feindlich. Eine gewisse Hilfe geben Ortsnamen gotisch-suebischer Herkunft: Die Mehrzahl von ihnen befindet sich im Gebiet des Suebenreiches, wie zum Beispiel rein germanische Ortsnamen mit der Endung *burg*. Wir müssen aber bedenken, daß am Anfang des 8. Jahrhunderts viele Westgoten vor den Arabern ins galicische Bergland geflohen sind und daß diese Namen von ihnen stammen könnten. Archäologisch gesehen gibt es fast keine Spuren des suebischen Reiches. Ohne schriftliche Quellen hätte niemand die Existenz des Reiches hier vermutet. Die Ursachen dafür werden in den Bodenbedingungen Galiciens vermutet, die ein schnelles Verschwinden von Knochen in Gräbern bewirken oder aber in einem möglicherweise schnell abgelaufenen Assimilierungsprozeß.

Nach diesem kurzen Exkurs kehren wir zu den Wandalen nach Nordafrika zurück. Das römische Afrika war in zwei Teile gegliedert. Östlich der Großen Syrte lagen Ägypten und die Cyrenaika, westlich davon Tripolis, Numidien und Mauretanien, die heutigen Staaten Marokko, Algerien und Libyen. Der westliche Teil, von den Wandalen erobert, bestand aus sieben römischen Provinzen, die, wie auch Ägypten, als Kornkammern Italiens galten. Als Abgaben lieferte Nordafrika vor allem Getreide, Wein, Olivenöl und Feigen. Die größte Stadt war Karthago, Hauptstadt der Provinz Africa Proconsularis. Im Umland erstreckten sich große Güter, vorwiegend in kaiserlichem Besitz. Die katholische Kirche hatte mehrere Bischofssitze, sie war aber durch zahlreiche Schismen erschüttert, die nirgends so häufig wie in Nordafrika verbreitet waren. Der Grund dafür, daß die Wandalen Nordafrika erobern konnten, lag darin, daß die örtliche römische Armee oft nach Europa und Kleinasien zum Schutz der dortigen Grenzen abberufen wurde. Zudem fanden die Wandalen Unterstützung bei den Ärmsten der afrikanischen Bevölkerung und bei den Sklaven.

So landeten die Wandalen in Tanger und zogen die Küste entlang in Richtung Karthago. Sie wählten den Landweg, da sie nicht über genug Schiffsplatz verfügten, um das ganze Volk auf dem Küstenseeweg transportieren zu können. Auf ihrem Weg zerstörten sie alles, was sie vorfanden. Besonders litt die katholische Kirche, denn die Wandalen waren überzeugte Arianer. Es gelang ihnen diesmal nicht, Karthago zu erobern, es fiel aber nach vierzehn Monaten Belagerung Hippo Regius, das heutige Annaba, früher Bône. Hippo Regius war Residenz des heiligen Augustin, in der auch andere Bischöfe Zuflucht gesucht hatten. Augustin starb im August des Jahres 430 während der Belagerungszeit.

Karthago aber war uneinnehmbar. Die Wandalen erlitten selbst so schwere Verluste, daß sich Geiserich gezwungen sah, Frieden zu schließen. Im Jahre 435 wurden die Invasoren römische Föderaten, dadurch blieb Nordafrika nach wie vor ein Teil des Römischen Reiches. Geiserich residierte in Hippo Regius. Seine Pläne, in Nordafrika ein selbständiges wandalisches Reich zu gründen, gab er jedoch nicht auf. Im Jahre 439 fiel er völlig unerwartet in Karthago ein, plünderte die Stadt, nahm viele vornehme Römer gefangen und konfiszierte den Besitz der katholischen Kirche, die er zum Arianischen zwangskonvertierte. Geiserich baute in Erwartung einer römischen Intervention seine Flotte aus. Tatsächlich landete die römische Armee auf Sizilien, aber ein Jahr später (442) mußte sie sich zurückziehen, ohne etwas unternommen zu haben. Denn im Osten standen bereits Bleda, Attila und die Perser mit ihren Heeren. Die Wandalen nahmen Africa Proconsularis mit Karthago in Besitz, auch Numidien fiel ihnen zu.

In wenigen Jahren waren die Wandalen zu einer großen Gefahr für die Römer und auch für die Westgoten geworden. Die weitere Politik Geiserichs läßt vermuten, daß der König die Absicht hatte, das ganze weströmische Reich unter seine Herrschaft zu bringen. Für diese Absicht kann sein Wunsch sprechen, die Tochter des Kaisers Valentinian III. mit seinem Sohn zu vermählen. Dieser Sohn war bereits mit einer westgotischen Prinzessin verheiratet gewesen, die aber, wie wir bereits wissen, auf Befehl ihres Schwiegervaters verstümmelt zu ihrem Volk zurückgesandt worden war. Die Furcht vor der Rache der Westgoten war die Ursache dafür, daß Geiserich Attila gegen sie aufhetzte.

Nach dem Tod von Aetius und Valentinian in den Jahren 454 und 455 wurde Maximus weströmischer Kaiser, dessen Sohn heiratete Valentinians Tochter. Geiserich zögerte nun nicht mehr lange. Seine große Flotte landete bei Rom, die römische Aristokratie verließ in Panik die Stadt. Am 2. Juni 455 waren die Wandalen in der Hauptstadt. Die Plünderung der ewigen Stadt dauerte vierzehn Tage und lief ähnlich ab wie unter Alarich im Jahre 410. Der Kaiserpalast wurde gründlich ausgeraubt, auch der Tempel des Jupiter Capitolinus, dessen vergoldetes Dach zur Hälfte abgerissen wurde. Geiserich nahm zahlreiche adelige Gefangene, unter ihnen die Witwe Valentinians mit zwei weiteren Töchtern. Der Wandalenherrscher hatte nun endlich die gewünschte Schwiegertochter. Die Wandalen respektierten zwar die Bitte des Papstes Leo I., nicht zu morden und zu brennen, sie schleppten aber alles, was Wert hatte und nicht niet- und nagelfest war, auch Sklaven, Handwerker und Senatoren, auf ihre Schiffe. Am 16. Juni segelten sie nach Afrika zurück, ohne zu ahnen, daß sie ihren Namen im Begriff Wandalismus in der Geschichte verewigt hatten.

Geiserich erweiterte seine Herrschaft in Nordafrika, Raubzüge führten ihn nach Sizilien, wieder nach Italien, Illyrien und Griechenland. Die byzantinische Flotte war nicht in der Lage, die seine zu schlagen, und so blieben die Wandalen Seeherrscher im Mittelmeer. Im Jahre 477 starb Geiserich *Rex Vandalorum et Alanorum* im hohen Alter von fast 90 Jahren. Sein nordafrikanisches Reich stand in der Blüte seiner Macht. *Vandalorum et Alanorum:* Wir dürfen nicht vergessen, daß die Alanen einen beträchtlichen Teil des wandalischen Volkes bildeten.

Nun wird es Zeit, einen vornehmen Alanen ins Licht zu stellen, der weit von Afrika entfernt zur gleichen Zeit seine Macht ausübte und der mit den afrikanischen Wandalen und Alanen sehr viel zu tun hatte. Die Geschichte dieses Mannes klingt wie ein Roman, dessen Titel lauten könnte Aufstieg und Niedergang des Hauses Aspar.

Im 4. Jahrhundert dienten viele Alanen in der oströmischen Armee. Einer von ihnen war Ardabur, der bald Führer des byzantinischen Heeres wurde und nach Rom ging, um Kaiser Johannes zu stürzen und um für Valentinian III. den Thron zu sichern. Es war, wie wir uns erinnern, genau zu der Zeit, als Aetius zu den Hunnen ging, um von ihnen Unterstützung für Johannes zu erwirken. Ardaburs Sohn, Aspar, war damals Anführer der Reiterei, wurde aber bald die hervorragende Persönlichkeit in Konstantinopel. Unter seiner Führung zogen die oströmischen Truppen im Jahre 431 gegen Geiserich nach Nordafrika. Ein alanischer General in byzantinischen Diensten gegen seine eigenen Landsleute kam quer durch ganz Europa nach Afrika! Sein Verhalten gegenüber Geiserich war korrekt, der wandalische König und der byzantinisch-alanische General tauschten sogar Geschenke untereinander. Auch der Sohn von Aspar, nach seinem Großvater Ardabur genannt, machte eine glänzende Karriere. Nach dem Tod des Kaisers Theodosius II. im Jahre 450 bot der Senat von Konstantinopel Aspar den kaiserlichen Thron an. Er lehnte jedoch ab und schlug seinen *domesticus* Markianos vor. Er selbst hatte es gar nicht nötig, Kaiser zu werden, denn hinter ihm stand schließlich die ganze Armee. Auch die Wahl des Nachfolgers von Markianos folgte einem Vorschlag Aspars. Kaiser wurde Leo I., der jedoch versuchte, sich vom mächtigen Aspar unabhängig zu machen. So schickte er weder Aspar noch dessen Sohn ein zweites Mal nach Afrika gegen die Wandalen. Seither war Aspar gegen diesen afrikanischen Krieg, vermutlich auch, weil er mit Geiserich noch während seines Aufenthaltes bei ihm einen geheimen Vertrag geschlossen hatte. Vielleicht bestand zwischen den beiden mächtigen barbarischen Herrschern trotz der gegnerischen Fronten ein gutes Einvernehmen.

Als die Wandalen Leo I. im Jahre 468 besiegten, stärkte sich noch einmal die Stellung Aspars. Sein Sohn Ardabur geriet dagegen in einen Komplott gegen den oströmischen Kaiser. Man hatte Briefe gefunden, die ihn belasteten. Sie wurden im Senat verlesen. Der anwesende Aspar verleugnete seinen Sohn, sicher eine dramatische Szene. Die Herrschaft der beiden vornehmen Alanen war damit zu Ende. Beide wurden auf Leos Befehl von Eunuchen im kaiserlichen Palast ermordet.

Aspar und seine Familie – von drei Frauen hatte er je einen Sohn – herrschten in Konstantinopel ein halbes Jahrhundert lang. Die Geschichte seines Hauses wurde mit Absicht an dieser Stelle erzählt, um zu zeigen, wie unterschiedlich die Karrieren und Schicksale der völkerwanderungszeitlichen Barbaren waren und wie oft sie sich auf verschiedenen Seiten gegenüberstanden.

Kehren wir zurück nach Afrika. Die Wandalen, die sorglos in einem fruchtbaren Land auf Kosten der Einheimischen lebten, verweichlichten nach und nach. Nach Geiserich bestieg sein ältester Sohn Hunerich den Thron, der als besonders grausamer Herrscher in die Geschichte eingegangen ist. Vor allem unterdrückte er die Katholiken, fünftausend schickte er in die Wüste, ließ ihre Bischöfe foltern und hinrichten und schloß alle katholischen Kirchen in Nordafrika. Für Geiserich waren nur diejenigen Katholiken Feinde, die sich gegen den Staat oder den arianischen Glauben auflehnten, sein Sohn aber verfolgte ausnahmslos alle. Sein Bruder und Nachfolger Thrasamund (496–523) war milder und vernünftiger, aber die allgemeine Lage des wandalischen Reiches begann sich zu verschlechtern. Die afrikanischen Mauren versuchten seit langem, sich aus der Herrschaft der Wandalen zu befreien. Die Beziehungen mit dem ostgotischen Reich in Italien waren nicht mehr so gut wie früher. Der byzantinische Kaiser Justinian wartete auch auf eine Schwäche der Wandalen, denn er hatte die Absicht, die verlorenen nordafrikanischen Provinzen zurückzugewinnen.

Im Jahre 533 lag die byzantinische Flotte bereit. Sie zählte etwa 600 Schiffe und 15000 Soldaten, geführt von Belisar. In seiner Begleitung befand sich der Geschichtsschreiber Prokop von Caesarea in Palästina, der den Feldzug gegen die Wandalen in seinem Werk «Vandalenkriege» beschrieb. Fünfzehn Jahre lang war er der Vertraute des berühmten byzantinischen Feldherrn und begleitete ihn auch später gegen die Goten nach Italien.

Der letzte wandalische König war seit 530 Gelimer, Geiserichs Urenkel, eine schwache und, wie manche Historiker meinen, eher romantische Gestalt. Realistisch war er sicher nicht. Zum Beispiel führte er, ohne die wahre Gefahr zu sehen, immer noch Scharmützel mit den

Mauren, als die Byzantiner bereits auf Sizilien standen. Belisar aber hatte inzwischen Karthago erreicht und besetzt. Etwa 30 km von Karthago entfernt kam es im Dezember 533 zur entscheidenden Schlacht, in der das wandalische Reich unterging. Zuerst gelang es Gelimer zwar, die Byzantiner zu überrumpeln, die sich aber schnell wieder sammelten. Belisar wartete ab, bis seine Infanterie bereit war, und begann eine Offensive. Gelimer floh plötzlich kopflos mit einer kleinen Gruppe von Verwandten und Begleitern nach Hippo Regius und überließ seine wandalischen Krieger ihrem Schicksal! Seine Flucht rief unter ihnen große Verwirrung hervor. Das wandalische Lager fiel mit reicher Beute aus früheren Heerzügen den Byzantinern in die Hände. Die Schlacht war entschieden, und das Reich der Wandalen war am Ende.

In Hippo Regius erbeutete Belisar den königlichen Schatz. Dann wandte er sich nach Numidien, um Gelimer gefangenzunehmen, der sich in den Felsen des Papua-Gebirges ganz im Süden aufhielt. Belisar gelang es, ihn und seine Leute völlig einzukesseln. Bald litt Gelimer mit seinen Truppen Hunger, zögerte jedoch immer noch, einen Ausbruchsversuch zu wagen. Von Hunger geplagt, ergab er sich schließlich und gelangte als Gefangener nach Karthago.

Belisar kam im Frühling des Jahres 534 nach Konstantinopel zurück. Justinian bereitete ihm einen Triumphzug, dies war seit Jahrhunderten nur dem Kaiser vorbehalten. Im Zug schritt Gelimer zusammen mit anderen vornehmen Wandalen und ihren Familien. Es wurde die reiche Beute mitgeführt und zur Schau gestellt: goldene Sessel und Wagen, goldenes Tafelgeschirr, Schmuck mit Edelsteinen, eine Menge Silber und auch all das, was Geiserich damals in Rom geraubt hatte. Gelimer bekam mit seiner Familie Landgüter im kleinasiatischen Galatien. Dorthin durfte er sich zurückziehen.

Die tapfersten wandalischen Krieger gingen zur Garde Belisars, andere wurden gegen die Perser geschickt. Viele von ihnen flüchteten aber auf Schiffen zurück nach Afrika. Noch einmal brach ein Krieg aus, als diese wandalischen Flüchtlinge nach Afrika kamen. Das wieder in Kraft gesetzte römische Steuersystem war sicherlich zusätzlich Ursache einer mit der Wandalenrückkehr verbundenen Revolte, die aber schon nach ein paar Jahren wieder erlosch.

Das afrikanische Reich der Wandalen war polyethnisch und bestand aus Invasoren, Römern und einheimischen Mauren, die sich einer gewissen Autonomie erfreuten. Die römische Verwaltung blieb unverändert, die Gutsbesitzer waren aber meist Wandalen, nicht mehr Römer. Die römische Aristokratie hielt sich am wandalischen Hof, wie auch in anderen germanischen Reichen. Ihre Privilegien waren jedoch nicht so groß wie zum Beispiel bei den Westgoten.

Geiserich hielt sich für den Gründer der königlichen Dynastie, sein Nachfolger sollte stets der Älteste aus seinem Geschlecht sein. Dieses Prinzip blieb unverändert bis zum Ende des wandalischen Reiches. Der König war zugleich Oberbefehlshaber der Armee. Ihrer Schnelligkeit und ihren Pferden war es zu verdanken, daß die Wandalen Afrika so rasch eroberten. Auf die Belagerungskunst aber verstanden sie sich nicht. Städte konnten nur durch Aushungern genommen werden oder dadurch, daß mehr oder minder zufällig die Pest in den Mauern ausbrach. Dies war der Grund dafür, daß Geiserich die meisten Stadtbefestigungen schleifen ließ, damit sich niemand in Stadtmauern einschließen konnte. Die Hauptschlagkraft der Wandalen bestand in ihrer berühmten Flotte aus leichten und schnellen Schiffen, die überraschend an den Küsten auftauchten, an beliebiger Stelle landen konnten und deren Besatzungen sofort angriffen. Bald nach der Besetzung Afrikas waren die Wandalen als Seeräuber im ganzen Mittelmeer bekannt. Sie haben dadurch den Handel über das Mittelmeer weitgehend lahmgelegt.

Die katholische Kirche litt besonders unter der Wandalenherrschaft. Sie mußte den Arianern viele ihrer Bauten abtreten. Die Priester wurden verbannt. Erst der vorletzte wandalische König hat die Stellung der Katholiken wiederhergestellt. Die Wandalen paßten sich schnell an und gewöhnten sich bald an die römische Lebensart. Dies war eine Ursache ihrer späteren Verweichlichung und Schwäche. Die lateinische Sprache verbreitete sich bei Hofe, die letzten wandalischen Könige galten als gebildete Herrscher. Die wandalische Sprache war jedoch auch bis zum Fall des Reiches in allgemeinem Gebrauch.

Da die neuen afrikanischen Herren in die Struktur der damaligen römischen Provinzen eingingen, wundert es nicht, daß aus einer Zeit von über hundert Jahren wandalischer Herrschaft in Nordafrika ostgermanische Funde so selten sind. Zu nennen sind vor allem drei reiche Frauengräber aus den Kirchen in Hippo Regius, Karthago und Thuburbio Maius (Henchir Kasbat) mit typisch ostgermanischem Schmuck, mit Edelsteinen verzierten Bügelfibeln, Schnallen, goldenen Anhängern, Ohrgehängen und Haarnadeln. Es sind wahrscheinlich Bestattungen der ersten nach Afrika eingewanderten Generation. Denn spätere Gräber sind meistens beigabenlos oder nur mit wenig Schmuck ausgestattet. Ein Männergrab aus Thuburbio Maius enthielt eine ovale Goldfibel mit Achatplatte und drei almandinverzierte Schnallen. Nach der Grabinschrift hieß der Verstorbene Arifridos. Seine Grabausstattung war eine Trachtkombination von germanischen Schnallen mit römischen Fibeln.

Im Pilgerheiligtum Tebessa in Ostalgerien wurde ein Grab mit heute verlorener Mosaikplatte entdeckt. Darauf war ein wandalischer Knabe mit einem Langschwert dargestellt. Seine Arme sind erhoben, die Hände nicht mehr erhalten; vielleicht hielt er in einer Hand eine Lanze.

In der Basilika von Hippo Regius hat man insgesamt 22 Gräber gefunden, von denen sechs Grabinschriften germanische Namen trugen. Einige andere, ohne Inschriften, waren mit germanischen Schmucksachen ausgestattet. Eines davon war ein reiches Grab mit Goldperlen, Goldfolienblättern und Nadeln. Weitere Gräber trugen römische Namen. Es ist zu vermuten, daß die Basilika Grabstätte einer vornehmen wandalischen Familie war, die nach und nach ihre nationalen Traditionen, insbesondere die Trachtsitten, aufgab und zur römisch-christlichen Bestattungsart überging. Einzelfunde wandalischer Herkunft wie Gürtelbeschläge, Ohrringe und Goldperlen konzentrieren sich in Ostalgerien und Tunesien in der Gegend der zwei wandalischen Hauptzentren Hippo Regius und Karthago. Einige weitere sind von Sizilien und Ibiza bekannt. In der algerischen Stadt Gelma wurde schließlich in den Ruinen des frühbyzantinischen Kastells eine steinerne Gußform gefunden, die zur Herstellung von Schnallen, Riemenzungen und Kugelperlen germanischen Charakters diente. Es sieht so aus, als ob die ärmere wandalische Schicht ihre Trachtgewohnheiten länger beibehalten hat als die reiche Oberschicht. Ein solches Verhalten ist aus vielen Gesellschaften bekannt. Gerade weil sie so spärlich vertreten sind, sprechen alle diese Funde dafür, daß die Wandalen weitgehend in der provinzialrömischen Kultur aufgingen. Sie kamen als Eroberer, bauten aber keine Siedlungen, lebten von der reichen Beute ihrer Raubzüge und von den ortsüblich eingetriebenen Steuern. Daher ist es verständlich, daß sie so geringe archäologische Spuren hinterließen.

Das Volk des Heldenepos – Die Burgunden

Der Name der Burgunden oder auch der Burgunder ist untrennbar mit dem Nibelungenlied, mit der schönsten deutschen Dichtung des Mittelalters verbunden. Um das Jahr 1200 schrieb ein Dichter, vermutlich aus Passau, ein Heldengedicht, in dem die reiche mündliche Tradition des fünften nachchristlichen Jahrhunderts einen bedeutenden Platz einnimmt. Es besteht aus zwei Zyklen, einem fränkischen über den jungen Frankenfürsten Siegfried, das Siegfriedlied, und einem burgundischen, Kriemhilds Rache oder Der Nibelunge Not. Denn die letzten Zeilen lauten: «Hier hat die Mär ein Ende. Das ist der Nibelunge Not.»

Im 13. Jahrhundert erschienen in Skandinavien zwei Versionen des Themas, die ohne Kenntnis der deutschen Dichtung entstanden: Die Thidreksaga, die Saga Dietrichs von Bern, und die Völsungasaga, eine unabhängige Fassung des Nibelungenliedes. Wer kennt den Inhalt des Epos nicht, das Richard Wagner in seinem berühmten Opernzyklus so eindringlich ins Bild gesetzt hat? Der Mensch aber ist vergeßlich und deshalb seien hier die wichtigsten Ereignisse des Nibelungenliedes rekapituliert.

Kriemhild von Burgund wuchs mit ihren drei Brüdern in Worms auf, Siegfried von den Niederlanden in Xanten. Als junger Mann tötete er einen Drachen und badete in dessen Blut, das ihn am ganzen Körper unverwundbar machte. Nur eine Stelle zwischen den Schulterblättern, auf die ein Lindenblatt gefallen war, blieb im Bad trocken und verletzbar. Später nahm er den Nibelungenhort in Besitz, der sich im nördlichsten Norden befand und den zwei Brüder, Schilbung und Nibelung, ein Zwerg und ein Riese, bewachten. Siegfried erschlug die beiden. Seitdem hüteten andere Nibelungen den Schatz als seine Vasallen.

Siegfried kam nach Worms und warb um Kriemhild, die er erst nach dem Sieg der Burgunden über die Dänen ein Jahr später wiedersah. König Gunther, Kriemhilds Bruder, hörte inzwischen von der schönen und starken Brunhild von Island und beschloß, sie zu besiegen und zu heiraten. Siegfried versprach, ihm zu helfen, wenn er dafür Kriemhild zur Frau bekäme. Die beiden jungen Männer gingen auf die Reise. Gunther gewann mit Siegfrieds dank der Tarnkappe unsichtbarer Hilfe den Kampf mit Brunhild. Von Island aus ging Siegfried nach Norden zu seinem Hort auf der Nibelungeninsel. Dort erinnerte er sich daran, wie er den Drachen erschlug, wie er als Kind Brunhild kannte und wie sehr sie sich zugetan waren. Von Island zurück, fuhr Siegfried mit Gunther und Brunhild nach Worms, wo die Doppelhochzeit stattfand. Brunhild aber wehrte sich in der Hochzeitsnacht gegen Gunther. Siegfried in seiner Tarnkappe kam dem Freund zu Hilfe, rang sie nieder und blieb als Gunther bei ihr.

Danach fuhr Siegfried mit Kriemhild in die Niederlande und regierte glückliche zehn Jahre. Bei einem Familienbesuch in Worms gerieten die beiden Königinnen über ihre Männer in Streit, Kriemhild verriet auftrumpfend ihrer Schwägerin auf den Stufen zum Dom, wer damals mit ihr die Hochzeitsnacht verbracht hatte. Die Schande sprach sich herum. Die Herren von Burgund sahen in Siegfrieds Tod die einzige Rettung von der Schmach. Kriemhild beging arglos eine zweite Indiskretion: Sie gab preis, an welcher Stelle ihr Mann verletzbar war. Hagen von Tronje, ein burgundischer Gefolgsmann, tötete Siegfried auf einer Jagd. Vier Jahre lebte die Witwe Kriemhild trauernd und verbittert in Worms.

Schließlich versöhnte sie sich mit Gunther und ließ den Nibelungenhort nach Burgund holen. Hagen, der nicht wollte, daß Kriemhild über den Hort verfügte, befahl, ihn im Rhein zu versenken. Als mittellose Witwe lebte Kriemhild noch weitere dreizehn Jahre in Worms. Dann begann Hunnenkönig Etzel um sie zu werben. Kriemhild zögerte lange. Schließlich aber willigte sie ein und zog nach Ungarn zur Etzelburg. Doch auch als Etzels Königin blieb sie die trauernde, haßerfüllte Witwe. Nach ein paar Jahren gebar sie Etzel einen Sohn.

Eines Tages beschloß sie, ihre Rache zu vollstrecken, und lud ihre drei Brüder und Hagen nach Ungarn ein. Trotz zahlreicher Warnungen kamen sie, fühlten sich aber recht unsicher, da die Königin stets Gelegenheit zum Streit suchte. Schließlich begann ein Kampf zwischen

Burgunden und Hunnen im Empfangssaal der Etzelburg. Als Kriemhild sah, daß ihre burgundischen Landsleute die Überhand zu gewinnen drohten, befahl sie, den Saal zu verriegeln und niederzubrennen. Als fast alle Burgunden gefallen waren, ließ Kriemhild ihren Bruder Gunther erschlagen. Sie tötete Hagen eigenhändig und fand schließlich selbst den Tod.

Der Leser möge mir diese rüde Kurzfassung verzeihen! Es geht nur darum, die wichtigsten Handlungsabläufe kurz zu schildern. Die Namen der burgundischen Könige sind historisch. Etzel ist Attila, auch andere Gestalten lassen sich mehr oder weniger exakt mit historischen Personen in Zusammenhang bringen. Die Gestalt des Siegfried, der Kampf mit dem Lindwurm, das Bad im Drachenblut und die Tarnkappe sind reinster Mythos. Und der im Rhein versunkene Nibelungenschatz? Im Frühmittelalter wurde am Rhein Gold gewaschen, der Mittelrhein bis gegen Mainz führt goldhaltigen Sand. Aus der Nibelungensage wissen wir, daß das Burgundenreich am Mittelrhein lag, mit Worms als Königsresidenz. Im Jahre 436 schlug Aetius mit seinen Hunnen die Burgunden, weil sie ein Jahr zuvor in die gallische Provinz Belgica I eingefallen waren. Die wahre Ursache zum Untergang des burgundischen Reiches war nicht die rachsüchtige Kriemhild, sondern der hunnische Druck auf den Rhein. Im Kampf fielen 20000 Burgunden mit ihrem König, den Rest übersiedelte Aetius nach Sapaudia am Genfer See.

Aber wie und woher kamen die Burgunden an den Rhein? Auch ihre Geschichte beginnt irgendwo in Skandinavien. Bei Plinius wurden sie als Burgundiones erwähnt, im Mittelalter hieß Bornholm Burgundarholm. Ob die Burgunden sich tatsächlich auf ihrem Weg von Skandinavien zur Südküste der Ostsee auf Bornholm aufhielten, ist umstritten. Als sie sich auf dem Kontinent ansiedelten, lebten sie in der Nähe der Goten, bevor diese sich von der unteren Weichsel nach Südosten aufmachten. Jordanes schreibt, daß Fastida, König derjenigen Gepiden, die noch an der Weichsel geblieben waren, die Burgunden fast bis zur Vernichtung schlug. Die burgundischen Wohnsitze wären demnach im Warthe/Netze-Gebiet bis zur Weichsel im Osten zu suchen. Die siegreichen Kämpfe Fastidas auch gegen andere Völker könnten die Abwanderung der Burgunden nach Westen verursacht haben.

Archäologisch lassen sich die Burgunden mit gewisser Sicherheit nordwestlich von Schlesien, im Lubusz-Gau, in Brandenburg und in der Ober- und Niederlausitz fassen. Dort erscheint um die Mitte des zweiten nachchristlichen Jahrhunderts eine neue archäologische Kultur, deren Träger wahrscheinlich aus Pommern kamen. Diese Kultur bildet eine Art Brücke zwischen Elbgermanen und den östlich gelegenen Gebieten der Przeworsk-Kultur, die die Archäologie mit dem Völkerbund der Lugier und Teilen der Wandalen gleichsetzt. Im 4. Jahrhundert dünnen allmählich die den Burgunden zugewiesenen Funde aus. Dies ist sicherlich mit ihrer Abwanderung nach Westen zu verbinden.

In den Gräberfeldern überwiegen eindeutig Brandbestattungen. Im Gegensatz zu den Goten bestattete die burgundische Bevölkerung ihre Krieger mit Waffen, besonders mit charakteristischen Streitäxten, die in benachbarten Kulturen selten vorkommen. Auch Lanzen, Schwerter und Schilde gehören zur Waffenausrüstung. Die Frauen trugen Gewänder, die mit zwei Fibeln geschlossen wurden, und Halsketten mit Glasperlen und Metallanhängern. Ein wichtiger Teil der Kleidung beider Geschlechter war ein Gürtel mit eiserner Schnalle. Auf Einflüsse aus Pommern weisen Steinkreise hin, die von einigen Gräberfeldern bekannt sind. Auf Flußterrassen wurden Siedlungen aus Hallenhäusern angelegt, aber auch eingetiefte Grubenhäuser kommen vor. Manchmal standen die Häuser in zwei Reihen, oder sie gruppierten sich um einen freien Zentralplatz herum. Interessant sind Hundebestattungen unter den Häusern, meist unter der Schwelle, aber auch an wichtigen Produktionsstätten wie Eisenschmelz- oder Kalköfen. Die Sitte, Hunde als Schutzopfer an besonderen Orten zu vergraben, ist auch aus anderen archäologischen Kulturen bekannt, hier aber scheint sie besonders häufig zu sein.

Gegen Ende des 4. Jahrhunderts verschwinden Funde, die man den Burgunden zuschreiben kann, aus der Lausitz und den benachbarten Gebieten. Bereits im 3. Jahrhundert bewegte sich das Volk allmählich weiter nach Westen. Schriftliche Quellen erwähnen den Sieg des Kaisers Probus (276–282) über die Burgunden und Wandalen am Lech oder am Rhein. Zu dieser Zeit oder kurz danach siedelten sich die Burgunden im Rhein/Main-Gebiet an, das von den Alamannen im Jahre

259/60 verlassen worden war. Leider sind sie dort archäologisch kaum faßbar. Nach der Überlieferung im Nibelungenlied war Worms die Hauptstadt der Burgunden. Dies ist jedoch historisch nicht bewiesen. Spätgermanische Funde aus dieser Gegend sind gering und umstritten, da sie auch alamannisch sein könnten. Am Rhein wurde zwar ein Gräberfeld freigelegt, das in seinen Grabinventaren deutliche Beziehungen mit dem mittleren Odergebiet aufweist. Andernfalls muß man annehmen, daß sich die Burgunden schnell einer anderen Kultur anpaßten. Sie waren ein ziemlich assimilationstüchtiges Volk, wie wir im folgenden noch sehen werden.

Das burgundische Reich am Rhein fand mit der Niederlage im Jahre 436 schnell ein Ende. Den überlebenden Teil der Burgunden siedelte Aetius in der Sapaudia an, am Genfer See bis nach Lausanne. Ihre Hauptstadt war Genf. Im Jahre 451 nahmen die Burgunden auf römischer Seite an der Schlacht auf den Katalaunischen Feldern teil. Denn sie waren seit ihrer Übersiedlung römische Föderaten. Ihre Pflichten gegenüber Rom erfüllend, kämpften sie auch zusammen mit den Westgoten gegen die Sueben in Spanien. Wie bei den Westgoten, wurde auch bei den Burgunden das sogenannte Einquartierungssystem verwendet. Neusiedler erhielten einen Teil des römischen Landesbesitzes. Bald vergrößerte sich das Reich der Burgunden und reichte bis in die Täler von Rhone und Saône. Der Hauptsitz der burgundischen Könige war seit 461 Lyon, in Genf saß ein Unterkönig, jeweils der jüngere Bruder des Herrschers. Die von König Gundowech begonnene Expansionspolitik setzte sich unter der Herrschaft seines Nachfolgers und Bruders Chilperich I. fort. So wurde auch Südgallien links der Rhone bis zur Durance ein weiterer Teil des Reiches. Als Chilperich im Jahre 480 starb, folgten als Herrscher seine vier Neffen. Der Hauptkönig Gundobad saß in Lyon, die anderen Brüder in Genf und vermutlich auch in Vienne und Valence.

Von den königlichen Residenzen in den erwähnten Städten ist aus archäologischer Sicht sehr wenig bekannt. Im Jahre 1939 wurden bei der Genfer Kathedrale Ausgrabungen durchgeführt. Dabei stieß man auf die angeblichen Reste des königlichen Palastes mit einem großen Saal und dazugehöriger Kapelle. Die Mauern, die aus dem 5. Jahrhundert stammen sollen, waren mit einer Aschenschicht bedeckt. Sie sind vielleicht mit den Ereignissen in den Jahren vor 516 verbunden, als Gundobad seinen Bruder tötete und die ganze Stadt Genf in Brand steckte, die er später wieder aufbauen ließ. Es ist jedoch sehr schwierig, die architektonischen Reste ohne eindeutige Kleinfunde des burgundischen Typs mit der königlichen Residenz in Verbindung zu setzen. Das Problem bleibt offen, obwohl man während einer Neugrabung in der Genfer Kathedrale wieder eine Aschenschicht festgestellt hat, die aus der Zeit des Konfliktes zwischen den beiden Brüdern stammen könnte.

In der neuen Heimat haben sich die Burgunden schnell an die romanische Bevölkerung angepaßt. Ihre Sprache wurde romanisch. Mit den Romanen teilten sie Friedhöfe, in denen neben oder über spätrömischen Bestattungen zahlreiche arm ausgestattete Gräber entdeckt worden sind, die wohl der neuen germanischen Bevölkerung angehören. Spuren von Kontakten der Burgunden mit den Hunnen sind in der heutigen Westschweiz und in Südostfrankreich nachgewiesen. So findet man in manchen Gräberfeldern künstlich deformierte Schädel. Im Friedhof Monnet-la-Ville im französischen Jura stellte man bei anthropologischen Untersuchungen an Skeletten fest, daß bei etwa 20 Prozent der Toten der Zahnschmelz bis auf die Zahnwurzeln hinunterreichte. Dies wird als mongolisches Merkmal interpretiert. Es ist daraus zu folgern, daß sich die Burgunden mit den Hunnen im Laufe ihrer Geschichte teilweise vermischten. Im Gräberfeld Saint-Sulpice bei Lausanne fand man in einem Frauengrab ein Stück eines nomadischen Metallspiegels. Das Grab ist in die Zeit kurz nach der Übersiedlung der Burgunden in die Sapaudia datiert, also etwa um die Zeit nach 443. Gegenstände nomadischer Herkunft wurden sicher von den Burgunden aus dem Rheingebiet mitgebracht. Germanische Elemente der Frauentracht sind kleine Fibeln, oft in Form von verschiedenen Tieren, vor allem von Vögeln, und etwas größere Gewandspangen, meistens mit rechteckiger Kopfplatte. Metallarmringe und Glasperlen ergänzten die Tracht.

Nur wenige Männergräber mit Waffen sind bekannt und nur bedingt den Burgunden zugewiesen. Die Kriegerbestattungen könnten auch zu anderen römischen Verbündeten gehören, vielleicht schon aus der Zeit vor dem Jahr 443. Die Funde des burgundischen Königreichs konzentrieren sich am Ufer des Genfer Sees. Im 6. Jahrhundert wächst

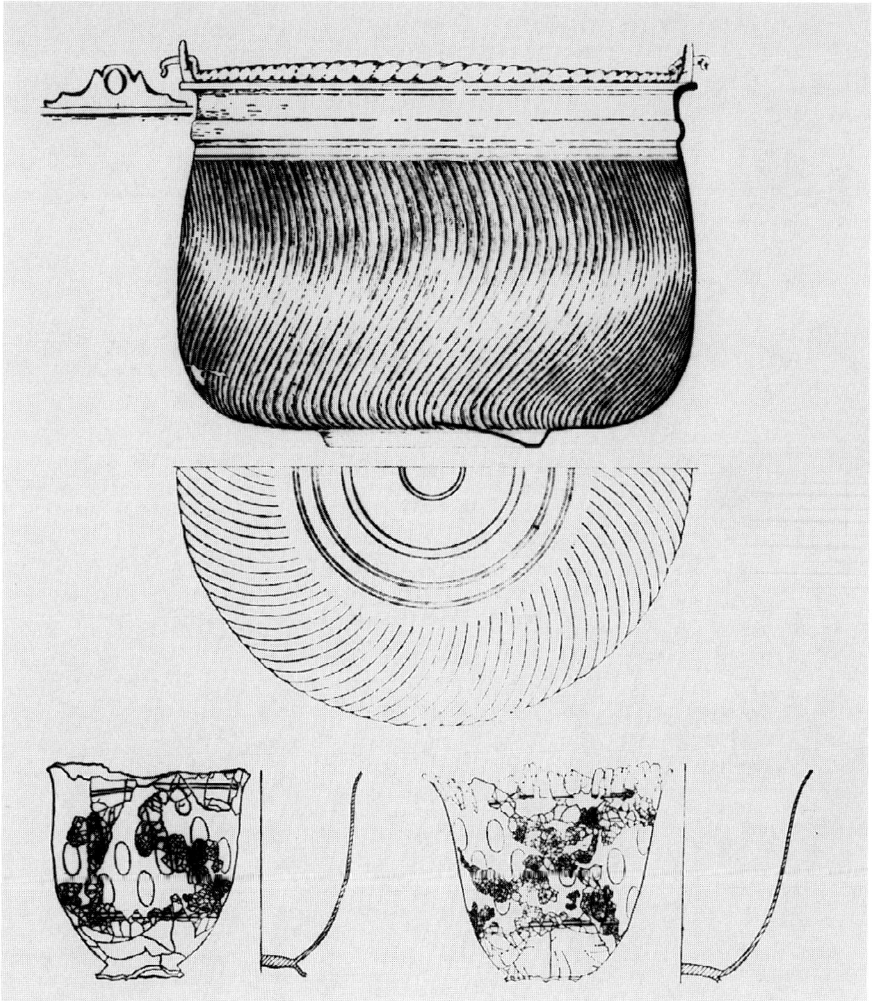

Leśno bei Bydgoszcz (Bromberg).
Provinzialrömische Gefäße aus Glas
und Bronze aus dem Grab der «Prinzessin».
Nach T. Grabarczyk, J. Kmieciński,
K. Walenta.

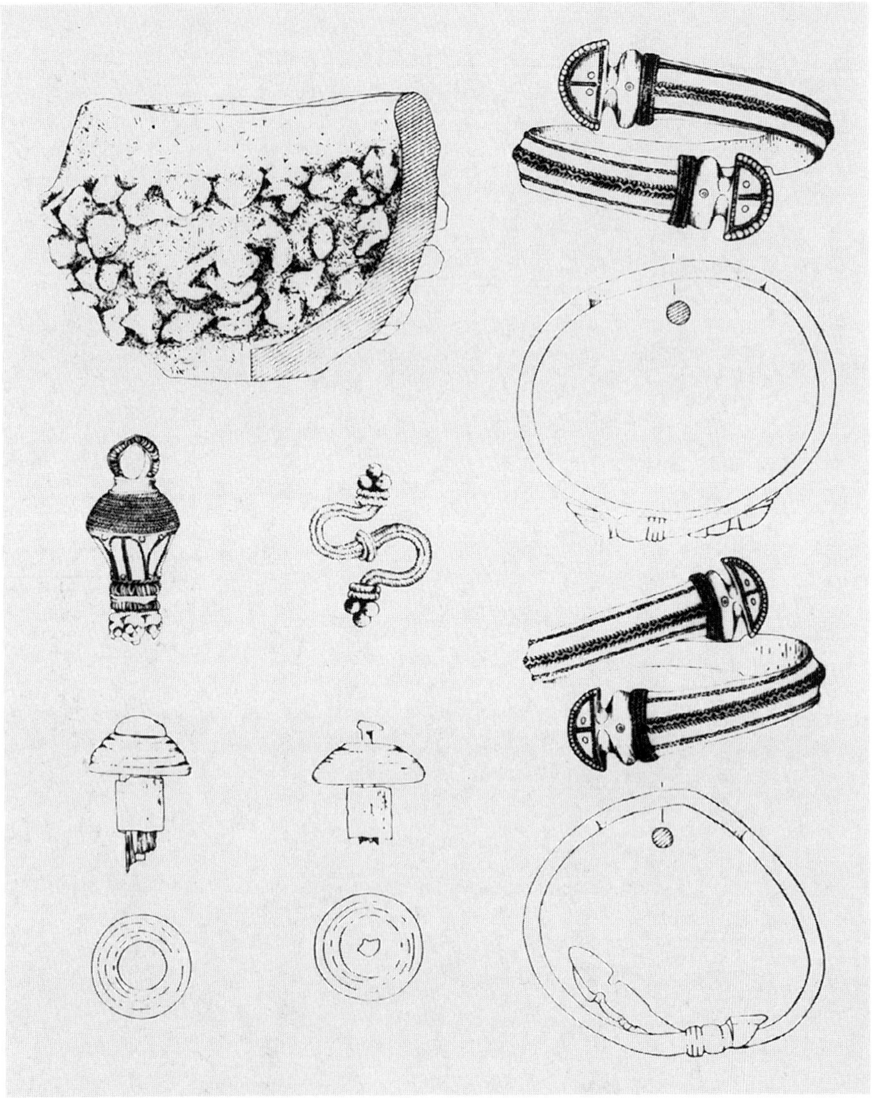

Leśno bei Bydgoszcz (Bromberg).
Beigaben aus dem Grab der «Prinzessin»,
u. a. Gold- und Silberschmuck. Nach
T. Grabarczyk, J. Kmieciński, K. Walenta.

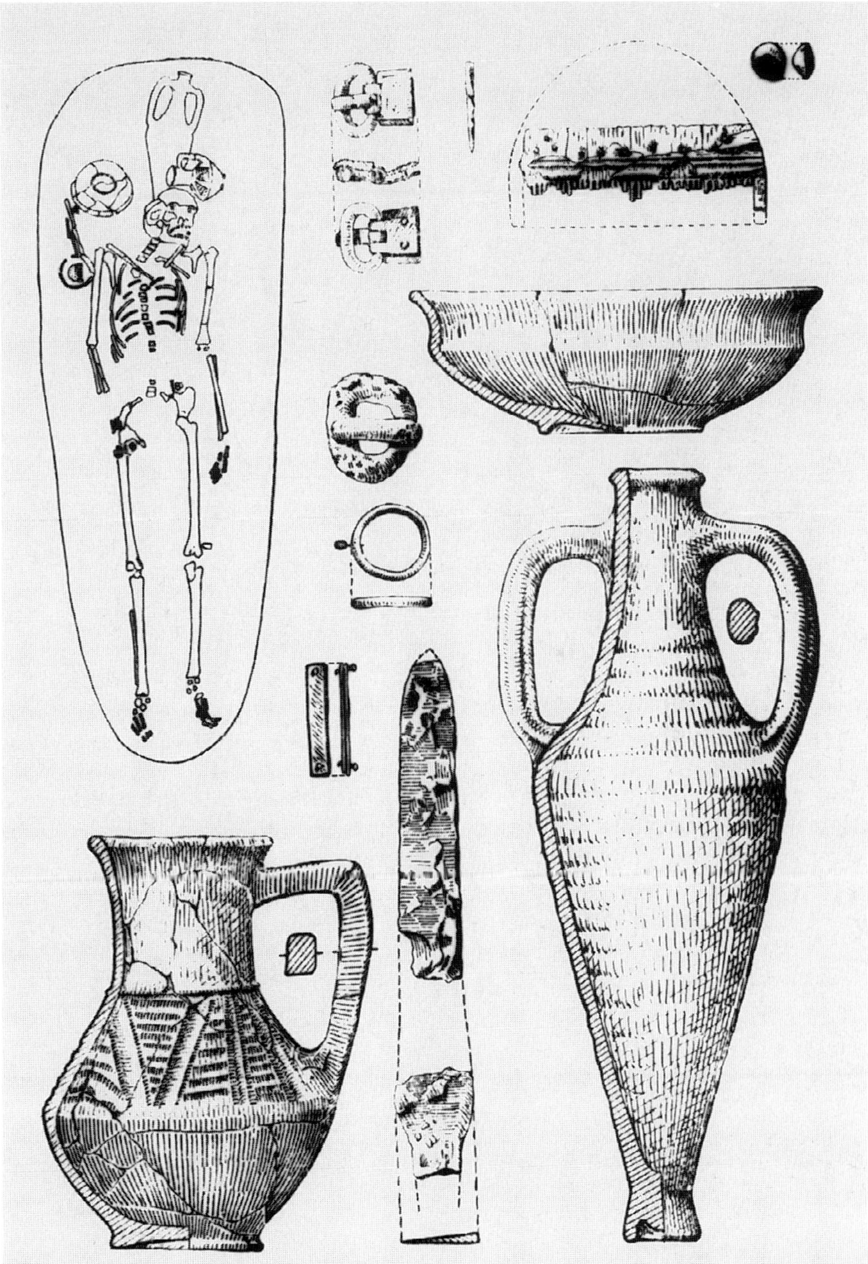

Tirgşor, Rumänien. Plan und Beigaben
einer Bestattung der Černjachov-Sintana-de-Mureş-Kultur. Nach Gh. Diaconu.

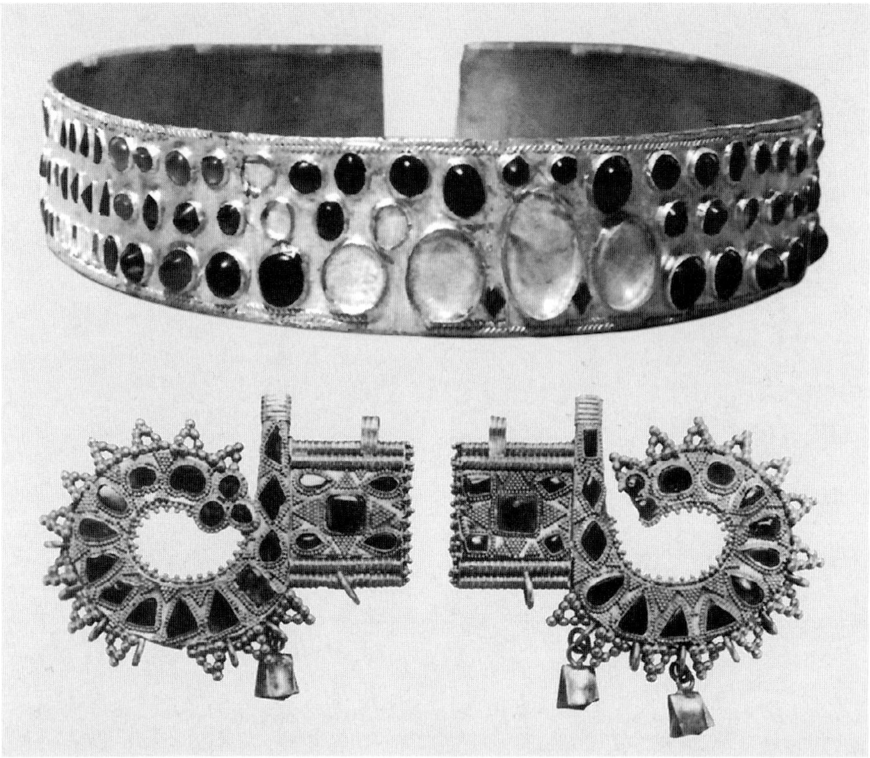

Schmuck der reichen hunnischen Frau.
Ein goldenes Diadem aus der Gegend von Odessa und ein Paar goldener Anhänger aus Warna in Bulgarien. Nach W. Menghin.

Hunnische Funde aus Ungarn. Grab eines Mannes mit künstlich deformiertem Schädel, ein Kupferkessel, ein Schwert. Nach I. Bona.
▷

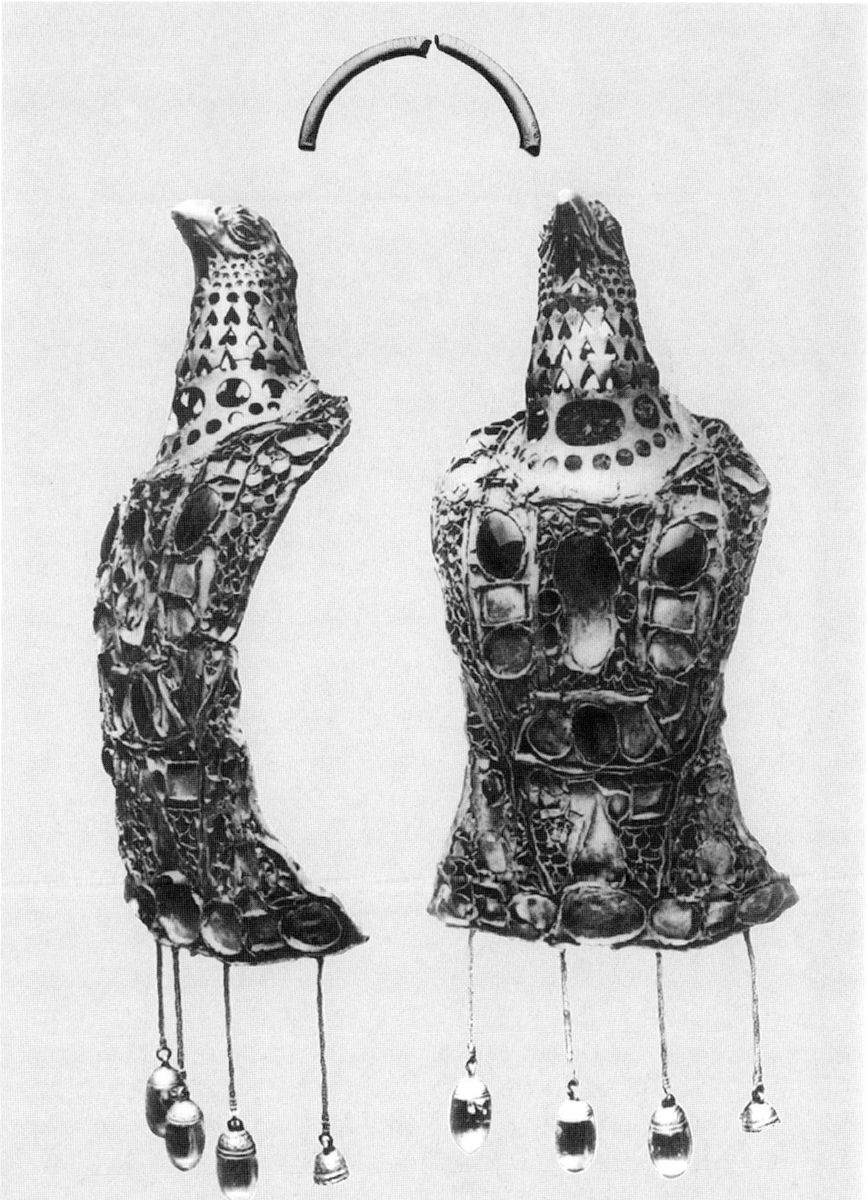

Goldgefäße aus dem Schatz von Pietroasa, Walachei. Nach A. Odobescu.
◁

Ein goldener Halsring mit Runeninschrift und eine goldene Adlerfibel aus dem Schatz von Pietroasa, Walachei. Nach A. Odobescu.

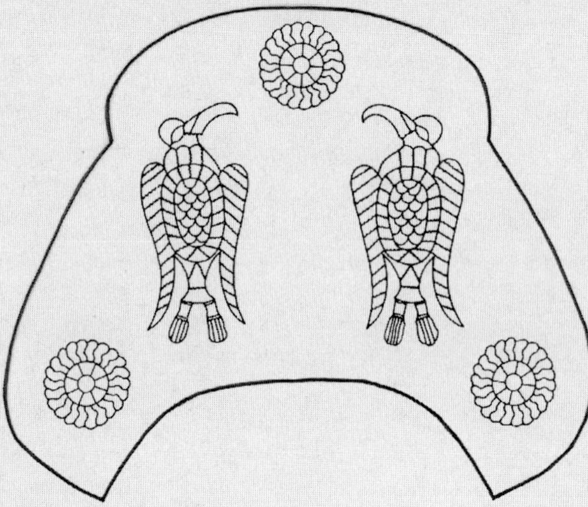

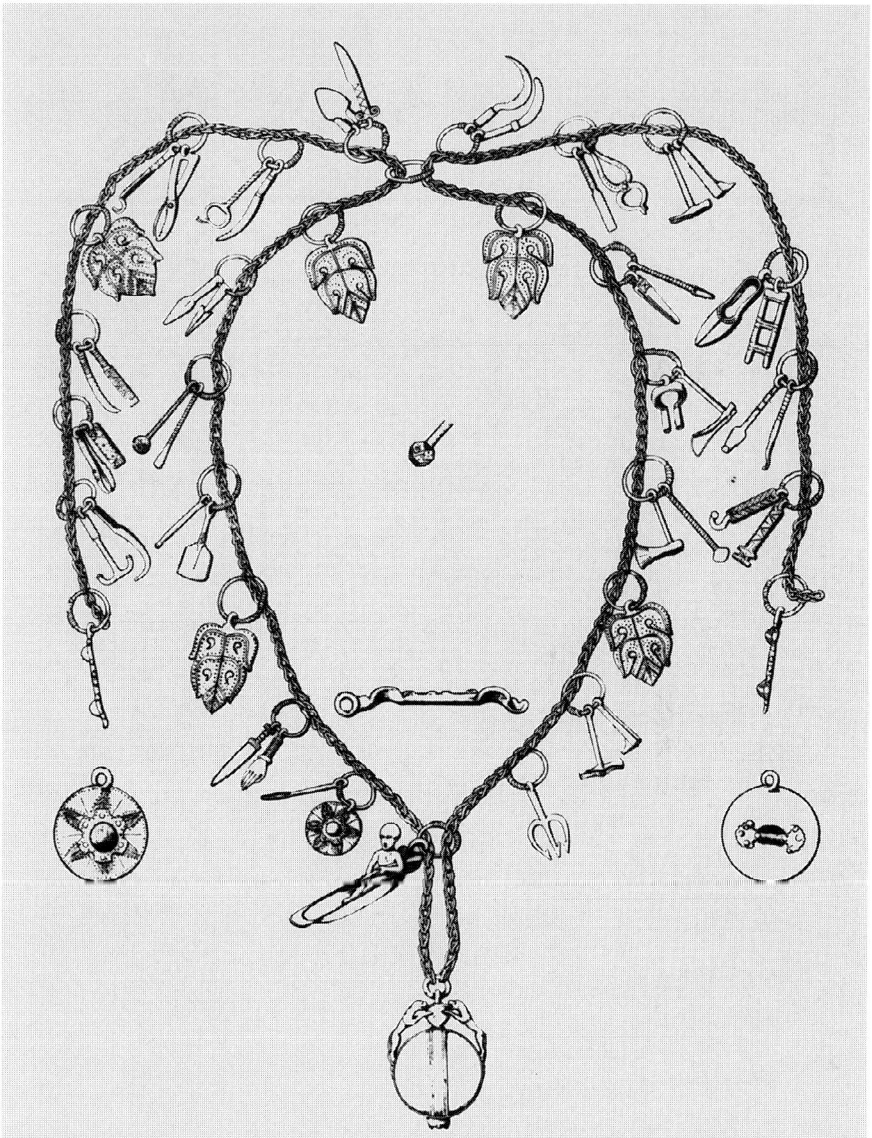

Zweites Fürstengrab von Apahida bei Cluj. Rekonstruktion des Pferdegeschirrs und der Satteldekoration. Nach K. Horedt und D. Protase.
◁

Die Goldkette aus dem ersten Schatz von Szilágysomlyó, Siebenbürgen. Nach J. Hampel.

Die Onyxfibel und die im polychromen Stil verzierte Fibel aus dem zweiten Schatz von Szilágysomlyó, Siebenbürgen. Nach I. Bona.

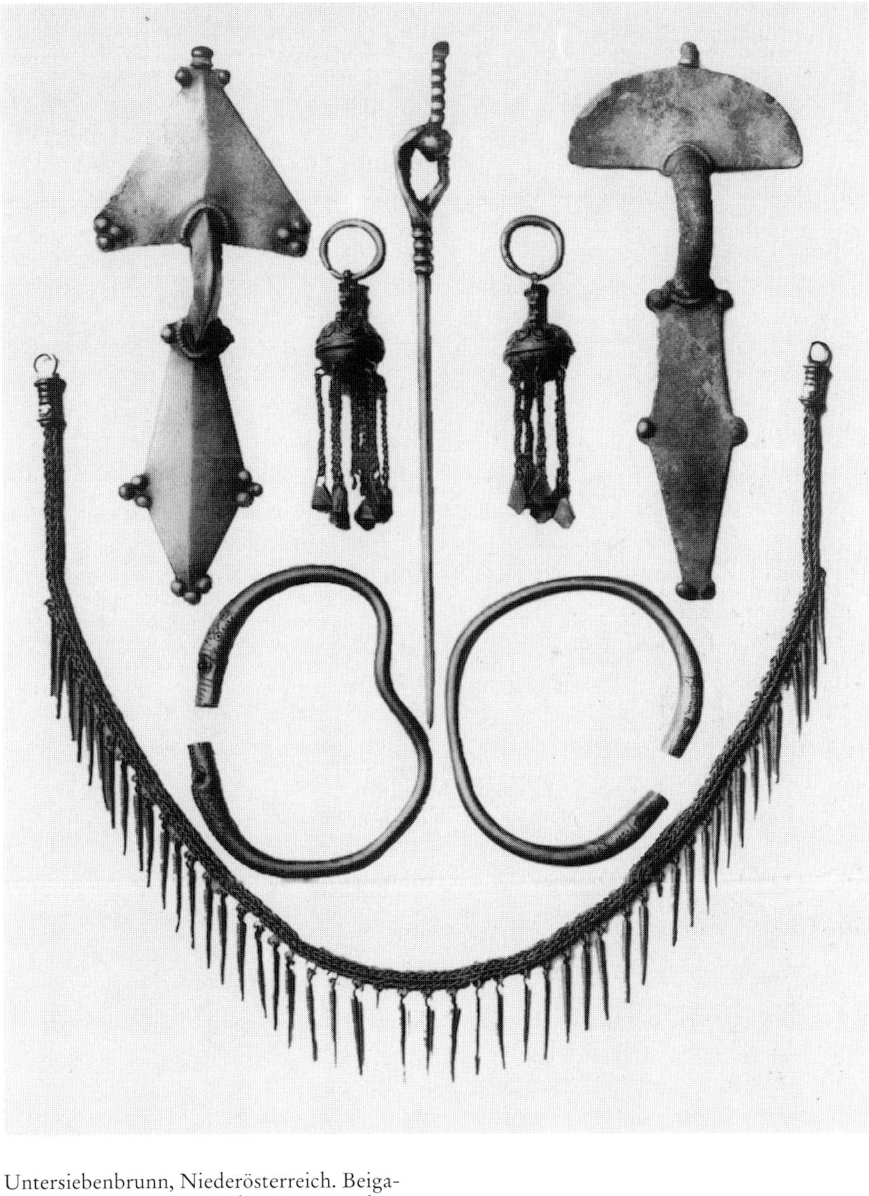

Untersiebenbrunn, Niederösterreich. Beigaben aus dem ostgermanischen Frauengrab. Nach W. Kubitschek.

Zwei Fibeln mit Goldauflage und Almandinen aus dem ostgermanischen Frauengrab von Untersiebenbrunn, Niederösterreich. Glasgefäße aus den ostgermanischen Gräbern in Mödling, Niederösterreich. Nach P. Stadler.

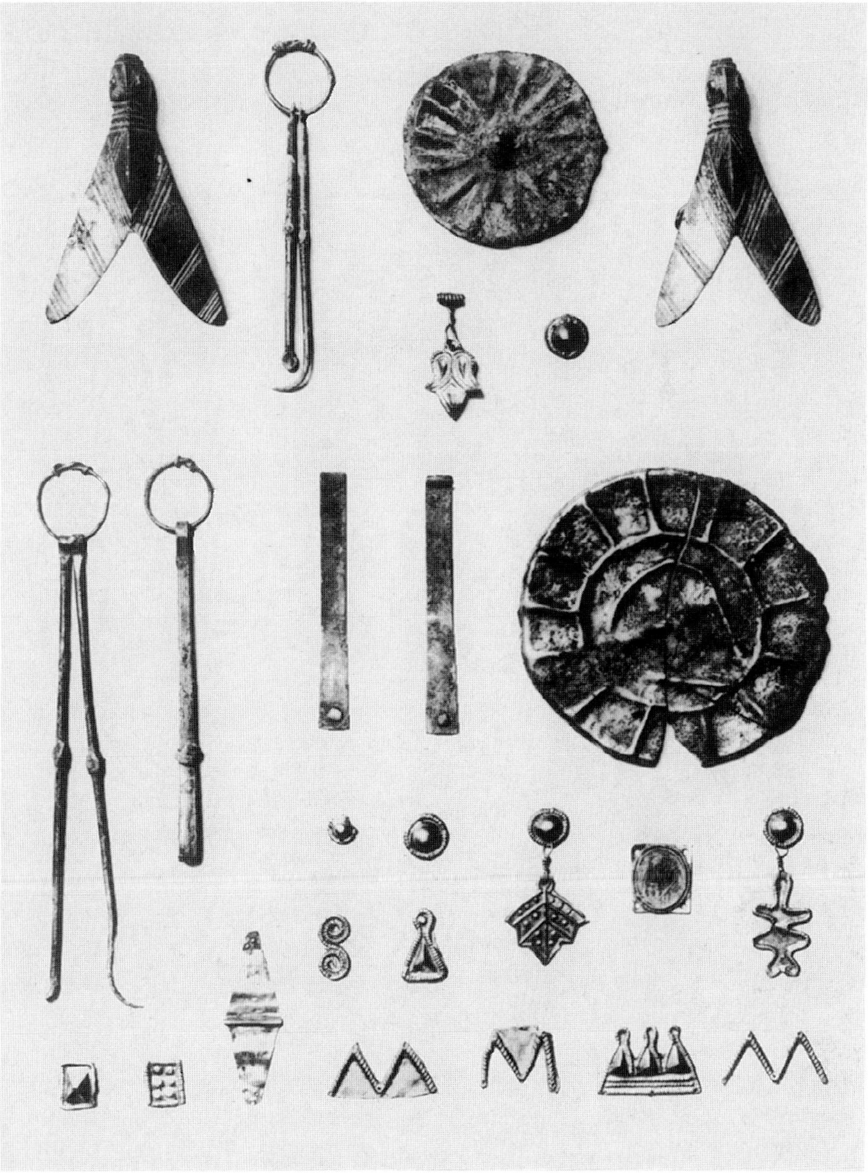

Untersiebenbrunn, Niederösterreich.
Beigaben aus dem ostgermanischen
Kindergrab. Nach W. Kubitschek.

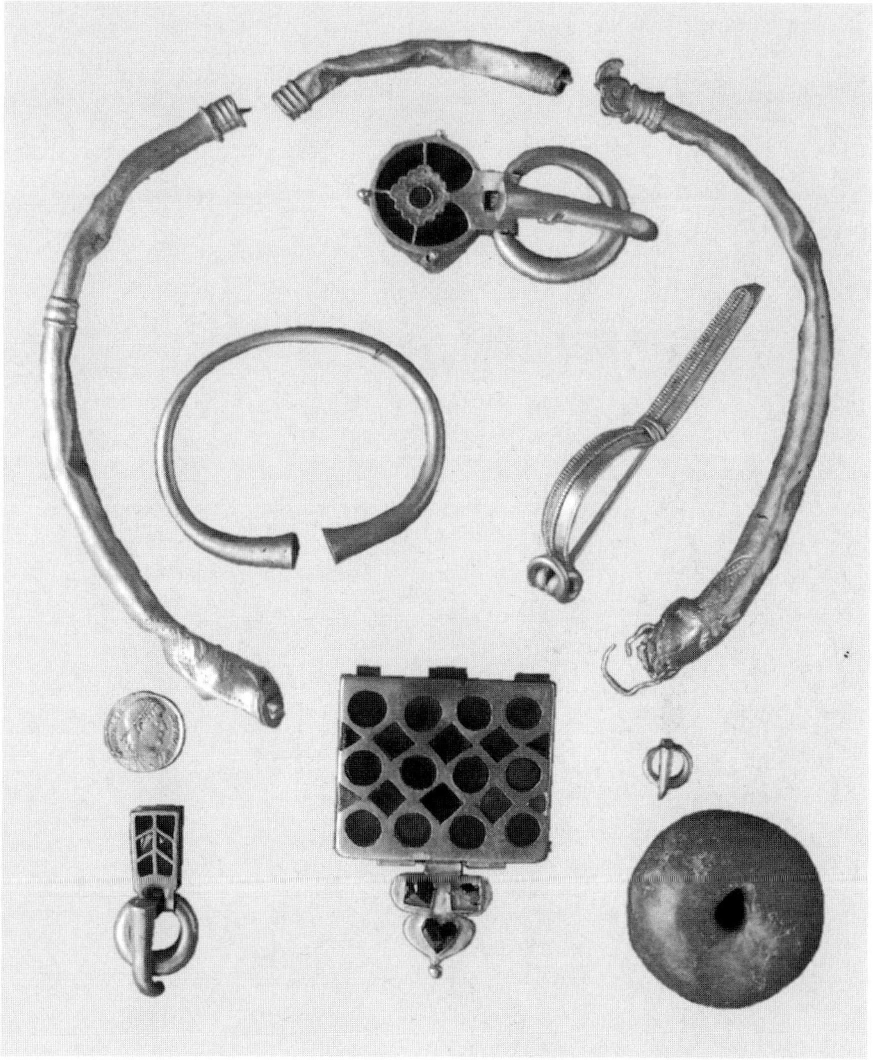

Die gefälschte Adlerfibel aus Königsberg in Mähren. Nach A. van Scheltema.
◁

Wolfsheim bei Mainz. Beigaben aus dem ostgermanischen Schatzfund, u. a. ein persisches Pektoral. Nach B. Kürti.

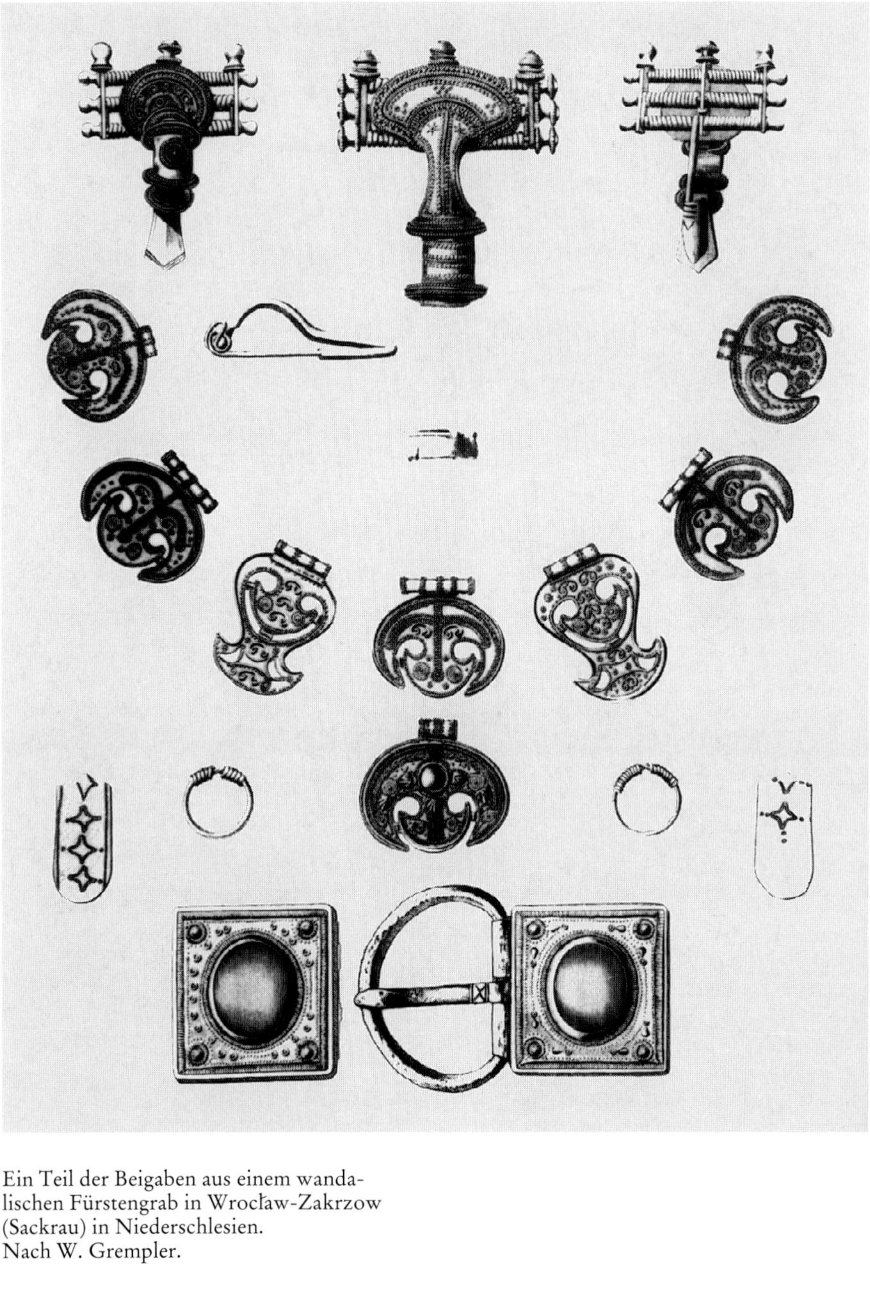

Ein Teil der Beigaben aus einem wandalischen Fürstengrab in Wrocław-Zakrzow (Sackrau) in Niederschlesien.
Nach W. Grempler.

Monceau-le-Neuf, Département Aisne.
Funde der fränkischen Föderaten aus Nordgallien. Eine Gürtelgarnitur und eine bronzevergoldete Zwiebelknopffibel.

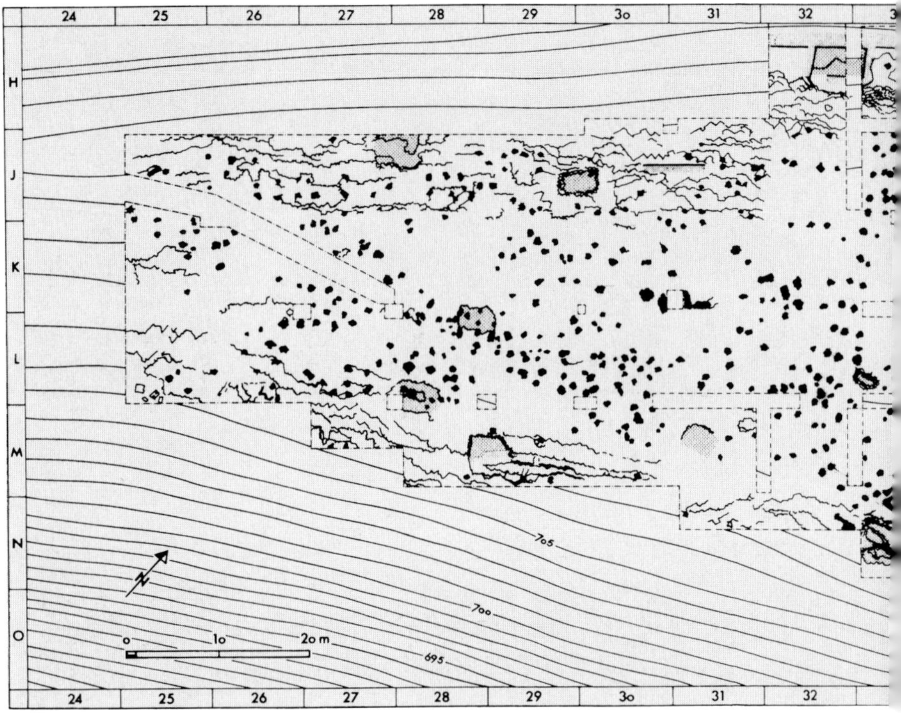

Runder Berg bei Urach. Plan der alamannischen Höhensiedlung. Nach R. Christlein.

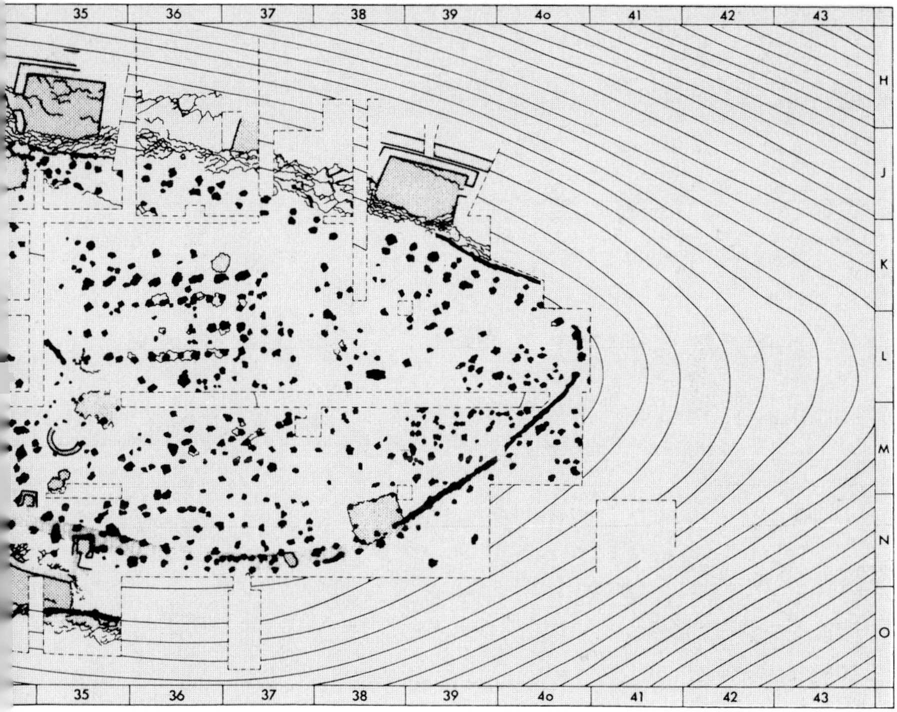

Darstellungen der germanischen Könige. Links: Childerich. Mitte: Alarich II. Rechts: Theoderich der Große. Nach P. E. Schramm.

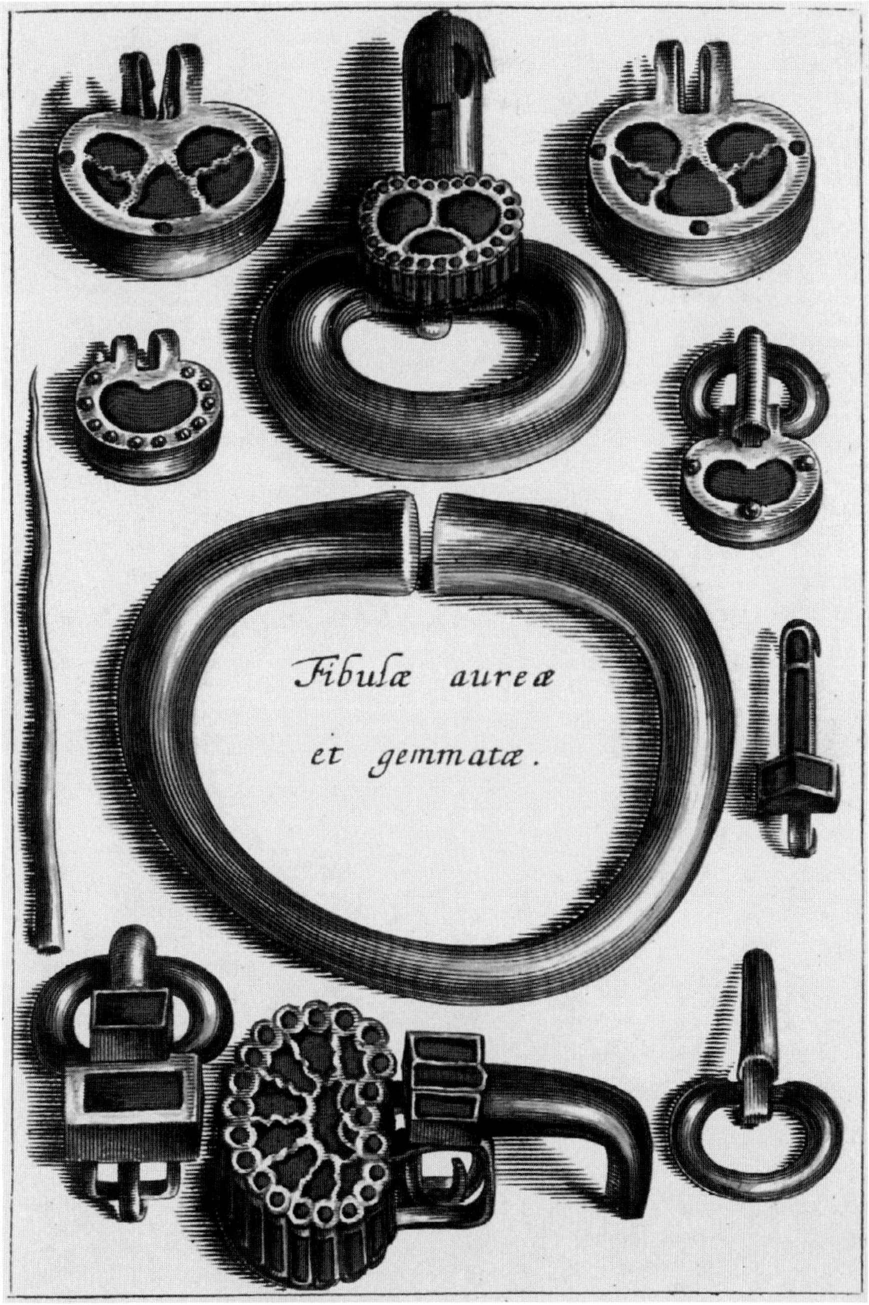

Ein Teil von Goldbeigaben aus dem Childerich-Grab in Tournai.
Nach Aquarellzeichnungen von Ch. Chiflet.

Rekonstruktion der Tracht der Arnegunde
aus dem Grab in Paris-Saint-Denis.
Links: Unterkleid. Mitte: Oberkleid.
Rechts: Mantel und Schleier. Nach G. Clauss.

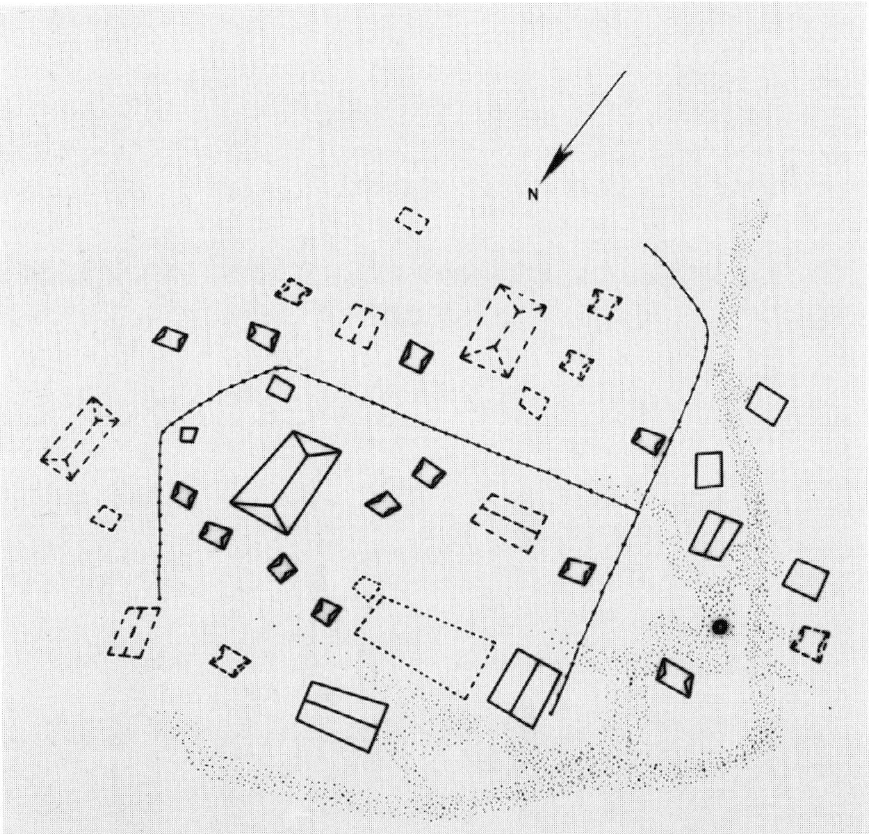
N

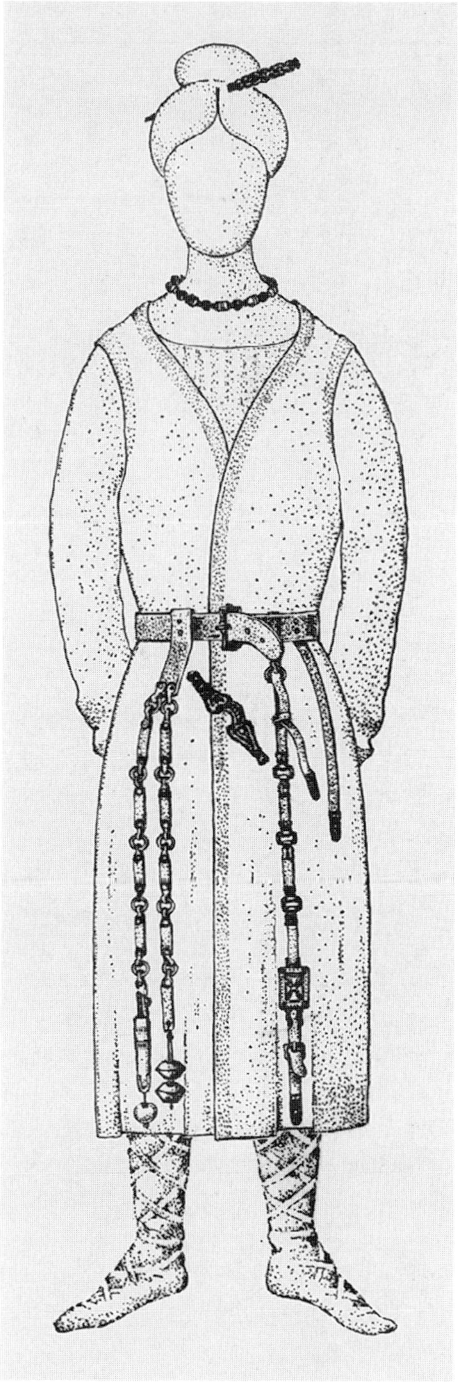

Eine gepidische Adlerschnalle.
Rekonstruktion der Tracht einer vornehmen Gepidin. Nach I. Bona.

◁
Gladbach, Rheinland. Modell
und Plan einer fränkischen Siedlung.
Nach W. Saage.

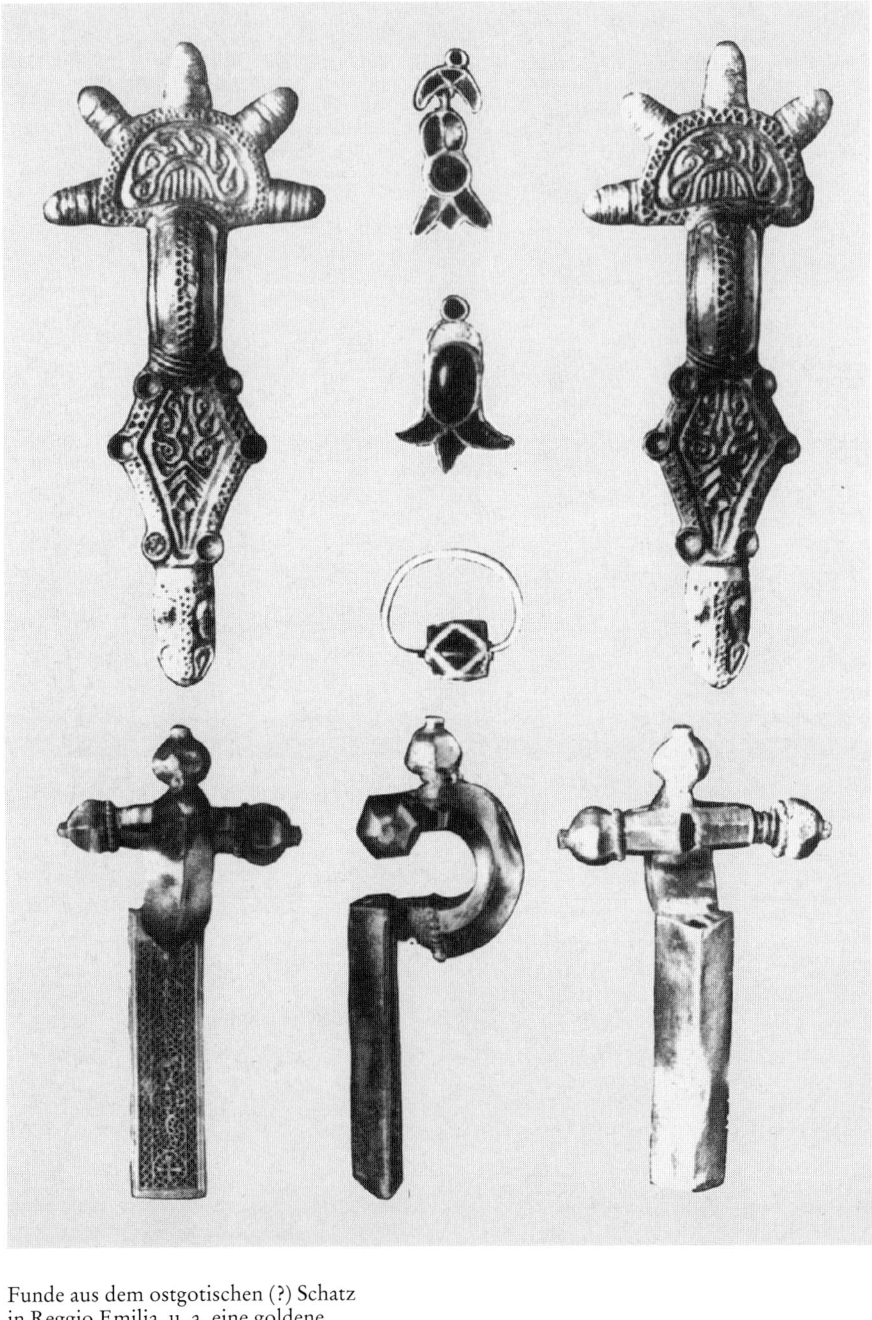

Funde aus dem ostgotischen (?) Schatz
in Reggio Emilia, u. a. eine goldene
Zwiebelknopffibel. Nach V. Bierbrauer.

Funde aus dem ostgotischen (?) Schatz
in Reggio Emilia. Nach V. Bierbrauer.

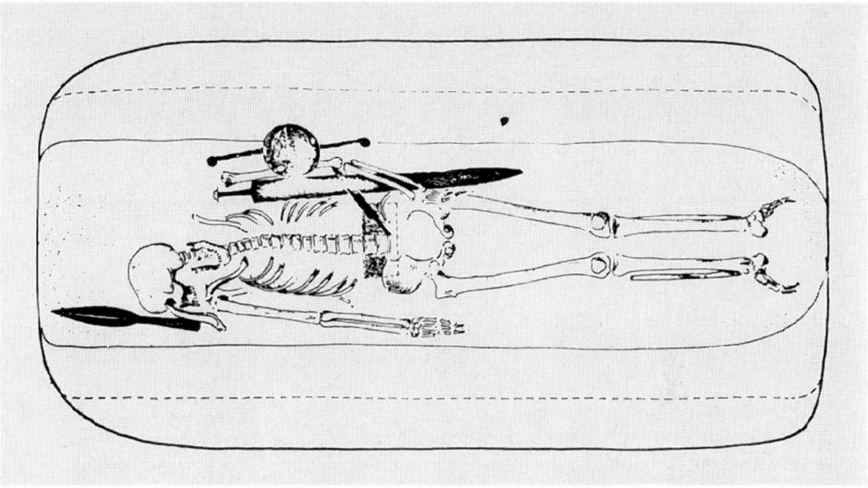

Kajdacs, Westungarn.
Grab eines langobardischen Kriegers.
Nach I. Bona.

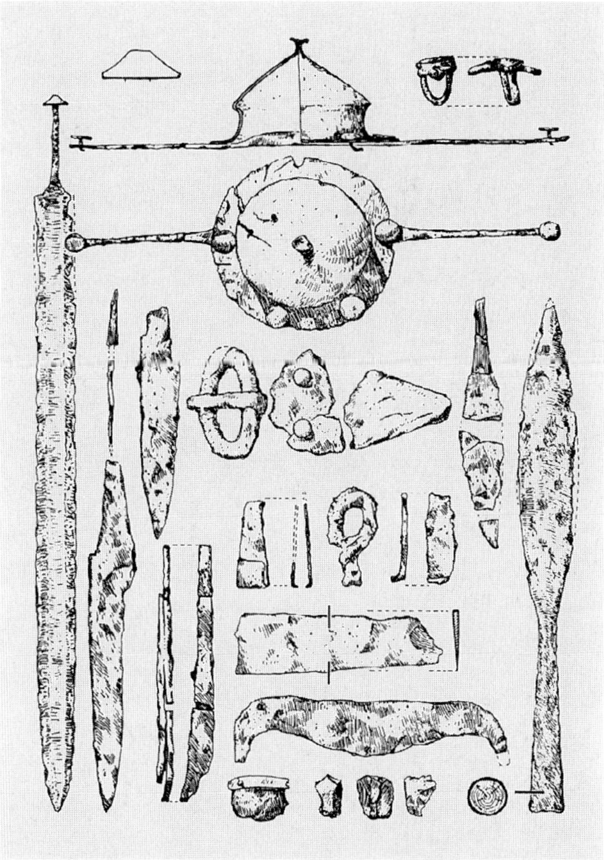

◁
Funde aus dem ostgotischen Schatz von Domagnano, Republik San Marino.
Nach D. W. S. Kidd.

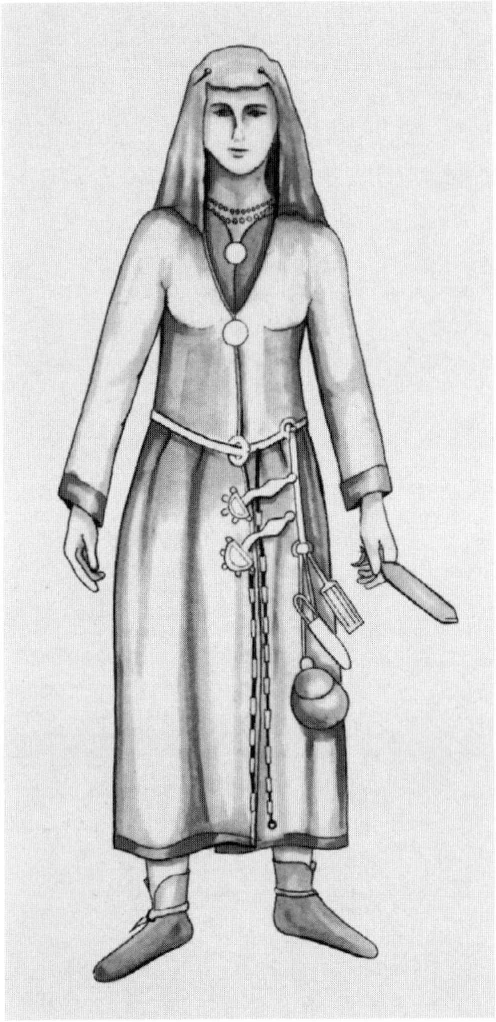

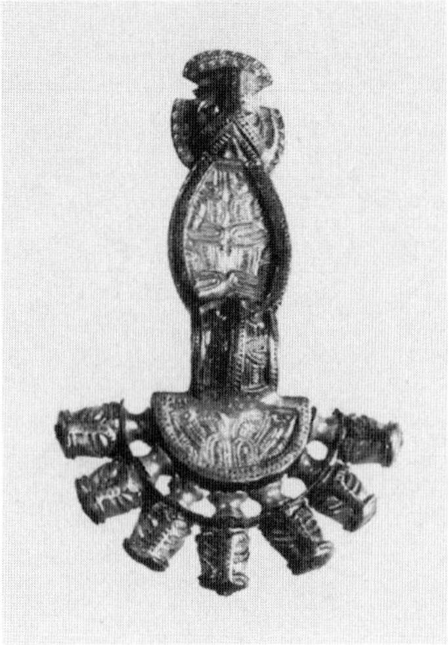

Rekonstruktion der Tracht einer
Langobardin aus Pannonien und zwei
langobardische Fibeln.
Nach W. Menghin und P. Stadler.

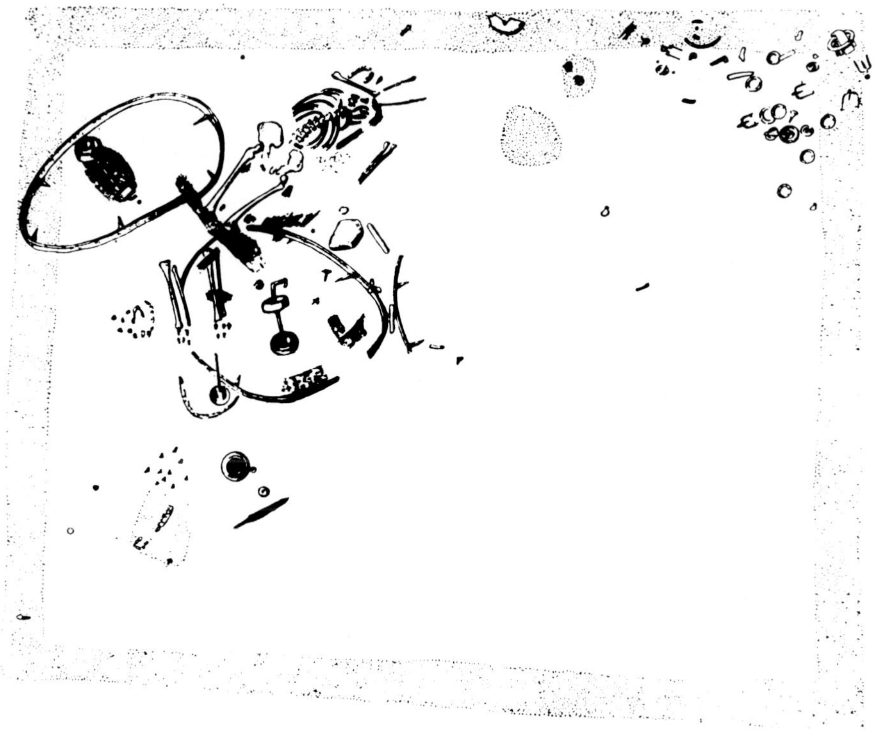

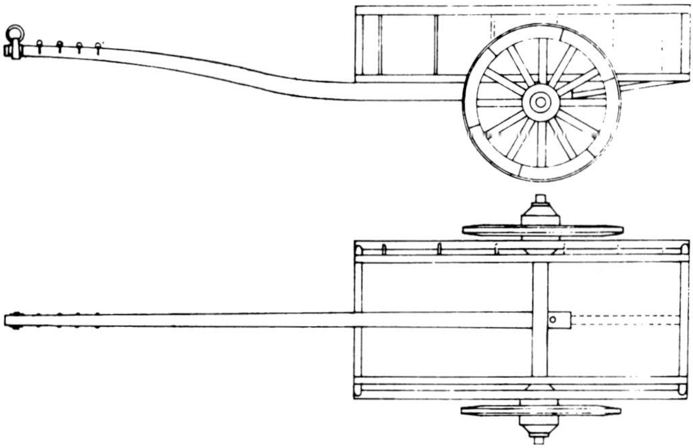

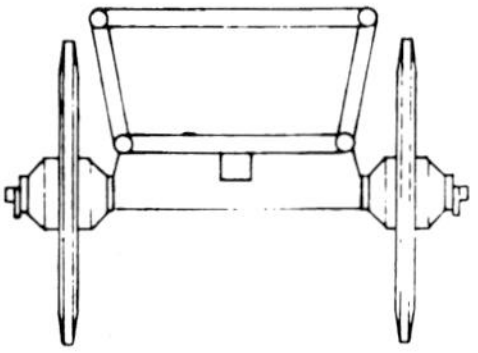

Erfurt-Gispersleben. Thüringisches Wagengrab. Rekonstruktion des Wagens und die Lage der Beigaben in der Grabkammer.

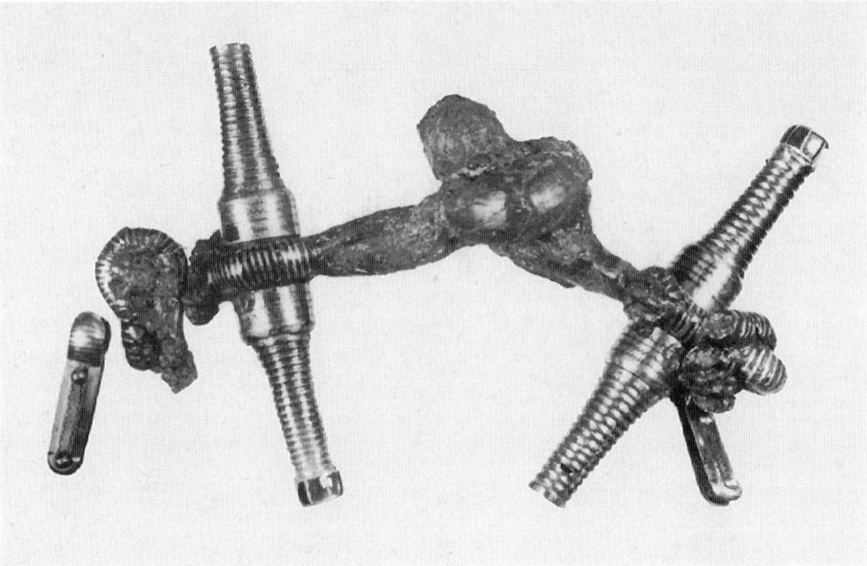

Stößen, Thüringen.
Goldblechbezogener Helm eines thüringischen Kriegers (links).
Großörner bei Halle an der Saale.
Eine Pferdetrense mit gold- und silberverkleideten Seitenstangen (oben).
Nach B. Schmidt.

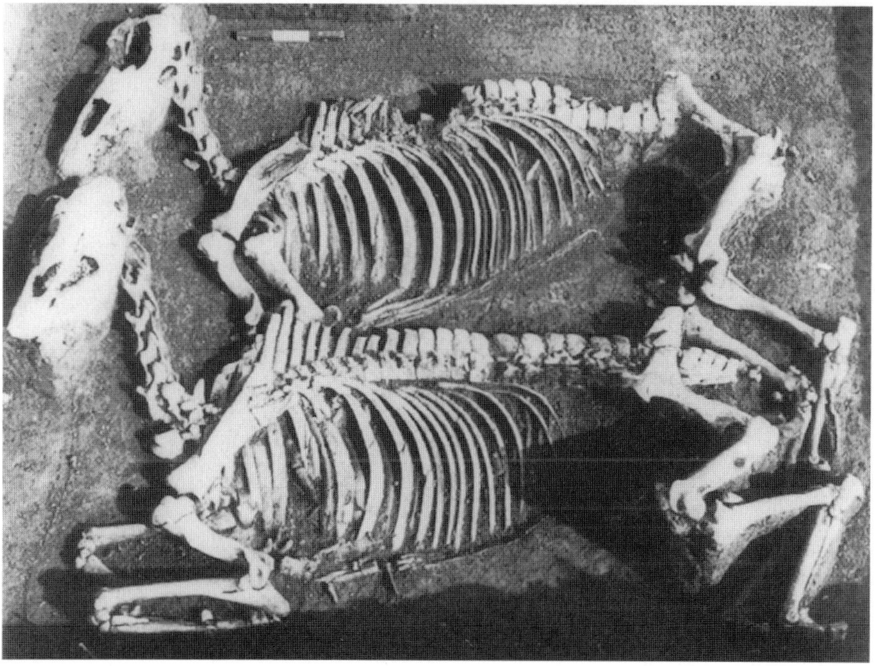

Zeuzleben, Unterfranken.
Ein thüringisches Adelsgräberfeld.
Rekonstruktion einer mehrgeschossigen Grabanlage (rechts) und eine Pferdebestattung (oben). Nach L. Wamser.

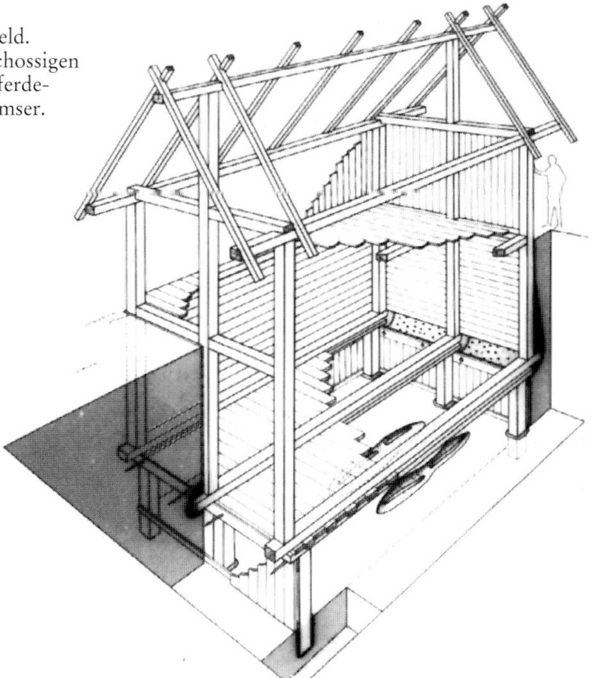

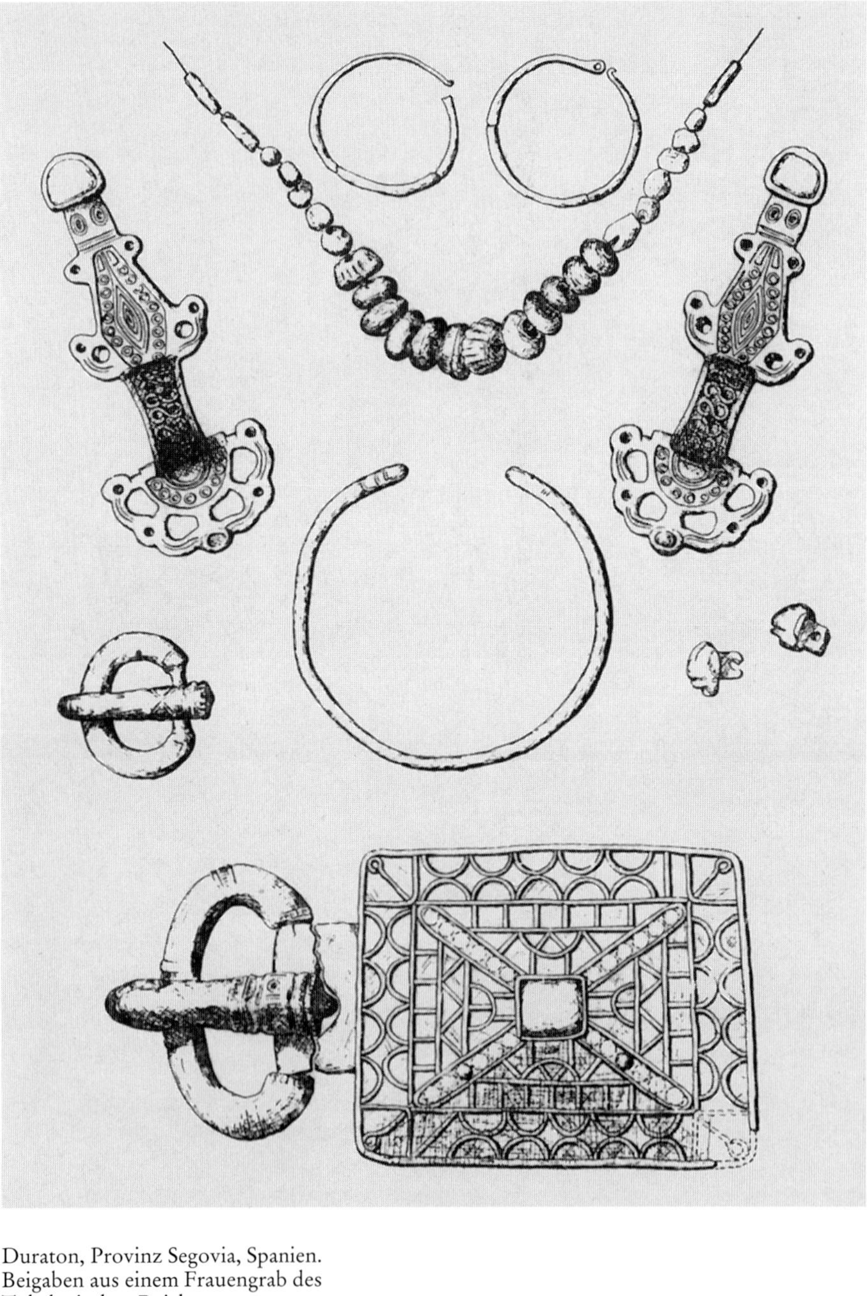

Duraton, Provinz Segovia, Spanien.
Beigaben aus einem Frauengrab des
Toledanischen Reiches.
Nach A. Molinero Perez.

im ganzen westgermanischen Gebiet die Anzahl der Gräber mit typisch barbarischen Beigaben. Die Zahl der eindeutig burgundischen Bestattungen bleibt jedoch gering. Dies ist ein weiterer Hinweis auf eine schnelle Akkulturation des germanischen Volkes im romanischen Milieu. Als die romanische Bevölkerung nach etwa 500 wieder die Beigabensitte aufnimmt – übrigens unter germanischem Einfluß – vergrößert sich auch deutlich die Zahl der spätburgundischen Funde, von denen große, mit Silberdrähten verzierte Gürtelschnallen, vorwiegend von Frauen getragen, besonders effektvoll sind. Diese Gürtelmode gehört bereits einer späten Epoche an, als Burgund schon Teil des fränkischen Reiches geworden war.

Nach den Berechnungen des schweizerischen Archäologen Max Martin kamen 10000 bis 25000 Burgunden in die Sapaudia. Das machte höchstens 5 bis 10 Prozent der Gesamtbevölkerung des burgundischen Reiches aus. Unter Gundobad, der seit 474 regierte, traten die Burgunden ins große politische Geschehen ein, das damals aus zwei Mächten bestand: den Franken und den Ostgoten. Darüber werden wir mehr erfahren, wenn wir zu den Ostgoten nach Italien übergehen.

Wilde Lieder jenseits des Rheins – Die Alamannen

Es ist nicht leicht, die einzelnen germanischen und nomadischen Völker auf die Bühne der Völkerwanderungszeit zu stellen und dabei die zeitliche und räumliche Ordnung des so ereignisreichen 5. Jahrhunderts im Kopf zu behalten. So müssen wir immer wieder von Osten nach Westen und zurück wandern und ab und zu etwas tiefer in die vergangene Zeit zurückgreifen, um das nächste Volk in vollem Licht zu präsentieren.

So geschieht es nun auch mit den Alamannen, dem Volk, das die rheinische Grenze des römischen Reiches bedrohte, als die Goten ihre ersten Plünderungszüge im 3. Jahrhundert vom Schwarzen Meer aus unternahmen. Das Volk der Alamannen oder auch Alemannen bedeutet so viel wie Allmänner, also ein gemischtes Volk. So wird es in den schriftlichen Quellen bezeichnet. Der Name lebt bis heute in der französischen und spanischen Sprache weiter: *allemand, aleman.* Zum erstenmal werden die Alamannen im Jahre 213 n. Chr. erwähnt, als sie den römischen Limes am Rhein angriffen.

Ihre Vorgeschichte, also die Zeit, bevor sie den Römern als Alamannen bekannt wurden, ist lang und reicht tief ins erste vorchristliche Jahrhundert zurück, als die Sweben oder Sueben auftraten, deren Name im heutigen Schwaben weiterlebt, ein Bund mehrerer Völker, von denen die Semnonen die mächtigsten waren. In jener Zeit saßen sie an der mittleren Elbe und an der Havel. Ihre archäologische Hinterlassenschaft sind zahlreiche große Urnenfriedhöfe. Der suebische König Ariovist war Verbündeter des keltischen Stammes der Sequaner in Gallien und unterstützte den gallischen Aufstand gegen Julius Caesar im Jahre 54 v. Chr. Ein anderer mächtiger suebischer König war der Markomanne Marbod, der mit seinem Volk um Christi Geburt am Main siedelte, bis er im Jahre 8 v. Chr. nach Böhmen zog. Dort entstand sein eng mit den Römern verbundenes Reich.

Aus Gräbern der Marbod-Zeit in der Tschechei wird deutlich, wie groß der römische Einfluß auf die Markomannen war. Die Grabbeigaben bestehen aus zahlreichen provinzialrömischen Metallgefäßen, Fibeln und Gürtelteilen, die entweder importiert oder in römischem Stil von den Barbaren angefertigt worden waren. Marbod stürzte im Jahre 18 n. Chr. und floh zu den Römern, bei denen er in Ravenna noch 18 Jahre lebte. Mit den Markomannen verwandt waren die Quaden. Beide Völker zogen zusammen mit Marbod nach Böhmen. Die Quaden nahmen Mähren und die Slowakei in Besitz. Hier, in der südwestlichen Slowakei, entstand in der ersten Hälfte des ersten nachchristlichen Jahrhunderts das Reich des quadischen Königs Vannius, ebenfalls unter starkem römischem Einfluß. In Mitteldeutschland, an der mittleren Elbe und der Saale, saßen die Hermunduren, die auch einen Beitrag zur Ethnogenese der Alamannen geleistet haben. Im Bund der Sueben kam es im Laufe des 2. Jahrhunderts immer wieder zu neuen Auseinandersetzungen, schließlich brach im Jahre 166 der vierzehnjährige Kampf gegen Rom aus, von den Markomannen geführt. An die markomannischen Kriege (166–180) erinnert die Marcus-Aurelius-Säule auf der Piazza Colonna in Rom. Zu den Sueben stießen gegen Ende des 2. Jahrhunderts Teile der Markomannen und Quaden, vielleicht auch Teile der Burgunden. So entstand ein wahres Mosaik. Das neue Volk der Alamannen war geboren. Dieses Volk bezeichneten die Römer als sehr zahlreich. Ihm schlossen sich noch die Juthungen an, ein nur wenig bekanntes Volk, das mit der Zeit völlig in die Alamannen einging.

Die Alamannen bedrohten den römischen Limes am Rhein und der oberen Donau bereits im Jahre 213, zum großen Angriff kam es aber erst 20 Jahre später. So gingen sie ins römische Gebiet hinter dem obergermanisch-rätischen Limes, und es gelang ihnen, zahlreiche militärische und zivile Siedlungen zu zerstören. Die Rheingrenze war geschwächt, da die römischen Legionen nach Osten für den Krieg gegen die Parther abgezogen worden waren. Dennoch haben die Römer die Alamannen zurückgeschlagen. Die berühmten gotischen Übergriffe seit dem Jahre 238 blieben sicher nicht ohne Echo bei den anderen Barbaren. So kam es im Jahre 259 zum großen Angriff auf die römische Grenze, vom Niederrhein bis zur unteren Donau. Ein Jahr später plünderten die Alamannen Aventicum (Avenches) und brachen immer wieder ins Römische Reich ein, bis sie Kaiser Probus im Jahre 277 – jedoch nicht endgültig – schlug. Nach dem großen Einfall 259/60 waren die Alamannen nicht mehr zurückzudrängen. In diesem Jahr kamen sie sogar bis nach Mailand. Die römische Grenzzone am Oberrhein war nicht mehr zu halten, und es entstand ein neuer Limes, der Rhein-Iller-Donau-Limes. Das Gebiet zwischen Oberrhein und Oberdonau, das Dekumatland, wurde von den Römern aufgegeben.

Aus Teilen der Germania superior und Rätiens entstand in diesem Gebiet Alamannia. Hier wurden einzelne Skelettgräber oder kleine Grabgruppen entdeckt, die sehr enge Verbindungen mit dem mitteldeutschen Raum aufweisen und etwa eine Generation später, in die Zeit nach 300 datiert sind. Ins neue Land brachten die Frauen große, mit Glaseinlagen verzierte Fibeln mit, Halsketten aus Bernsteinperlen und Beinkämme, ein charakteristisches Fundgut aus Gräbern an der Elbe. Männergräber sind schwieriger zu identifizieren, deren Waffenbeigaben einem eher allgemeinen Stil entsprechen und die sich deshalb nicht eindeutig als alamannisch bezeichnen lassen. Metallhalsringe in Männerbestattungen sind jedoch ebenfalls elbgermanischer Herkunft.

Germanische Keramik in römischen Villen ist ein Hinweis darauf, daß Alamannen in verlassene Häuser einzogen. Es sind auch eigene Siedlungen bekannt, vor allem die am Runden Berg bei Urach östlich vom mittleren Lauf des Neckars. Durch 250 m hohe Hänge geschützt wirkt sie beinahe wie eine Burg, auf der ein 300 m langes und 50 m breites Plateau von einer Palisade umgeben war. Dank langjähriger systematischer Ausgrabungen gelang es, die Geschichte dieser Siedlung aus den Funden abzulesen. Die ersten Siedler kamen in der ersten Hälfte des 4. Jahrhunderts. Sie waren, ihrer Tracht nach, Elbgermanen. Dafür sprechen zahlreiche Fibeln und Gürtelschnallen, die als die ältesten Funde vom Runden Berg gelten. Man baute auf dem Plateau zahlreiche Holzgebäude. Die Palisade, die später durch eine Trockenmauer ersetzt wurde, umgab eigentlich nur den Teil der Siedlung, der als Adelssitz bezeichnet wird. Am Ende des 4. Jahrhunderts wurden die Bewohner wohl von einer Katastrophe überrascht. Dies belegen zahllose Metallfunde. Denn normalerweise wurden in frühgeschichtlichen Perioden alle Gegenstände aus Bunt-und Edelmetall und aus Eisen immer weiterverwendet, umgearbeitet, umgeschmiedet, eingeschmolzen und neugegossen, so daß eine Fülle von Metallfunden nur an jenen Orten erwartet werden kann, die ein gewaltsames Ende fanden. Der befestigte Teil war sicher die Residenz eines Fürsten oder Königs mit seinen Leuten. Auf dem offenen Plateau fand man unzählige Metall-, Keramik- und Glasgegenstände, auch Handwerksgeräte, Rohmaterial, Halbfabrikate und Abfälle. Anhand ihrer Konzentrationen konnte man verschiedene Werkstätten identifizieren. So lebten am Runden Berg Eisen- und Goldschmiede, Holzschnitzer oder Drechsler. Es gab sicher auch Handwerker, die Leder, Bein und Gagat bearbeiteten, das ist Pechkohle, die wegen ihrer glänzend schwarzen Farbe gern zur Herstellung von Perlen und Anhängern verwendet wurde. Man fand auch geschliffene Almandinplättchen, typischer Bestandteil von Gegenständen in polychromem Stil, sowie eine Feinwaage für Gold und Silber. Ebenso sprechen Messer, Pfrieme, Meißel, Hämmer, Eisenbarren und Bleiabfälle für eine rege Tätigkeit in verschiedenen handwerklichen Bereichen.

Einen anderen Einblick geben zahlreiche Fragmente von auf dem ganzen Plateau verstreuten Glasgefäßen. Sie kamen vorwiegend nicht aus heimischer Produktion, sondern aus dem fränkischen Rheinland, vielleicht auch aus dem Eifelgebiet. Da Glasgefäße in jener Zeit nur wohlhabenden Personen ins Grab gelegt wurden, kann man aus Konzentrationen mehrerer Glasscherben am Runden Berg auf die Lage von Häusern reicherer Bewohner schließen. Besonders viele, zum Teil sehr aufwendig gearbeitete Gläser lagen in und neben einem großen Pfostenbau, der im Zentrum der Befestigung stand. Dies war vielleicht der Sitz des Fürsten.

Doch auch andere Leute besaßen Glasgefäße, die nach den Funden wohl Krieger, Silberschmiede oder Holzhandwerker gewesen sind. Noch etwas ergibt sich aus der Verbreitung von Glasgefäßen: Aus Gräbern weiß man, daß es typische Formen von Glasgefäßen für Männer, Frauen und Kinder gab. Dementsprechend weisen Schalen und Glockenbecher auf Frauen- und Kinderräume hin, hohe Becher und sogenannte Rüsselbecher sind bezeichnend für Wohnbereiche von Männern.

Von der erwähnten Katastrophe ausgangs des 4. Jahrhunderts, deren Ursache wir nicht kennen, erholten sich die Bewohner des Runden Berges relativ schnell. Das nachfolgende 5. Jahrhundert war die eigentliche Blütezeit der Siedlung. Doch zu Beginn des 6. Jahrhunderts erfolgte ein neuer Überfall, und am Runden Berg gibt es keine Funde aus der unmittelbar folgenden Zeit mehr. Das Ende der Siedlung ist mit der Eroberung der Alamannia durch die Franken im Jahre 506 zu verbinden. Die Rundberger sahen jedoch die Gefahr kommen und trafen Maßnahmen. Davon zeugen Geräte und Schmuck, die sie an den steilen Hängen verbargen und die erst während der Ausgrabungen wiederentdeckt wurden.

An einem Hang fand man im Jahre 1981 sogar einen Hort, in einem großen Tuch oder in einem Holzkasten versteckt: Ein Bronzekessel, zwei Treibhämmer, dazu je ein Einsteckamboß, Zange, Eisenkette, Löffelbohrer, Wollkamm (?), Schere, Hippe, zwei Sicheln und eine Sense lagen eng nebeneinander und sind Beweise vielfältiger Tätigkeit, wie Schmieden, Bodenbearbeitung und Viehhaltung.

In der Mitte des 7. Jahrhunderts siedelten sich noch einmal Menschen am Runden Berg an und blieben bis ins 9., womöglich sogar bis ins 10. Jahrhundert dort. Die Ausgrabungen am Runden Berg sind der beste Beweis dafür, wieviel dabei herauskommt, wenn jeder Fund genau vermessen, kartiert und mit anderen verglichen wird. Eine Siedlung, die auf den ersten Blick aus einem Wust von Gegenständen und

Hausresten besteht, beginnt zu leben, aus tausenden Mosaiksteinen entsteht ein Bild der Vergangenheit. Nicht alles ist auf dem Grabungsfeld sofort zu erraten, erst die langwierige Arbeit im Labor und am Schreibtisch bringt alle Ergebnisse zusammen.

Im Jahre 506 wurde wahrscheinlich auch eine andere befestigte Siedlung im Gelben Bürg bei Dittenheim zerstört, westlich von Regensburg. Sie ist nur teilweise untersucht worden, die Funde stammen aus derselben Zeit wie die des Runden Berges bei Urach. In den letzten Jahren wird eine weitere alamannische Höhensiedlung (465 m) systematisch untersucht, der Zähringer Burgberg bei Freiburg im Breisgau. Die alamannische Besiedlung datiert dort ins 4. und 5. Jahrhundert. Die Siedlung ist durch Terrassenbauten charakterisiert. Es wurden 2–3 m hohe Stützmauern für Terrassierungen errichtet, auf denen in den nächsten Bauetappen neue Mauern entstanden. Die so gewonnene Oberfläche aus ineinander übergehenden Terrassen erreichte mehr als 5 ha Größe. Es ist allerdings nicht sicher, ob dieses Terrassenwerk nicht schon früher gebaut wurde, vielleicht während der ersten Besiedlungsphase um das Jahr 100 n. Chr. Da im Zentrum der Siedlung eine hochmittelalterliche Burg steht, ist es nicht möglich, so umfangreiche Forschungen wie auf dem Runden Berg zu unternehmen. Jedenfalls steht fest, daß die Hauptphase des Zähringer Burgbergs aus frühalamannischer Zeit stammt und ähnlich wie die Siedlung am Runden Berg wohl ein fürstlicher Sitz gewesen ist.

Die Erforschung alamannischer Siedlungen ist oft dadurch erschwert, daß sie unter heutigen Dörfern und Städten liegen. Aus den genannten Ausgrabungen ergibt sich jedoch ein ziemlich detailliertes Bild eines alamannischen Dorfes mit Langhäusern bis 15 m Länge, Grubenhäusern und Speichern. Eine Siedlung wie die am Runden Berg war, wie erwähnt, die Residenz eines Fürsten oder eines Kleinkönigs. Nach dem römischen Historiker Ammianus Marcellinus regierten bei den Alamannen in den verschiedenen Landesteilen Könige, *reges.* Er erwähnt auch Kleinkönige, *reguli* und *regales,* und die Vornehmen *privates* und *optimates.* Im Gegensatz zu den Goten, Franken, Langobarden und teilweise auch zu den Burgunden kennen wir die Genealogie der alamannischen Könige nicht. Nur ab und zu tritt einer aus dem Dunkel der Geschichte heraus, verschwindet aber bald wieder aus dem Licht schriftlicher Quellen. So auch Chnodomar: Im Jahre 350, als Kaiser Constans ermordet wurde, ergriff sein hoher Offizier Magnentius die Macht. Um den Usurpator zu besiegen, öffnete Constantius II. den Alamannen die römischen Grenzen und erlaubte ihnen, sich nach Belieben Land zu nehmen. Die Alamannen fielen sofort in Gallien ein, nicht um zu plündern, sondern um Land zu erwerben. Dasselbe taten die Franken, und so wurde der Kaiser gezwungen, seinen Neffen, den späteren Kaiser Julian Apostata (360–363), nach Gallien zu schicken. Der hochgebildete junge Mann, der in Athen studiert hatte, liebte Bücher und ein einfaches und ruhiges Leben über alles. Doch als die Zeit kam, zeigte es sich, daß er auch ein guter Soldat sein konnte. Hat der berühmte, im Jahre 1962 entdeckte Silberschatz von Kaiseraugst, der aus 68 Silbergegenständen und 186 Münzen besteht, mit dem alamannischen Einfall zu tun? Denn die Vergrabungszeit entspricht doch dieser Zeit, sie ist auf das Jahr 350 oder 351 datiert worden.

Der Schatz ist jedoch nicht direkt mit dem Alamanneneinfall in Zusammenhang zu bringen. Denn er wurde sorgfältig eingepackt und vergraben, anscheinend ohne Eile und Panik. Die Autoren der monumentalen Monographie des Schatzes unter Redaktion von H. A. Cahn und A. Kaufmann-Heinimann sind der Meinung, daß diese riesige Silbersammlung einem Offizier vom Stab des Usurpators Magnentius gehörte. Als dieser nach Osten gegen Constantius II. zog, vergrub einer seiner Offiziere den Schatz an der Mauer des Kastells Augusta Raurica (Kaiseraugst). Julian ging mit weniger als 400 Soldaten nach Vienne. Er fand eine Situation vor, die er später selbst beschrieb: «Eine Menge Germanen hat sich unbekümmert angesiedelt rings um die verwüsteten Städte im Land der Kelten [d. h. in Gallien – M. M.]. Die Zahl der Städte mit zerstörten Befestigungsanlagen beträgt etwa 45, ohne die einzelnen Bollwerke und die kleineren festen Stützpunkte [...]. 300 Stadien [etwa 50 km – M. M.] vom Rheinufer entfernt wohnten diejenigen, die am weitesten vorgedrungen waren; noch dreimal so breit war das nach der Ausplünderung öde zurückgelassene Niemandsland [...]. In diesem Zustand habe ich Gallien übernommen.»

Nachdem er die Armee zusammengezogen hatte, ging Julian im Frühling 356 an den Rhein: «Ich habe sogar erlebt, wie die Barbaren jenseits des Rheins wilde Lieder sangen, die in ihrer Art dem Gekrächze heiser schreiender Vögel nahekamen, und an diesen Liedern ihre Freude hatten [...].»

Bei Argentorate (Straßburg) kam es im August 357 zur Schlacht. Die römische Armee hatte zuerst Mühe, die Alamannen zurückzudrängen. Aber gegen Abend errang sie einen glorreichen Sieg. Chnodomar wurde gefangengenommen, tausende Germanen fielen, hunderte ertranken im Rhein.

Nachdem aus den nördlichen Provinzen im Jahre 401 die römischen Truppen abgezogen waren, um nach Italien gegen Alarich zu ziehen, kamen Alamannen nach und nach in die Schweiz. So begannen sich erste alamannische Gruppen im Laufe des 5. Jahrhunderts am rechten Rheinufer bei Basel anzusiedeln, wie dies Funde aus zwei Gräberfeldern in Basel-Kleinhüningen und Basel-Gotterbarmweg und auf der deutschen Seite Funde aus Herten belegen.

Im Kanton Schaffhausen wurden die Ausgrabungen des altbekannten Gräberfeldes in Schleitheim wieder aufgenommen, dabei ist wohl mit etwa tausend Gräbern vom 5. bis zum 7. Jahrhundert zu rechnen. Vor ein paar Jahren entdeckte man dort das Grab einer elbgermanischen Dame. Die 30- bis 40jährige Frau hatte einen silbernen Halsring, eine Halskette aus Glas-, Silber- und Bernsteinperlen, eine silberne Haarnadel, zwei silberne Fingerringe und ein Toilettenbesteck, ebenfalls aus Silber. Im Beckenbereich lag eine bronzene Gürtelgarnitur mit Schnalle und Riemenzunge, die allerdings eher für einen Mann typisch ist. Im Grab befand sich noch eine Truhe aus Pappelholz, einige Tongefäße und ein Beinkamm. Die Tracht weist elbgermanische Verbindungen auf, aber mit einigen besonderen Eigenschaften: Es fehlen Fibeln, und ein Männergürtel ist in einem Frauengrab eine Besonderheit. Das Grab der Dame ist der früheste alamannische Fund in der Schweiz und stammt aus der Zeit um 400. Auch im spätrömischen Gräberfeld in Kaiseraugst erscheinen im 5. Jahrhundert germanische Gräber, von denen die ältesten wiederum elbgermanische Züge haben. Im großen Gräberfeld bei Schretzheim, im Donautal zwischen Iller und Lech, das 660 Bestattungen zählt und über einen Zeitraum von etwa 150 Jahren belegt wurde, in der Zeit von etwa 525 bis 660, war die erste Generation, also die Begründer des Friedhofs, vor allem thüringischer Herkunft, darauf weisen Fibeln in den Frauengräbern hin. Die Untersuchungen der deutschen Archäologin Ursula Koch haben ergeben, daß die Siedlung, zu der das Gräberfeld gehörte, in jeder Generation etwa 130–160 Einwohner gezählt haben müßte. Nur die erste Gründergeneration war weniger zahlreich und betrug etwa 45 Personen.

Die Alamannen, die im 5. Jahrhundert bei Basel und am Bodensee siedelten, breiteten sich kontinuierlich aus und erreichten gegen Ende des 6. Jahrhunderts das schweizerische Mittelland. Zu dieser Zeit verlief die Westgrenze des Burgundengebietes an der Aare in der Gegend von Bern. Die Sumpf- und Überschwemmungsgebiete des Flusses bildeten die Grenze zwischen beiden Stämmen. So entstand die Sprachgrenze zwischen Suisse romande und der deutschsprachigen Schweiz, das heutige Zeugnis der damaligen Grenzlinie zwischen zwei germanischen Völkern.

Die Tracht der alamannischen Frauen und Männer unterlag mit der Zeit wesentlichen Veränderungen. Aus den elbgermanischen Relikten der alten Heimat entwickelt sich bei den Frauen eine Verschlußart des Rockes mit einem Paar großer Bügelfibeln, die in den Gräbern im Beckenbereich oder tiefer liegen. Zwischen den beiden Fibeln hing ein Riemen mit einem Amulett in Form eines Anhängers oder einer durchbrochenen bronzenen Zierscheibe. Die großen Bügelfibeln, ursprünglich stets an den Schultern getragen, wandern nach unten und werden in der zweiten Hälfte des 5. Jahrhunderts durch ein Paar Kleinfibeln am Hals ersetzt. Vom Gürtel herab hing oft noch ein Riemen, auf dem zahlreiche Amulette, Glasperlen und Münzanhänger befestigt waren, dazu oft noch ein kleines Messer und ein Löffel, also ein Eßbesteck. Die Strümpfe wurden durch sogenannte Wadenbindengarnituren aus kleinen Schnallen und Riemenzungen zusammengehalten. Manche davon sind verziert. Daraus kann man schließen, daß dieses Riemenwerk wohl sichtbar war und das Kleid nur bis gerade unter das Knie reichte. Später, in der zweiten Hälfte des 6. Jahrhunderts, lagen die Wadenbinden im Grab bei den Fußknöcheln, also war das Kleid wohl wieder länger geworden.

Die Männer trugen einen Ledergürtel mit Schnalle, an dem hinten eine kleine Gürteltasche befestigt war, in der sich lediglich einige Münzen, ein Feuerstein, eine Pinzette, Eisenstücke und anderer «Kleinkram» befand. In späterer Zeit, nämlich im 7. Jahrhundert, wurde der

Gürtelriemen mit vielen Metallbeschlägen versehen, von denen mehrere Riemenzungen herabhingen. Diese Mode eines reichverzierten Gürtels war östlicher Herkunft und kam mit den Awaren nach Europa. Die alamannischen Waffen waren ähnlich wie bei den Franken. Darüber werden wir später noch sprechen. Auch Knaben ab ihrem sechsten Lebensjahr bekamen einige Waffen mit ins Grab. Aus dem 6. und 7. Jahrhundert gibt es bei den Alamannen mehrere reiche Gräber, die sich nicht nur durch Beigabenreichtum, sondern auch durch ihre aufwendige Gestaltung auszeichnen. Es waren große Grabkammern, in denen der Sarg mit der Leiche stand. Daneben lagen die Beigaben, die nicht zur Tracht gehörten, bei den Männern ein Schild, eine lange Lanze, das Pferdegeschirr, manchmal alles in einer Holzkiste.

Aus der Zeit der fortgeschrittenen Landnahme in der Schweiz stammen drei reiche Gräber aus Basel-Kleinhüningen, von denen zwei solche vornehmer Krieger der Zeit um 480–520/530 sind. Sie trugen lange Schwerter mit goldbelegtem Griff, kurze einschneidige Hiebschwerter, Saxe, Lanzen mit langem Schaft, Äxte und Schilde. Die Gürtel waren mit goldenen Schnallen mit Zellwerkornament geschlossen. In der zweiten Hälfte des 6. Jahrhunderts breiteten sich die Alamannen in die Ostschweiz und nach Liechtenstein aus, dort lebten sie neben der romanischen Bevölkerung. Dies ist aber bereits ein anderes Kapitel der alamannischen Geschichte. Denn die Alamannen gerieten im Jahre 497 unter fränkische Herrschaft. In der Schlacht bei Tolbiacum (Zülpich) im Jahre 496 wurden sie vom fränkischen König Chlodwig geschlagen; der alamannische König fiel. Seither waren die Alamannen ein Teil des fränkischen Reiches, allerdings, wie es scheint, mit gewisser Autonomie. Ihr Aufstand im Jahre 506 wurde von Chlodwig blutig unterdrückt, und das Ende der Residenzen am Runden Berg und im Gelben Bürg ist, aller Wahrscheinlichkeit nach, mit diesem Ereignis verbunden.

Die alamannischen Siedlungen im Elsaß, in Südwestdeutschland bis Regensburg und in der Schweiz waren in fränkischer Zeit weiterhin bewohnt. Die Gräberfelder in diesen Gebieten wurden kontinuierlich belegt. Die Gräber bewahrten die typisch alamannische Ausstattung, die sich vor allem in der Frauentracht und in den Formen der Männergürtel äußert. Unzählige große Gräberfelder, auch mit reichen Grabinventaren, belegen die weitere Entwicklung des alamannischen Stammes.

Die Alamannen schlossen sich weder den Wandalen, Sueben und Alanen in ihrer Wanderung nach Gallien an, noch nahmen sie an der Schlacht auf den Katalaunischen Feldern teil. Sie gingen ihren eigenen Weg von der Elbe bis nach Südwestdeutschland und in die Schweiz, wo sie als erstes Volk einer ganzen Reihe von den Franken unterworfen wurden.

Die Kühnen – Die Franken

Im Laufe unserer Geschichte taucht der Name der Franken nicht ohne Grund immer häufiger auf, denn sie unterwarfen nach und nach andere germanische Völker oder zwangen sie, sich andere Wohnsitze zu suchen. Das Tolosanische Reich fiel nach der Schlacht bei Vouillé im Jahre 507. Die Westgoten haben in Spanien einen neuen Staat gegründet. Unter fränkische Herrschaft gerieten zunächst die Alamannen (497), dann die Thüringer (531) und die Burgunden (534). Nach dem Tod des ostgotischen Königs Theoderich des Großen brachen seine Allianzen zusammen. Damit wuchs die Macht der Franken, bis sich das Großreich der Merowinger (511–561) herausgebildet hatte.

In die römische Geschichte treten die Franken in der Mitte des 3. Jahrhunderts ein, im Vergleich zu anderen Germanen relativ spät. Ihr Name bedeutet die Wilden oder die Kühnen, dabei scheint der zweite ihrer Geschichte nach besser zu diesem Volk zu passen. Die Heimat der Franken lag beiderseits des Niederrheins und an der Nordseeküste, dort lebten verschiedene kleinere Stämme, die Salier, Chamaven, Brukterer, Chattuarier und die Amsivarier, aus denen im Laufe des 4. Jahrhunderts die Franken entstanden. Im Jahre 258/59, gleichzeitig mit dem großen Einfall der Alamannen nach Gallien, überschritten auch die Franken den Rhein bei Köln und drangen bis Paris und Reims vor, einige Truppen sogar bis nach Tarragona in Spanien. Dadurch wurde Kaiser Diocletian gezwungen, das Verteidigungssystem am Rhein zu erneuern und zu verbessern. Konstantin dem Großen gelang es noch, die Franken jenseits des Rheins zu halten, aber nach seinem Tod im Jahre 337 waren sie nicht mehr zu halten. Wir erinnern uns, daß die Lage am Rhein wegen wiederholter Übergriffe der Alamannen sehr schwierig war. Julian Apostata, Sieger über die Alamannen im Jahre 357, war mit den neuen Wohnsitzen der Franken einverstanden. Ihre neue Heimat war Toxandrien, das ist das Gebiet südlich und westlich der unteren Maas, sowie das linke Ufer des Rheins und die Provinzen Germania II und Belgica II, also die heutigen westlichen Niederlande. Die Franken wurden römische Föderaten. Etwa 50 Jahre verhielten sich die Salier, der mächtigste Stamm der Franken, in Toxandrien ruhig, bis sie im späten 4. Jahrhundert wieder die römische Grenze bedrohten. Ein anderer Teil des Stammes, die Ost- oder Rheinfranken, saßen beiderseits des Rheins um Köln. Auch sie setzten sich gegen Rom in Bewegung, doch Stilicho gelang es, die beiden Stämme zu besiegen und in Zaum zu halten, allerdings nicht für lange Zeit.

Als Alarich im Jahre 401 in Oberitalien stand, mußten die römischen Legionen vom Rhein abgezogen werden. An der Rheingrenze blieben nur germanische Föderaten zurück. Die archäologischen Funde dieser germanischen Verbündeten wurden vom deutschen Archäologen H. W. Böhme zusammengestellt und untersucht. In Nordfrankreich und Südbelgien erscheinen seit der Mitte des 4. Jahrhunderts Körpergräber mit Waffen. Da diese Beigabensitte den Römern vollkommen fremd war, handelt es sich also um germanische Bestattungen mit Spathen, langen zweischneidigen Schwertern, mit Lanzenspitzen, Äxten und Schilden. Diese waffentragenden Männer waren mit einem Prunkgürtel bestattet, der aus einer mit Tierköpfen verzierten Schnalle, mehreren Riemenbeschlägen und einer Riemenzunge bestand. Alle Metallteile sind mit einer charakteristischen Verzierung versehen, die als Kerbschnitt bezeichnet wird. In die Oberfläche gegossener Bronzeplatten schnitt man scharfkantige plastische Spiral-, Stern- oder Tiermuster ein, die einen Kontrast aus hellen und dunklen Partien bildeten. Die Gürtelteile wurden im spätrömischen Stil hergestellt, der sich bei den Föderaten verbreitet hatte, so daß der kerbschnittverzierte Gürtel als ihr spezifisches Merkmal anzusehen ist.

Die Frauen trugen ebenso charakteristische Fibeln, bis zu vier oder mehr, mit langer Spirale in Form eines hohen Kegels, die sogenannten Tutulusfibeln, dazu große Gewandspangen, wie die Gürtel mit Kerbschnitt verziert, oder runde Scheibenfibeln aus einer Bronzeplatte, die mit einem dünnen, reich verzierten Preßblech bedeckt war. Zur Frauentracht gehörten lange Haarnadeln, sogenannte Haarpfeile, Ohrringe, Perlenketten und Armringe. Alle diese Trachtelemente finden genaue Gegenstücke im rechtsrheinischen Gebiet, in dem die alte Heimat der Franken lag, und bestätigen damit lebhafte Kontakte zwischen den in Niedersachsen verbliebenen und den nach Gallien ausgewanderten Stammesgenossen. In den Gräbern kommen manchmal zum Teil vergoldete Silbergegenstände vor, die für eine gehobene germanische Schicht sprechen. In Vermand, Département Aisne, hat man sogar das Grab eines hohen Militärs entdeckt. Zwar war das Grab beraubt worden, das noch Verbliebene aber, Schildteile, zehn Speerspitzen, eine Jagdlanze, vor allem aber die vergoldete Silbergürtelgarnitur, weist auf eine hohe gesellschaftliche Stellung des Verstorbenen hin. Nach römischer Sitte hatte er einen Obolus im Mund, einen zwischen den Jahren 383 und 388 geprägten Solidus des Arkadius.

Diese reichen germanischen Gräber liegen innerhalb der Areale von spätrömischen gallischen Friedhöfen und erreichen einen Anteil von bis zu 20–30 Prozent aller Bestattungen. Ein sehr interessantes Beispiel ist das Gräberfeld Furfooz in den belgischen Ardennen, ein kleiner Friedhof mit 26 Körpergräbern, davon 18 Bestattungen mit Waffen und mit nur vier germanischen Frauengräbern. Vermutlich war es der Bestattungsplatz einer Wachstation, an der germanische Krieger stationiert waren und mit ihren Familien lebten. H. W. Böhme bezeichnet die nordgallischen Gräberfelder des 4./5. Jahrhunderts als gallisch-germanische Mischzivilisation, stark von germanischen Kriegern in römischem Dienst geprägt. Sie standen unter der Führung eigener Fürsten. Für ihre Dienste bekamen sie Land, Geld und Waffen. Diese Mischzivilisation reichte bis in die Merowingerzeit, bis zum Ausgang des 5. Jahrhunderts. Schriftliche Quellen erwähnen noch andere germanische Siedler in Gallien, die sich jedoch aus archäologischen Funden nicht ablesen lassen. Es handelt sich um die Laeten – *laeti,* die sich im 3./4. Jahrhundert während einer großen kaiserlichen Umsiedlungsaktion auf gallischem Boden niederließen. Nach den fränkischen und alamannischen Überfällen in den Jahren 257–276 war Gallien geschwächt und beinahe entvölkert. Das Land brauchte neue Siedler, der Großteil war fränkisch. *Laeti* bedeutet soviel wie Grundhörige, die halbfrei in großen Landgütern lebten, Militärdienst leisten mußten und von der römischen Verwaltung absichtlich von den gallischen Einwohnern isoliert wurden. Der Status der Laeten war also mit der Stellung von Föderaten gar nicht zu vergleichen. Beide Schichten, sowohl die Laeten als auch die Föderaten, waren Germanen, die einen sind zur untersten sozialen Schicht zu zählen, die anderen sind reich und frei. Aus ihnen entstand später das große merowingische Reich.

Ich weiß, daß du sehr tapfer bist – Childerich, der Frankenkönig

Als die Wandalen, Alanen und Sueben im Jahre 407 begannen, Gallien zu verheeren, versuchten auch die Salier unter ihrem ersten bekannten König Chlojo, ihre Gebiete in Gallien auszudehnen. Aetius aber, seit dem Jahre 430 *magister militum* des Westreiches, brachte wieder ein Föderatenverhältnis zustande. Nach seinem Tod im Jahre 454 verschlechterte sich die Lage in Gallien erheblich. Wie wir wissen, entstand in Aquitanien das Westgotenreich, die Burgunden breiteten sich von Genf nach Lyon aus, die Salier drängten in die Belgica II, also nach Nordostfrankreich, die Rheinfranken eroberten Köln und Trier. So entstand die Francia Rhiniensis, von Xanten bis Mainz am Rhein und weiter bis Trier an der Mosel. Um das Jahr 460 gehörte den Römern nur ein Teil Galliens, nördlich der Loire und Saône bis zur Somme mit den Residenzen Reims, Cambrai und Soissons. Es war das Syagrius-Reich, zuerst regiert vom *magister utriusque militae per Gallias,* einem Mann namens Aegidius. Nach seinem Tod übernahm sein Sohn Syagrius den Titel. Dieses Stück römischer Herrschaft überlebte den Fall des weströmischen Reiches um zehn Jahre und fiel erst 486 an die Franken. Nach Chlojo wurde Merowech König der salischen Franken. Von ihm leitete die fränkische Königsdynastie der Merowinger ihren Namen her. Sie herrschten im Frankenreich bis die Pippiniden im Jahre 751 alle Macht übernahmen.

Die ersten merowingischen Könige sollen prachtvoll lockiges Haar gehabt haben, das zugleich als Zeichen ihrer Macht galt. Der nächste König war Childerich, Merowechs Sohn. Sein Leben allein ist historisch interessant genug, aber mit seiner Person ist ein archäologischer Fund verbunden, der ein Meilenstein für alle chronologischen und stilistischen Untersuchungen jener Zeit ist. Die Archäologie kennt nämlich Childerichs Grab und sein Todesdatum im Jahre 482. So ergibt sich für archäologische Forschungen ein fester chronologischer Punkt, der eine unschätzbare Hilfe für die Datierung aller Funde aus dem Ende des 5. Jahrhunderts ist.

Bevor wir sein Grabinventar schildern, sind zuvor einige Angaben zu Childerichs Leben nötig. Die Franken waren in Stämmen mit Kleinkönigen organisiert, die vom Willen des Volkes stark abhängig waren. So war die Stellung der ersten fränkischen Herrscher relativ schwach. Im Jahre 463 kämpfte Childerich mit seinen Franken im Heer des Aegidius gegen die Westgoten. Er war demnach römischer Verbündeter. Bischof Gregor von Tours (um 540–593/94), Autor der «Zehn Bücher Fränkischer Geschichte», berichtet, daß Childerich in den frühen Jahren seiner Herrschaft viele Mädchen aus dem Volk mißbrauchte. Deshalb wurde ihm die Macht entzogen. Er floh zu den Thüringern, die damals in Mitteldeutschland saßen. Dort fand er beim thüringischen König und seiner Frau Basina Zuflucht. Acht Jahre verbrachte er am thüringischen Hof, bis die Franken ihn wieder riefen. Nach seiner Rückkehr schloß er, wie wir bereits erwähnten, ein Bündnis mit Aegidius und Syagrius. Dadurch konnte er seine Macht wieder stärken. Bei seinem Volk in Gallien erlebte Childerich einen unerwarteten Besuch: Aus dem fernen Thüringerland kam Basina, sie hatte seinetwegen ihren Mann verlassen! Als der Frankenkönig sie fragte, warum sie eine so lange Reise unternommen habe, antwortete sie: «Ich kenne deine Tüchtigkeit und weiß, daß du sehr tapfer bist, deshalb bin ich gekommen, bei dir zu wohnen.» Ob dies eine Legende ist oder nicht, sicher war Basina eine sehr selbständige Frau. Sie hat nicht nur bei Childerich gewohnt, sie wurde auch seine Frau und gebar einen Sohn, der als größter fränkischer König in die Geschichte eintreten sollte.

Sein Vater Childerich legte die Fundamente der späteren fränkischen Großmacht. Da er Verbündeter von Syagrius war, verfügte er auch über gallo-römische Truppen und wurde stärker als alle anderen Frankenkönige. Seine Residenz war Tournai im heutigen Belgien, und vielleicht erstreckte sich sein Gebiet bis Paris. Childerich regierte über sein Volk und die Galloromanen. Hier wurde der erste Schritt auf dem Weg zur Herausbildung der französischen Nation getan. Childerich starb im Jahre 482. Fast 1200 Jahre nach seinem Tode, im Jahre 1653, wurde in Tournai, in einem spätrömischen Gräberfeld bei der Kirche St. Brictius, sein Grab entdeckt. Der König lag in einer mit Holz ausgekleideten Grabkammer in goldverzierten Gewändern. Der im Grab gefundene goldene Siegelring mit seinem Bild trug die Inschrift CHILDERICI REGIS. Die Identität des Toten mit dem historischen Frankenkönig unterlag keinem Zweifel. Childerich war Heide, und deshalb war sein Grab voller Beigaben. Er wurde wahrscheinlich in einem kurzen Soldatenmantel beigesetzt, der an der Schulter mit einer goldenen Zwiebelknopffibel geschlossen war. Wir kennen solche Fibeln. Sie waren Zeichen eines hohen Ranges in der römischen Armee. Ferner trug Childerich einen Prachtgurt mit goldener, mit Almandinen geschmückter Schnalle und einen Schwertgurt. Seine Schuhe waren mit gleichen, etwas kleineren Goldschnallen versehen. Zu seinen Waffen gehörten eine Spatha, ein Sax, also ein kurzes einschneidiges Hiebschwert, eine Streitaxt Franziska und eine Lanze. Der Griff der Spatha und die Scheidenbeschläge des Saxes waren wiederum mit Almandinen in Goldzellen verziert.

Als Zeichen seiner Würde trug Childerich einen massiven goldenen Armring. In seiner Ledertasche mit Gold- und Almandinenbesatz befanden sich über hundert römische Goldmünzen von Theodosius bis Zeno (450–491). Im Grab selbst waren noch über 200 römische Silbermünzen vorhanden. Neben dem Königsgrab war ein Pferd beigesetzt mit prunkvollem Pferdegeschirr, das aus vielen bienenförmigen goldenen Riemenbeschlägen bestand. Im Grab fand man noch einen vermutlich weiblichen Schädel, eine Goldnadel und eine Bergkristallkugel, die wohl einer zusammen mit dem König bestatteten Frau gehörten. War es Basina, seine Frau? In diesem Fall müßte man viele kostbare Grabbeigaben erwarten. War ihr Grab teilweise beraubt worden? Diese Fragen werden wohl nie beantwortet werden können.

Die Grabausstattung des Childerich ist ein treues und ausdrucksstarkes Bild der Welt, in der er lebte. Seine Waffen waren fränkisch, besonders die für die Franken charakteristische eiserne Axt, die Franziska. Die Verzierung der Schnallen, der Tasche und des Pferdegeschirrs im rotgoldenen polychromen Stil verrät Einflüsse aus dem Donaugebiet, dort war dieser Stil besonders verbreitet. In diesem Zusammenhang dürfen wir die Gräber von Atlussheim, Wolfsheim, Airan und Hochfelden nicht vergessen, die Zeugnisse eines Modestroms aus dem Osten bis an den Rhein und bis nach Gallien sind. Zur Attila-Zeit waren diese stilistischen Verbindungen lebhaft, und Childerich besaß solche begehrten exquisiten Schmuck- und Trachtstücke im polychromen Stil, die zu den schönsten dieser Art gehören.

Hat sie alle ein Handwerker hergestellt, der aus einem fürstlichen Hof an der Donau kam? Die goldene Fibel ist römisch, die feine Verzierung der Spatha und der Saxscheide verrät Einflüsse aus dem bosporanischen Reich oder sie stammt aus einer byzantinischen Werkstatt in Konstantinopel. Der Siegelring trägt das Porträt Childerichs: Das längliche, aber volle Gesicht, umrahmt von auf die Schultern herabhängenden, abgebundenen Locken, zeichnet sich nicht gerade durch Schönheit aus. Die Brust des Königs ist mit einem römischen Panzer bedeckt, in der rechten Hand hält er wahrscheinlich eine Lanze. Römische Siegelringe, man denke an das Omharus-Grab, scheinen bei den germanischen Fürsten und Königen verbreitet gewesen zu sein. Sein goldener, schwerer Armring ist als fürstliches Würdezeichen allen Germanen gemeinsam.

Childerich lebte sowohl in der alten römischen als auch in der neuen germanisch-nomadischen Welt. Seine Beigaben sind eine getreue Widerspiegelung dieser so verhängnisvollen Periode. Seit dem Jahre 1983 werden Ausgrabungen um die Kirche Saint-Brice in Tournai, in der Nähe des Childerich-Grabes, durchgeführt. Man hat dort ein Gräberfeld mit germanischen Bestattungen bereits aus der ersten Hälfte des 5. Jahrhunderts entdeckt. Die Stelle, an der das Grab des fränkischen Königs lag, wurde erneut untersucht. Dabei wurden drei Pferdegräber und eine große Grube mit zehn weiteren Pferdeskeletten aufgedeckt. Es hat den Anschein, daß das Königsgrab damals mit einem Hügel bedeckt war, um den herum die Pferdebestattungen lagen. Die zoo-osteologische Untersuchung der Pferde brachte sehr interessante Ergebnisse: Die Pferde waren klein, Steppenpferden ähnlich, vermutlich eine osteurasische Rasse. Stammen sowohl der Stil der Beigaben als auch die Pferde aus dem Osten? Wer hat sie Childerich geschenkt, mit wem hatte er Beziehungen? Vielleicht können die weiteren Ausgrabungen bei Saint-Brice diese Frage beantworten.

Im fernen Siebenbürgen lag das Omharus-Grab von Apahida, der ein Zeitgenosse von Childerich war. Möglicherweise stammt der christliche Omharus aus heidnischer Familie; die reichen Grabbeigaben des älteren Fürsten von Apahida erinnern sehr an die aus dem Childerich-Grab. Hat sich ein Kreis geschlossen, oder sollte man noch nach anderen Möglichkeiten suchen? Der Fürst oder König, der dem vornehmen Franken Pferde schenkte und von dessen Hof wohl der Goldschmied stammte, der für Childerich arbeitete, könnte auch in Ungarn, Mähren oder auf der Krim gelebt haben.

Heute können wir leider die Schätze des Childerich-Grabes nicht mehr bewundern. Bereits im Jahre 1831 sind sie einem Diebstahl zum Opfer gefallen. Zwei Jahre nach der Entdeckung des Grabes im Jahre 1653 erschien ein Werk unter dem lateinischen Titel: *Anastasis Childerici I. Francorum regis, sive thesaurus sepulchralis, Tornaci Nerviorum effosus et commentario illustratus.* Dessen Verfasser war Jean-Jacques Chiflet, persönlicher Leibarzt des Habsburger Erzherzogs Leopold Wilhelm. *Illustratus* ist dieses Buch mit wunderschönen farbigen, goldroten Abbildungen fast aller Gegenstände, die sich im Grab befanden. Nur dank ihnen sind weitere Studien über den Inhalt des Grabes möglich. Mit dem Herzog, der im Namen des spanischen Königs Philipp IV. die Niederlande regierte, reisten die Schätze nach Wien. Dort wurden sie in der kaiserlichen Schatzkammer aufbewahrt. Im Jahre 1656 wurden sie dem französischen König Ludwig XIV. übergeben und lagen zunächst im Louvre, dann in der königlichen Bibliothek.

Die Vorbilder der goldenen Bienen, mit denen Kaiser Napoleon Bonaparte seinen Krönungsmantel dekorieren ließ, stammen aus dem Childerich-Grab. Er wählte das Bienen-Emblem, um sich von der Bourbonen-Lilie zu distanzieren und um an ältere Zeiten anzuknüpfen. Im November 1831 stahlen zwei bereits vorbestrafte Diebe die antiken Medaillen, zahlreiche Gold- und Silbergefäße und Childerichs Beigaben aus der königlichen Bibliothek. Ein Großteil der gestohlenen Goldsachen wurde eingeschmolzen und zu Barren gegossen. Gegenstände, die sich nicht leicht einschmelzen ließen, zum Beispiel der Almandinenschmuck, wurden in die Seine geworfen, aus der ein Teil wieder geborgen werden konnte. Die meisten königlichen Grabbeigaben sind somit verschwunden. Dem traurigen Schicksal entgingen nur der Schwertgriff, die Scheidenbeschläge des Saxes, ein paar kleine Schnallen und zwei Goldmünzen. Bereits früher waren glücklicherweise Gipsabdrücke des Childerich-Siegelringes und einiger anderer Gegenstände gemacht worden. Die Reste des unschätzbaren Fundes befinden sich heute im Cabinet des Médailles der Bibliothèque Nationale in Paris.

Chlodwig und seine Söhne – Das Großreich der Merowinger

Wie sein Vater Childerich war Chlodwig oder Chlodowech zuerst ein Kleinkönig, im Lauf der Zeit aber wurde er Herrscher eines großen Reiches. Zunächst wandte er sich gegen das Syagrius-Reich, und bis zum Jahre 494 wurde der letzte Rest römischer Herrschaft in Gallien allmählich fränkisch. Als im Jahre 484 der westgotische König Eurich starb und sein Nachfolger, Alarich II., sich als eine nicht sonderlich starke Führungspersönlichkeit erwies, wurde die Lage für Chlodwigs Herrschaft wesentlich leichter. Als das Reich des Syagrius fiel, wurde Chlodwig zweifellos der mächtigste aller fränkischen Fürsten. Intelligent wie er war, sorgte er für gute Beziehungen zur romanischen Bevölkerung des unterworfenen Landes, besonders zur Kirche. Dies konnten seine «wilden» Franken nicht begreifen, und deshalb rebellierten sie eine Zeitlang gegen den König. Als sich Chlodwig taufen ließ, stabilisierte sich sein Verhältnis zur romanischen Bevölkerung weiterhin.

Wir gelangen wieder zur Schlacht bei Straßburg im Jahre 497 und der Unterwerfung der Alamannen, diesmal aus fränkischer Sicht. Am Abend vor der Schlacht schwor Chlodwig, im Falle des Sieges Christ zu werden. Er siegte. Nach der Schlacht ließ er sich und 3 000 Franken taufen. Die Franken waren das einzige germanische Volk, das katholisch wurde. Die anderen waren Arianer und konvertierten erst später. Da Chlodwig und seine Frau, die burgundische Prinzessin Chrodechilde, katholisch waren, waren seine Beziehungen zur römisch-gallischen Kirche recht gut, ganz im Gegensatz zu den besonders fanatisch arianischen Wandalen, die den katholischen Klerus plagten und unterdrückten. Im Jahre 507 kam es zur Schlacht gegen die Westgoten, in der ihr König Alarich II. fiel. Ein Jahr später eroberte Chlodwig Toulouse mit dem Schatz der Westgoten. Er erbeutete dabei sicher auch Sachen, die Alarich I. aus Rom geraubt hatte. So berichtet es Gregor von Tours. Dagegen erzählt der byzantinische Historiker Prokop von Caesarea, daß die Westgoten ihren Schatz retten konnten und daß er nach Carcassonne gelangte. Um 1900 wurde ein bescheidener Pfarrer aus der Gegend von Carcassonne dadurch bekannt, daß er plötzlich enorme Summen ausgab. Spekulationen, daß er vielleicht den Schatz der Westgoten wiedergefunden habe, haben sich jedoch nicht bestätigt. Kein einziger Gegenstand, der aus diesem Schatz stammen könnte, tauchte auf dem Antiquitätenmarkt auf. Wie der Pfarrer zu seinem Geld kam, bleibt ein Geheimnis.

Die Franken beherrschten ganz Gallien. Nur Septimanien, die Mittelmeerküste von den Pyrenäen bis zur Rhonemündung, blieb noch westgotisch. Auch die Provence war nicht fränkisch, sondern gehörte zum ostgotischen Reich in Italien. Nach allen diesen Erfolgen vereinigte Chlodwig seine Salier und die Rheinfranken unter seiner Herrschaft, ohne Mord und Totschlag zu scheuen. Er stiftete den Sohn des rheinfränkischen Königs zum Vatermord an und ließ ihn für diese Tat hinrichten. Getötet wurden auch andere salische Könige, zum Teil Chlodwigs eigene Verwandte. Das große Reich der Merowinger entstand. Seine unerschütterte Macht dauerte bis zum Jahre 561, als sich die Teilreiche Neustrien, Austrasien und Burgund, das Ergebnis der Teilungen unter den königlichen Brüdern, herausgebildet haben.

Chlodwig starb im Jahre 511. Gregor von Tours berichtet: «Hierauf starb er zu Paris und wurde begraben in der Kirche der heiligen Apostel (heute Sainte-Geneviève), die er mit der Königin Chrodichilde selbst erbaut hatte [...]. Er regierte im ganzen 30 Jahre und brachte sein Leben auf 45 Jahre.»

Im Jahre 1807 hat man in der Kirche Sainte-Geneviève nach Königsgräbern gesucht und dabei 32 merowingische Sarkophage gefunden, die jedoch alle aus dem 7. Jahrhundert stammen. Die eigentliche Begräbnisstätte der Könige war die Basilika von Saint-Denis in Paris, in der unter anderem das Grab der Königin Arnegunde gefunden worden ist. Auch in Köln, Poitiers, Chelles und in der Kirche Saint-Germain-des-Prés wurden später verschiedene fränkische Könige und Familienangehörige bestattet. Viele der Gräber wurden bereits im Mittelalter geöffnet, die anderen während der Französischen Revolution zerstört.

Chlodwig hinterließ vier Söhne und eine Tochter. Die Mutter des Ältesten, Theuderich, war vermutlich eine rheinfränkische Prinzessin. Die vier anderen waren Chrodechildes Kinder. Die vier Söhne teilten das Reich ihres Vaters unter sich auf, und jeder versuchte, sein Land zu vergrößern. Dies geschah auf Kosten der Burgunden und der mitteldeutschen Thüringer. Die beiden Stämme wurden im Abstand von drei Jahren, von 531 bis 534, erobert und gezwungen, jährlich Tribut zu zahlen. Bald wurde die Provence an die fränkischen Königsbrüder abgetreten als letzter Versuch des ostgotischen Königs Vitigis, von den Franken Hilfe gegen Ostrom zu erhalten. Diese Hoffnung war jedoch vergeblich. Theuderichs Sohn Theudebert fiel im Jahre 539 in Oberitalien ein und eroberte vorübergehend einen großen Teil des Landes. Er war mit Wisigarde, einer langobardischen Prinzessin, verheiratet, zu der wir später noch zurückkommen werden. Etwa zwanzig Jahre später gerieten schließlich die Bajuwaren im heutigen Bayern unter fränkische Herrschaft.

Um die Mitte des 6. Jahrhunderts erreichte das Frankenreich den Gipfel seiner Macht. Nach dem Tode des ostgotischen Königs Theoderich des Großen war der merowingische Staat der größte und mächtigste aller germanischen Reiche. Wir werden die weitere Geschichte der Franken nicht verfolgen. Sie gehört ins frühe Mittelalter und endet im Laufe des 8. Jahrhunderts mit immer schwächlicheren merowingischen Herrschern, die mehr und mehr von ihren Hausmeiern, den Pippiniden und Karolingern, abhängig wurden, bis schließlich die Karolinger das Erbe der Merowinger antraten. Der letzte merowingische König war Childerich III. Das Schicksal wollte es, daß er den Namen seines großen Ahnen trug. Im Jahre 751 aber wurde ihm der Thron entrissen, er selbst ins Kloster geschickt! Pippin der Jüngere wurde König des Frankenreiches. In den letzten Jahren der Herrschaft Chlodwigs wurde die älteste Fassung des Gewohnheitsrechtes der Franken niedergeschrieben. Es ist die *Lex Salica*, die in 65 Artikeln die fränkischen Gesetze umfaßt. Aus ihr erfahren wir von den Eigentumsverhältnissen und lernen die Gliederung der fränkischen Gesellschaft kennen.

Die Franken lebten in größeren Gehöften. Oft waren benachbarte Siedlungen eng miteinander verbunden und bildeten Gemeinden. Das Ackerland war erblich, aber nur in der männlichen Linie, die Töchter waren vom Immobilienerbe ausgeschlossen. In Südgallien überlebten noch spätantike Grundherrschaften, die durch Kauf und Verkauf immer mehr zusammenwuchsen. Schon unter Chlodwig begann sich der fränkische Hochadel herauszubilden, davon zeugen reiche Gräber. Im 7. Jahrhundert gerieten die Vornehmen in blutige Kämpfe um die Vorherrschaft.

Die Kirche befand sich in romanischer Hand, die meisten Bischöfe waren Romanen. Die Bemühungen Chlodwigs, mit der Kirche gute Beziehungen zu halten, und sein Übertritt zum Katholizismus haben dem Frankenreich zu innerer Stabilität verholfen. Andererseits gelang es dem König, die kirchliche Organisation in eine fränkische Landeskirche umzuwandeln, sie wurde völlig in den Staat eingegliedert, so daß der König an Synoden teilnahm und auf die Berufungen von Bischöfen Einfluß hatte. Der Prozeß, der sich zwischen Franken und Galloromanen abspielte, war, wie es der deutsche Historiker Erich Zöllner formuliert, «eines der wichtigsten Phänomene der europäischen Geschichte im Frühmittelalter.» Die neuen gallischen Herrscher, die Franken, haben zwar im Verlauf mehrerer Generationen, aber doch relativ rasch, die römische Kultur und Sprache übernommen. Sie begannen *lingua romana* zu sprechen, ein Vulgärlatein mit zahlreichen germanischen Entlehnungen, vor allem für den Bereich des Krieges, des Haushaltes, der Tier- und Pflanzenwelt und der politischen und gesetzlichen Institutionen, aber auch im Bereich der Körperteile, Farben und Himmelsrichtungen. Die *lingua franca,* die Kommunikationssprache des Mittelalters, ist geboren.

Die fränkischen Gräberfelder

Wir haben bereits über die Bestattungen der Föderaten in Gallien, über die frühen fränkischen Gräber dort gesprochen. In der Zeit seiner größten Macht erstreckte sich das Merowingerreich fast über das ganze heutige Frankreich, allerdings ohne die Bretagne und Septimanien. Im Nordosten reichte es im unterworfenen alamannischen Gebiet bis östlich des Rheins, im Südosten bis zum Bodensee und bis zur oberen Rhone. Auch das Burgunderreich mit seinen Hauptstädten Genf, Lyon, Valence und Vienne gehörte seit dem Jahr 534 den Franken.

Aus diesem Reichsgebiet sind bereits mehrere tausend fränkische Gräber bekannt, und es werden jedes Jahr neue entdeckt. Im Laufe des 5. Jahrhunderts entstanden große Friedhöfe, in denen Körpergräber in regelmäßigen Reihen angelegt wurden. Sie werden deshalb Reihengräberfelder genannt. In den Gräbern liegen die Toten mit dem Kopf stets nach Westen, Männer und Frauen in voller Tracht. Krieger bekamen ihre Waffen mit ins Grab. Beiden Geschlechtern gemeinsame Grabbeigaben sind Messer, Feuerstähle und andere kleine Geräte und Tongefäße, in denen sich nicht selten Speisereste wie Tierknochen, Fischgräten oder Obstkerne erhalten haben. Sie wurden entweder den Toten für das Jenseits mitgegeben, oder sie sind Spuren eines Totenmahles.

Die Sitte, Reihengräberfelder anzulegen, verbreitete sich nicht nur bei den Franken und Alamannen, sondern erreichte auch andere germanische Stämme, die Langobarden, Thüringer, Gepiden und Bajuwaren. Brandgräber sind ganz selten und kamen nur in bestimmten Gegenden vor, meistens in solchen Gebieten, in die das Christentum recht spät kam; es seien die Sachsen, Friesen und nördlichen Elbgermanen erwähnt.

Spätantiker Einfluß ist in Gallien darin spürbar, daß man dort die Toten oft in Steinsarkophagen bestattete. In aller Regel aber wurden sie in Holzsärgen oder auch in einfachen Erdgräbern beigesetzt. In späterer Zeit, etwa im fortgeschrittenen 6. Jahrhundert, als die Reihengräberfelder bereits ihre Grenzen erreicht hatten, kam es zu zahlreichen Nachbestattungen im bereits belegten Bereich. Diese neuen Gräber sind recht flach, um ältere Gräber nicht zu stören. Überschneidungen sind relativ selten. Vielleicht waren sie ursprünglich mit kleinen Erdhügeln oder Holzpfosten gekennzeichnet. Das Areal eines solchen Friedhofes ist verschieden und natürlich von der Größe der Dorfgemeinschaft abhängig, die das Gräberfeld belegte, und davon, wie viele Generationen den Friedhof benutzten. Neben kleinen Friedhöfen mit einigen Dutzend Bestattungen gibt es auch große und ausgedehnte Grabfelder mit Hunderten und mehr Bestattungen. Die letztgenannten sind besonders für Untersuchungen der horizontalen Stratigraphie geeignet, die einleitend erwähnt wurde.

Alle diese Bemerkungen betreffen nicht nur die Franken, sondern auch die Alamannen, Thüringer, Langobarden, Gepiden, Burgunden und die spanischen Westgoten. Wir sehen hier einen großen Unterschied im Vergleich zu den Ostgermanen an der mittleren Donau im 5. Jahrhundert, die ihre Toten in kleinen Gräbergruppen beisetzten.

Die Sitte, den Toten Beigaben ins Grab zu legen, dauerte bis zur Mitte des 7. Jahrhunderts an, in gewissen Gegenden noch ein paar Jahrzehnte länger. Mit dem Ende des Merowingerreiches erlischt die Grabbeigabensitte. In der Zeit, mit der sich dieses Buch beschäftigt, gibt es glücklicherweise unter den Beigaben regelmäßig Trachtteile, Waffen und Geräte, so daß wir imstande sind, uns aus den Gräbern ein Bild über das Leben der merowingerzeitlichen Völker zu machen. Zugleich mit dem Ende der Grabbeigabensitte hört auch die Belegung der großen Reihengräberfelder auf, es beginnt die Zeit der Friedhöfe im Umfeld der Kirchen. Diese Sitte geht auf adlige Familien zurück, die sich bereits früher in den von ihnen gegründeten Kirchen bestatten ließen.

Genug der theoretischen Bemerkungen! Wenden wir uns lieber konkreten Beispielen zu, die uns informieren sollen. Am Niederrhein bei Krefeld wird seit mehreren Jahren ein großes Gräberfeld unter der Leitung von Renate Pirling ausgegraben. Das Gräberfeld von Krefeld-Gellep liegt in der Nähe des römischen Kastells Gelduba und wurde von der provinzialrömischen Bevölkerung im ersten nachchristlichen Jahrhundert angelegt. Der Friedhof birgt mehr als 5000 Gräber, von denen einige Hundert als fränkisch zu bezeichnen sind. Am Beispiel von Krefeld-Gellep ist der Prozeß der Ankunft und Ansiedlung der Franken vielleicht am besten zu erläutern.

Die römischen Gräber enthalten wie gewöhnlich mehrere Ton- und

Glasgefäße, Schmuckstücke und Geräte. Im Spätrömischen, um die Mitte des 4. Jahrhunderts begann man, die Toten ohne Beigaben zu bestatten. Zwischen den spätrömischen Bestattungen liegen jedoch einzeln oder in kleinen Gruppen solche, die nach römischer Art mit mehreren Gefäßen versehen sind, aber die auch nichtrömische Beigaben, zum Beispiel eine Axt, eine Lanzen- oder einer Pfeilspitze, enthalten oder Fibeln und Gürtelteile germanischen Charakters.

Diese Gräber sind um das Jahr 450 datiert und werden als Spuren der ersten fränkischen Ankömmlinge gedeutet. Es hat den Anschein, daß sie nicht plötzlich einfielen, sondern nach und nach kamen und sich unter der spätrömischen Bevölkerung niederließen. Allmählich erscheint auch fränkische Keramik in charakteristischen Formen, die von denen der römischen deutlich unterscheidbar sind. Im Laufe von etwa drei Generationen, bis zum Anfang des 6. Jahrhunderts, sind fränkische Gräber noch in geringer Zahl vertreten, dann ändert sich das Bild: Es entstehen zwei voneinander getrennte Gräberfelder. Im größeren wurde als eine der ersten Bestattungen ein Fürst beigesetzt. Weitere reiche, jedoch teilweise ausgeraubte Gräber in großen Grabkammern folgen im Verlauf des 6. Jahrhunderts. Beide Friedhöfe vergrößern sich, bis sie um das Jahr 700 aufgegeben werden.

Besonders interessant ist das Fürstengrab mit seinen außerordentlichen Beigaben. Das Grab war mit großen Tuffsteinen bedeckt. Der Tote lag vermutlich in einem Holzsarg. Das Skelett hat sich im sandigen Boden nicht erhalten, dafür aber seine reiche, über 40 Gegenstände zählende Grabausstattung.

Folgende Waffen des Fürsten hatte man ihm beigegeben: eine Spatha mit zwei massiven, wie Kettenglieder miteinander verbundenen Goldringen am Griff und mit einem almandinverzierten Knauf, einen schmalen Sax mit silbernem Ortband, eine Lanzenspitze, eine Ango-Lanze von 1,64 m Länge, eine Franziska und einen Schildbuckel. Eine goldene Schnalle gehörte zum Wehrgehänge der Spatha, eine silberne zum Sax. Im Bereich des vergangenen Schädels lag ein Spangenhelm aus vergoldetem, reich verziertem Eisenblech, innen mit Leder gefüttert. Dieser Helm ist ein Prachtstück und wurde in Byzanz oder in Oberitalien hergestellt, wie auch 30 ähnliche bekannte Helme, die zum Teil in sehr reichen germanischen Gräbern gefunden worden sind.

Ferner enthielt das Grab ein Pferdegeschirr mit zwei Trensen, deren Knebel mit Silber- und Goldblech bedeckt waren, Sattelbeschläge aus mit roten Almandinen und grünem Glasfluß verziertem Gold und mehrere Riemenbeschläge mit Goldblechbesatz. Wie König Childerich trug der Fürst eine Ledertasche mit Bügel, ebenfalls mit Almandinen und farbigem Glasfluß verziert. Als Eßbesteck dienten zwei Silberlöffel und zwei Messer mit Goldblechgriffen. Ein 126 cm langer Bratspieß ist eine seltene Grabbeigabe und kommt nur in Grabinventaren vornehmer Personen jener Zeit vor. Auch ein Bronzetopf mit eisernem Dreifuß, ein Kochgestell, kam zum Vorschein.

Es wurden noch drei weitere Bronzegefäße gefunden, darunter eine Bronzekanne mit folgender Inschrift: ARPVAR ERAT FELIX UNDIQUE PRAECELSUS, Arpvar war glücklich (und) überall hoch angesehen. Ob Arpvar der Name dieses Fürsten ist, bleibt unbekannt. Die Liste der Beigaben setzt sich fort mit einem Holzeimer mit Bronzebeschlägen und mit einem Solidus aus der Zeit von Anastasius (491–518). Die Liste schließt ab mit zwei überraschenden und ungewöhnlichen Glasgefäßen mit eingeschliffenen Menschenfiguren zwischen Säulen, die zweifelsfrei römisch und etwa 200 Jahre älter sind als das sonstige Grabinventar. Es ist gut möglich, daß die Bronzekanne und Gläser ursprünglich aus einem römischen Grab stammten und später dem Fürsten als besonders schöne und kostbare Stücke ins Grab gelegt wurden.

Die Grabbeigaben des fränkischen Fürsten sind nicht nur wegen ihres Reichtums so interessant; sie setzen sich, wie Renate Pirling schreibt, aus all den Elementen zusammen, die die materielle Kultur jener Zeit enthielt. So sind Ango und Franziska typisch fränkische Waffen, vielleicht sind auch die Bronzegefäße fränkischer Herkunft. Die Trense und die Sattelbeschläge sind Zeugnisse des reiternomadischen Anteils, der Helm und die beiden Silberlöffel sind ostgotisch oder oströmisch, schließlich verraten die almandinverzierten Gegenstände, wie im Childerich-Grab, die Kunst des fränkischen Hofes.

Der Herr von Gellep gehörte höchstwahrscheinlich zu den Gefolgsleuten Chlodwigs, die in dessen Auftrag die unterworfenen Länder verwalteten. Das Gebiet der Rheinfranken, in dem Krefeld-Gellep liegt, geriet dadurch unter die Herrschaft Chlodwigs, daß er den Sohn des Rheinfrankenkönigs zum Vatermord anstiftete und den Mörder hinrichten ließ. Dies geschah zu Beginn des 6. Jahrhunderts, genau in diese Zeit ist auch das Grab des Fürsten datiert.

Wir kennen auch weitere vornehme Familien, die mit administrativen Aufgaben betraut waren. In Flonheim bei Alzey in Rheinhessen wurde ein kleiner Sippenfriedhof von nur zehn Bestattungen ausgegraben. Da es sich um Altgrabungen handelt, sind die Grabinventare leider teilweise vermischt oder verschollen. Das Übriggebliebene aber schildert eine vornehme Sippe, die ihre Toten über 150 Jahre hinweg in Flonheim beisetzte. Auch hier lagen Männer mit reicher Waffenausstattung, der Älteste von ihnen mit einer Spatha mit Goldgriff und Almandinen aus dem ausgehenden 5. Jahrhundert. Auch Frauen waren mit reichen Beigaben versehen. Jüngst wurde allerdings das älteste Männergrab mit größerer Wahrscheinlichkeit einem Alamannen zugewiesen, dieses Volk war vor dem Jahre 497 noch von den Franken unabhängig.

Während in Flonheim nicht sicher ist, ob die Toten bereits in der Kirche bestattet wurden oder ob der Kirchenbau erst später über den Gräbern errichtet worden ist, zeigt das Beispiel des mit 21 Personen kleinen belgischen Gräberfeldes von Arlon, daß bereits zu Chlodwigs Zeit eine vornehme Familie ihren Friedhof in einer kleinen christlichen Basilika begründete. Etwa 150 Jahre lang ließ sich hier eine adlige merowingische Familie beisetzen. Es wurden dort wohl auch ihre Diener bestattet, dafür sprechen einige arme, nur mit einem Messer ausgestattete Gräber.

Die bereits mehrmals erwähnten Spathen mit Goldgriffen sind Zeugnisse fränkischer und auch alamannischer Herren, der Aristokratie des frühen Mittelalters, die Hofbesitzer und Gefolgsleute der Könige waren.

Bisher haben wir über vornehme Herren gesprochen. Jetzt wird es Zeit, eine merowingische Dame vorzustellen, deren Name dank eines Siegelrings mit Inschrift Arnegundis bekannt ist. Sie war eine der Frauen des fränkischen Königs Chlothar I. (511–561) und wurde in den Jahren 520–525 geboren. Über ihre Heirat mit Chlothar erzählt Gregor von Tours eine merkwürdige Geschichte: Der König war zuerst mit der fränkischen Prinzessin Ingunde verheiratet, die ihn bat, einen Mann für ihre Schwester Arnegunde (Arnegundis) zu finden. Chlothar besuchte seine Schwägerin und nahm sie auf der Stelle selbst zur Frau. Als er zu Ingunde zurückkam, sagte er ihr: «Da ich einen reichen und angesehenen Mann suchte, welchem ich deine Schwester vermählen könnte, habe ich keinen besseren gefunden als mich selbst.» Ingunde antwortete darauf: «Was in den Augen meines Herrn gut getan scheint, das tue er.» Sie war also mit der zweiten Gemahlin, ihrer eigenen Schwester, einverstanden! Diese für unsere Begriffe völlig ungewöhnliche Affäre war jedoch damals noch durchaus akzeptabel. Moderne Historiker sind der Meinung, daß Vielehen und Scheidungen im Merowingerreich wohl möglich und straflos waren. Das Grab der Arnegundis wurde im Jahre 1959 unter dem Niveau des karolingischen Bodens in der Basilika Saint-Denis bei Paris entdeckt. Die Tote lag in einem Kalksteinsarkophag und war von der Brust bis zu den Füßen mit einer Fülle von Textilresten bedeckt. Sie war 1,55 m groß, etwa 45 Jahre alt und hatte den goldenen Siegelring mit ihrem Namen bei sich.

Nach der Konservierung erlauben es die zahlreichen Gewebereste, die Tracht der königlichen Frau vollständig zu rekonstruieren, wenn sich auch die Rekonstruktionsversuche verschiedener Autoren in Details voneinander unterscheiden. Die Königin trug als Unterkleid ein feines Wollhemd, von dem nur geringe Reste erhalten sind. Darüber kam ein violettes ärmelloses Seidenkleid, das unterhalb des Knies endete und das die oberen Lederstrumpfbänder über den Leinenstrümpfen bedeckte. Die unteren Strumpfbandenden mit Schnallen und verzierten Riemenzungen aus vergoldetem Kupfer und Silber waren dagegen sichtbar. In der Taille wurde das Kleid mit einem geknoteten Ledergürtel ohne Schnalle gerafft, die zwei langen Gürtelenden waren mit großen verzierten silbernen Riemenzungen versehen. Darüber trug Arnegunde ein offen geschnittenes Gewand mit langen Ärmeln aus rotbrauner, mit Leinen gefütterter Seide. Dieses Kleid war länger und reichte bis zu den Knöcheln, seine Ärmel waren am Ende mit bestickten roten Satinstreifen verziert. Das offene Kleid wurde am Hals und an der Brust mit zwei runden Goldfibeln mit Almandinen geschlossen. Um die Taille trug Arnegunde einen zweiten Ledergürtel, diesmal mit großer Schnalle, die mit der Gegenplatte am anderen Ende des Riemens eine Funktionseinheit bildet. Ein Rahmenwerk aus gegossenem Silber bedeckt ein Goldblatt mit Almandinen und Glasperlen auf bronzener

Rückenplatte. Das rotbraune Kleid war von der Taille abwärts vorn offen, so daß die großen Riemenzungen des ersten Gürtels sichtbar waren. Die Tote war in einen roten Wollmantel gehüllt, nicht viel länger als das Oberkleid und mit einer langen Silbernadel mit Gold- und Almandinverzierung geschlossen. Arnegunde trug einen hüftlangen, feinen Satinschleier, an den Schläfen im Haar mit zwei kleinen Goldnadeln festgesteckt. Ihre Schuhe waren aus sehr dünnem Leder mit vergoldeten Silberschnallen an den Riemen. Die Tote war mit einem Leichentuch aus Hanf bedeckt. Dank der erhaltenen Kleiderreste können wir uns die fränkische Königin lebhaft vorstellen. Sie wurde sicher in ihrer schönsten Festtracht bestattet.

Das Grab von Arnegunde war zunächst in die Zeit 565–570 datiert, aufgrund ihres ungefähren Geburtsdatums und Sterbealters und aufgrund der Grabbeigaben. Eine neue Studie des französischen Archäologen Patrick Périn geht aber davon aus, daß Arnegunde erst im hohen Alter von über 70 oder sogar 80 Jahren starb. Auch dieses Alter lassen die allerdings sehr schlecht erhaltenen Skelettreste vermuten. Der Autor datiert demnach ihre Grabbeigaben in spätere Zeit, um 590/600. Seine Trachtrekonstruktionen der fränkischen Dame sind Bilder einer betagten Frau mit runzeligem Gesicht.

Ob nun früh oder spät datiert, Arnegundis Grab gehört sicher nicht mehr in die Völkerwanderungszeit, sondern in die Zeit des vollentwickelten Merowingerreiches. Wir haben diesen ungewöhnlichen Fund mit Textilien an dieser Stelle so ausführlich dargestellt, um zu zeigen, wie eine vornehme Dame am Ausgang des 6. Jahrhunderts gekleidet war. Es ist anzunehmen, daß auch die Kleider des 5. Jahrhunderts ähnlich waren. Wahrscheinlich dürfen wir uns die Damen aus Untersiebenbrunn oder Hochfelden als Beispiele in ähnlichen seidenen Gewändern vorstellen.

Wenden wir uns noch zwei anderen reichen Gräbern mit etwas früherer Datierung zu, von denen eine Bestattung dendrochronologisch ins Jahr 550 ± 8 datiert ist. Es sind die Gräber einer fränkische Dame und eines sechsjährigen Knaben, die im Jahre 1959 unter dem Kölner Dom entdeckt worden sind. Beide Tote lagen dicht nebeneinander in einer merowingischen Kirche in zwei steinernen Grabkammern mit Holzsärgen. Kurz nach dem Begräbnis wurde die Kirche ausgebaut und die Gräber zugemauert, so daß sie bis zum Tage ihrer Entdeckung durch die Archäologen ungestört blieben.

Die zierliche Frau war etwa 28 Jahre alt, nicht größer als 1,40 m. Unter ihren reichen Grabbeigaben – Fibeln, Gürtelschnalle und Gürtelgehänge, eine Tasche, eine silberne Bulla, ein Bergkristallanhänger und einige Geräte wie Messer, Schere und Spinnwirtel – befanden sich als Halsschmuck Goldperlen und goldene Münzanhänger, von denen die jüngsten aus dem ersten Drittel des 6. Jahrhunderts stammen. Die Tote war Christin, das bestätigen die beiden Rosettenfibeln mit großem Kreuzzeichen und die vermutlich byzantinische Bulla mit einer Verzierung im Mittelmeer-Stil. Das zweite Fibelpaar waren goldene, mit Almandinen geschmückte Bügelfibeln östlicher Herkunft, aus dem Bereich des thüringischen Reiches. Die Hypothese, daß die Verstorbene wegen ihrer östlichen Beigaben die langobardische Prinzessin Wisigarde war, läßt sich jedoch nicht bestätigen. Wisigarde war Tochter des Langobardenkönigs Wacho und die zweite Frau Theudeberts I. (534–458), Chlodwigs Enkel.

Wir wissen ebenfalls nicht, wer der adlige Knabe war, der wie ein Erwachsener mit voller Waffenausrüstung beigesetzt wurde, dies unterstreicht seine vornehme Herkunft. In der Grabkammer befanden sich noch Reste eines Holzstuhles mit Ledersitz und einer hölzernen Totenlade in Form eines Totenbettes auf vier Beinen.

Durch die archäologische Erforschung dieser reichen Gräber und vieler anderer mehr von ähnlicher Art steht der fränkische Adel im vollen Licht. Wie aber wurden normale, nicht adelige Menschen bestattet?

Untersuchungen an ausgedehnten merowingerzeitlichen Gräberfeldern haben gezeigt, daß viele von ihnen sogenannte Sippenfriedhöfe waren, daß demnach einzelnen Familien bestimmte Areale eines Bestattungsplatzes zur Verfügung standen. Ein solches Resultat ergibt sich aus genauen Studien über die Verbreitung und Ausstattung von Gräbern, die kleine Gruppen bilden. Viele Tote waren nur mit bescheidener Tracht bestattet, Frauen mit einer Perlenkette, einer Fibel, Männer mit einer Schnalle und nur einer Lanze als Waffe oder mit einem Gerät wie zum Beispiel einem Messer.

Auch die romanische Bevölkerung im fränkischen Gebiet westlich des Rheins setzte ihre Toten in Reihengräberfeldern bei. Sie aber wurden nur in ihrer Tracht bestattet, ohne weitere Beigaben wie Waffen, Gefäße und Geräte. Die Sitte, große Bügelfibeln zu tragen, war auf germanische Frauen beschränkt, die Romaninnen trugen in der Regel kleine Fibeln und Schnallen, Fingerringe und Halsketten aus Perlen. Viele romanische Gräber enthalten keine Grabbeigaben, es fragt sich jedoch, ob sie wirklich als romanisch gelten dürfen. Es könnte sich auch die arme fränkische Bevölkerung darin verbergen. Eine ausgesprochen romanische, von den Franken teilweise übernommene Sitte war die Beisetzung in Sarkophagen.

Das Leben im Merowingerreich

Die fränkische Archäologie informiert uns vor allem über die Gräberfelder, dabei auch über Trachtsitten, Waffen, manchmal auch über Geräte und andere Haushaltsgegenstände. Die Siedlungen der Franken aus der frühen Periode des Merowingerreiches sind aber so gut wie unbekannt. Die Neuangekommenen benutzten die bereits in Gallien bestehenden Dorfstrukturen sowie auch die Landgüter mit ihren *villae.* Die frühmittelalterlichen Dörfer existierten ohne Unterbrechungen an der Stelle der früheren römischen fort bis ins Mittelalter.

Ein Modell einer fränkischen Dorfsiedlung, aus etwas späterer Zeit, aus dem 7.–8. Jahrhundert, wurde aufgrund von Ausgrabungen in Gladbach, Kreis Neuwied, im Rheinland rekonstruiert. Auf einer Fläche von 150 x 275 m standen ein paar Großbauten, 13–15 m lang, Holzpfostenkonstruktionen mit Rutenflechtwerk dazwischen. Die so entstandenen Wände waren mit Lehm verstrichen. Die einfachen Fensteröffnungen waren sicher klein, um möglichst viel Wärme im Haus zu halten. Aus demselben Grund waren auch die Türen schmal, oft nur 60–70 cm breit. Das Dach war mit Stroh oder Schilfreet gedeckt und stützte sich auf vier Firstsäulen. Die kleineren, ebenfalls ebenerdigen Häuser mit oder ohne Herd dienten Wirtschaftszwecken, einige von den größeren sind wohl auch als Stallgebäude interpretierbar. Die großen Wohnhäuser waren von kleinen Grubenbauten umgeben, die als Vorratskammern oder Keller dienten. Zur Siedlung gehörte ein bis

9 m tiefer Holzkastenbrunnen. Im Grabungsareal entdeckte man einen Zaun, der deutlich eine Gebäudegruppe von einer anderen trennte. Er verlief wohl zwischen zwei Gehöften.

Gladbach ist das Beispiel einer Dorfsiedlung. Ähnliche wurden auch in Frankreich entdeckt, wie zum Beispiel ein Komplex in Juvincourt-et-Damary, Département Aisne, mit einem großen Wohnhaus und zahlreichen kleineren Grubenhäusern in der Nähe. Die Großgrundbesitzer wie etwa der Fürst von Krefeld-Gellep lebten in römischen *villae*, die jedoch für die merowingische Periode bei weitem nicht ausreichend erforscht sind.

Es gab auch Städte. Die seit dem 3. Jahrhundert üblichen Stadtmauern schlossen nur ein kleines Areal von 15 bis maximal 45 ha ein. Die Städte waren zugleich Kirchen- und Grafschaftszentren. Die Hauptstadt des merowingischen Reiches unter Chlodwig war Soissons, seine Söhne residierten in Orléans, Paris und Reims. Im ostfränkischen Gebiet waren Köln, Mainz und Trier die größten Städte, in denen Bischofskirchen in der Zeit der Söhne Chlodwigs wiedererstanden.

Aufgrund der archäologischen Funde lassen sich die Produktionszentren und Verbreitungsgebiete vieler fränkischer Erzeugnisse recht gut lokalisieren. In Mayen am Niederrhein gab es ein großes Herstellungszentrum für Tongefäße, die sich nicht nur nach ihren Formen, sondern auch nach ihrer mineralischen Zusammensetzung von anderen Tonwaren unterscheiden.

Glasgefäße waren im fränkischen Reich verbreitet, die in Glashütten des Rheinlands, in Mayen und Köln, aber auch in Nordgallien, im heutigen nordfranzösisch-belgischen Raum hergestellt wurden. Diese Hütten erzeugten wohl auch einfache Glasperlen. Kompliziert aus bunten Glasstäben zusammengeschmolzene Mosaik- und Millefioriperlen stammen wahrscheinlich aus Ägypten. Bronzegefäße gelangten wohl aus dem koptischen Bereich ins Frankenreich.

Die Metallschmiedekunst stand am fränkischen Hof in hohem Ansehen, meisterliche Stücke kennen wir aus Childerichs Grab. Es gab auch kleinere Herstellungszentren, die für bescheidene lokale Bedürfnisse produzierten. Ein Beispiel dafür ist das Handwerkerviertel in Huy, zwischen Lüttich und Namur. Dort hat man zwei Töpferöfen mit zahlreichen Tongefäßen entdeckt und zwei Beinverarbeitungswerkstätten, die Kämme und Pfrieme herstellten. In diesem Viertel arbeiteten wohl auch metallverarbeitende Schmiede und Gießer, darauf lassen gefundene Gußformen für Fibeln schließen.

Seit dem Anfang des 6. Jahrhunderts begannen die fränkischen Könige, eigene Münzen prägen zu lassen. Als Zahlungsmittel benutzten die frühen Merowinger römische Solidi des 4. Jahrhunderts, die noch lange im Umlauf waren, auch noch in der Zeit, als man im Frankenreich Nachahmungen zu prägen begann.

Die Handelswege folgten den alten römischen Straßen, die jedoch mehr und mehr verfielen, da sie nicht mehr gewartet wurden. Aus diesem Grunde behielten die Wasserstraßen der Flüsse ihre Bedeutung bei. Auch die Mittelmeerschiffahrt ist indirekt durch archäologische Funde belegt. Schriftliche Quellen dagegen erwähnen sie nur selten.

Alle hier genannten Funde und Befunde beziehen sich jedoch auf spätere Zeit, etwa vom 6. Jahrhundert an, als das Merowingerreich bereits über eine starke innere Organisation verfügte. Hier wurde mit Hilfe einiger Beispiele versucht, verschiedene Lebensbereiche kurz darzustellen, um zu zeigen, daß die Archäologie nicht nur Gräber als Quellen verwendet. Das Problem des unruhigen 5. Jahrhunderts besteht jedoch darin, daß wir sehr wenig über Siedlungen, Wirtschaft und Handwerk wissen. Besonders in Gallien bestanden zu Zeiten der frühen merowingischen Könige noch provinzialrömische Strukturen, in denen die Franken lebten. Gleichzeitig wurden wohl bereits eigene Siedlungen gegründet. Die Barbaren begannen, sich im neueroberten Land zu organisieren. Vom 6. Jahrhundert an entwickelte sich daraus die Großmacht des fränkischen Reiches.

Freude der ersehnten Freiheit – Nach der Schlacht am Nedao

Wir sind weit nach Westen gelangt und haben die Ostgermanen in Pannonien als Sieger über die Hunnen für lange Zeit vernachlässigt. Da sich aber die inzwischen groß gewordenen Franken nach und nach als eine entscheidende Macht in Westeuropa erwiesen, mußten wir die Geschichte der Donauvölker vorerst unterbrechen. Was geschah nun aber dort, nachdem sich die Hunnen wieder bis zum Dnjepr zurückgezogen hatten und ihr Reich nicht mehr existierte?

Nach der Schlacht am Nedao im Jahre 454/55 änderte sich die Konstellation im unteren und mittleren Donaugebiet vollständig. Die Gepiden kamen noch im Jahre 269 ins nordwestliche Karpatenbecken, aus dem sie die Wandalen verdrängten. In Siebenbürgen siedelten sich die Goten an, so mußten die Gepiden östlich der Theiß eine Heimat suchen, aus der die Wandalen sie um das Jahr 330 wieder vertrieben.

Als die Hunnen kamen und einen Teil der Ostgoten unterwarfen, wollten die Ostgoten die Gepiden auch unter hunnische Herrschaft bringen. Dies geschah um das Jahr 410. In der Schlacht zwischen den beiden gotischen Völkern fiel der ostgotische König. Seitdem haßten sie sich mehr denn je, mit Konsequenzen in späterer Zeit. Der gepidische König Ardarich war zunächst der treueste Verbündete Attilas. Er war aber auch derjenige, der nach dessen Tod gegen die Hunnen aufstand, andere Germanen mit sich ziehend. Durch den Sieg am Nedao wurden die Gepiden die mächtigsten Herrscher im östlichen Teil des Karpatenbeckens und verbündeten sich als Föderaten mit dem oströmischen Kaiser Markian. Der aber schloß auch Foedus mit den Ostgoten im Jahre 456, so daß Pannonien in ihren Besitz gelangte. Es entstand das pannonische Ostgotenreich. Gleichzeitig bildeten sich auch andere germanische Reiche, deren Untertanen sich gerade von der hunnischen Herrschaft hatten befreien können. In Niederösterreich siedelten die Rugier, ursprünglich wahrscheinlich norwegischer Herkunft, später in Westpommern, im Weichseldelta und auf der Insel Rügen ansässig. Aller Wahrscheinlichkeit nach verließen sie um die Mitte des 4. Jahrhunderts ihre Wohnsitze und zogen nach Süden in das Karpatenbecken. Dort wurden sie ins hunnische Reich eingegliedert. Als Untertanen der Hunnen zogen sie mit Attila nach Gallien. Nach seinem Tode aber schlossen sich die Rugier den Gepiden gegen die Hunnen an. Wieder unabhängig, gründeten die Rugier ihr Reich Rugiland in Niederösterreich, nördlich der Donau und östlich von Wien.

In Südmähren entstand das Reich der Heruler, des letzten skandinavischen Volkes, das von Norden auf den Kontinent ausgewandert war. Nach einer Wanderung, die sich nicht in schriftlichen Quellen verfolgen läßt – vielleicht auf demselben Weg wie die Goten –, siedelten sie sich am Asowschen Meer an, dort werden sie im Jahre 267 zum erstenmal erwähnt. Von dort aus unternahmen sie, wie die Goten, Raubzüge auf den Balkan und nach Kleinasien. Danach gingen sie ins ostgotische Reich Hermanarichs ein und schlossen sich schließlich mit den Ostgoten dem hunnischen Großreich an.

Die östlichen Nachbarn der Heruler waren die Donau-Sueben, beheimatet östlich der March in der Slowakei, die im Jahre 406 nicht nach Gallien gezogen waren. Zwischen dem Donauknie und der Theiß saßen die Sarmaten und die Skiren. Das Siedlungsgebiet der letztgenannten und der Bastarnen hat sich bereits im 3. Jahrhundert v. Chr. zwischen Karpaten und Dnjestr bis zum Schwarzen Meer ausgebreitet. Auch sie entgingen dem allgemeinen Schicksal nicht und wurden von den Hunnen erobert. Wie bei den Sarmaten erstreckten sich die Sitze der Skiren zwischen Donau und Theiß. So entstand an der mittleren Donau ein buntes Mosaik verschiedener ostgermanischer Völker, die, wie es Jordanes so schön formuliert, mit Freude ihre Freiheit genossen, allerdings nicht für lange Zeit. Den Archäologen bereitet dieses Mosaik Kopfzerbrechen. Denn wie in der Attila-Zeit ist es kaum möglich, einen Fund an der mittleren Donau einem konkreten Volk zuzuweisen.

Als herulisch erwiesen sich mährische Funde aus der zweiten Hälfte des 5. Jahrhunderts, vor allem das reiche Grab eines Fürsten aus Blučina, und einige kleine Gräberfelder mit 20–30 Bestattungen, als spätsuebisch ein Teil der mährischen und slowakischen Siedlungsfunde. Am slowakischen Donauufer ist auch mit Goten zu rechnen. Herulisch oder auch als langobardisch kann der riesige Hügel von Žuraň bei Podoli sein, östlich von Brünn. Der Ort hieß einmal Austerlitz. Auf diesem Hügel stand Napoleon und beobachtete die berühmte Schlacht. Als man im Jahre 1853 begann, den Hügel auszugraben, fand man eine Grabkammer mit den Skeletten eines Menschen und eines Pferdes, ein Stück einer hölzernen Totenlade, Fragmente einer Elfenbeinpyxis – eine Dose aus der Zeit um 500 – und einige Eisengegenstände unbestimmten Zwecks. Dies war alles. Fast hundert Jahre später erfolgten weitere Nachgrabungen. Diesmal fand man eine zweite Grabkammer mit menschlichen Skelettresten, Scherben von Glas- und Tongefäßen, Goldfäden und den Goldbeschlag eines Holzgefäßes. Die Goldsachen und die Elfenbeinpyxis weisen darauf hin, daß unter dem Hügel zwei vornehme, vielleicht königliche Personen beigesetzt wurden, deren Gräber in späterer Zeit jedoch gründlich ausgeraubt worden waren. Ein zweiter solcher Hügel, dessen Ausgrabungsergebnisse noch unpubliziert sind, befindet sich in Laa an der Thaya an der österreichisch-tschechisch-slowakischen Grenze. Es ist wohl der Konstruktion nach eine Königsbestattung, obwohl das Grab vollständig ausgeraubt worden war.

Der ungarische Archäologe Attila Kiss hat zwei Versuche unternommen, die Sitze der Ostgoten nach 456 und der Skiren auf Grund des Vergleichs archäologischer Funde mit historischen Nachrichten zu lokalisieren. Die Ostgoten sollen demnach im Gebiet zwischen Plattensee und Donau bis zur Drau gesessen haben, die Skiren zwischen Theiß und Donau. Verschiedene Funde der 2. Hälfte des 5. Jahrhunderts werden ihnen zugewiesen, doch die Mehrheit der Archäologen folgt diesen Trennungen nicht und entscheidet sich für den neutralen Begriff ostgermanisch. In dieser Zeit gibt es nach wie vor reiche Frauengräber, letzte reiternomadische Beigaben und auch neuangelegte kleine Gräberfelder, die bereits die stilistischen Einflüsse der sich herausbildenden fränkisch-alamannischen Reihengräberzivilisation aufweisen.

Drei königliche Brüder der Amaler-Dynastie regierten die Ostgoten in Pannonien. Der älteste und zugleich der mächtigste war Valamir. Ihr Problem war es, daß sie sich in dem ihnen zugewiesenen Raum nicht auf Dauer ansiedeln konnten. Das römische Wirtschaftssystem war ruiniert, die Landwirtschaft fast zusammengebrochen. Als dazu Byzanz im Jahre 457 die Zahlungen an die gotischen Föderaten einstellte, führten sie Krieg. Als Byzanz sie wieder bezahlte, kehrten sie nach Pannonien zurück. Zwischenzeitlich waren sie bis Epiros gelangt, und der kleine achtjährige Theoderich, Valamirs Neffe, kam als Geisel nach Konstantinopel, dort verbrachte er zehn Jahre bis 469.

Als erwachsener junger Mann kehrte Theoderich zurück. Seine erste große Tat war es, die Sarmaten an der Theiß zu schlagen, er wurde von seinen Soldaten zum König erkoren. Im Jahre 471 zog der Großteil der Ostgoten aus Pannonien aus. Kurz darauf brach auch der Rest des Volkes auf, ein Teil zog zu den Westgoten nach Gallien. Für Theoderich begann die fünfzehnjährige balkanische Wanderung, die erst mit seinem Aufbruch nach Italien im Jahre 488 endete. Sein Hauptquartier war Novae (Svištov) an der unteren Donau in Nordbulgarien, damals Niedermösien. Er hatte einen sehr gefährlichen Konkurrenten aus dem eigenen Geschlecht der Amaler, auch ein Theoderich, Strabo genannt, das bedeutet der Schielende. Der eine wie der andere war stark von den Zahlungen aus Byzanz abhängig. Beide versuchten, sich mit den oströmischen Kaisern zu einigen, jeder zu seinen Gunsten. Theoderich Strabo beabsichtigte, einziger König der Goten zu werden, und wer weiß, wer von beiden die Oberhand behalten hätte, wenn Theoderich Strabo nicht im Jahre 481 von seinem Pferd gegen eine an einem Zelt hängende Lanze gedrückt und tödlich verwundet worden wäre. Theoderich, der spätere Große, verlor durch diesen Unglücksfall, für ihn ein glücklicher Zufall, seinen ärgsten Gegner im eigenen Volk.

Um Theoderich zu beschwichtigen, der ein weiteres Mal Nordgriechenland plünderte, erhob ihn der oströmische Kaiser Zeno zum Konsul, aber der gotische Patricius verheerte weiterhin das Land. Er suchte eine endgültige Heimat für sein Volk, wie vor ihm auch die Westgoten, und fand sie schließlich in Italien.

Die wahren Hunnensieger – Die Gepiden

Zur Zeit des ostgotischen Reiches in Pannonien kam es zu weiteren Auseinandersetzungen zwischen Ostgoten und den östlich von ihnen sitzenden Gepiden. Nachdem die Ostgoten unter Theoderich im Jahre 471 Pannonien verlassen hatten, übernahmen die Gepiden das Land. Ihr Zentrum befand sich jedoch nach wie vor östlich der Theiß. Sie verloren Pannonien aber bereits im Jahre 504 wieder.

Seit der Mitte des 5. Jahrhunderts lagen die gepidischen Wohnsitze definitiv östlich der Theiß. Ihre westliche und nördliche Grenze bildeten die mächtigen Wälle, die Sarmaten und Römer gegen die Germanen im 4. Jahrhundert errichtet hatten. Die Wälle zogen sich östlich von Aquincum (Budapest) bis etwa Debrecen hin. Dort zweigten sie nach Süden ab und reichten bis Singidunum (Belgrad). Das zweite gepidische Gebiet, die kleine Gepidia im Unterschied zu der großen östlich der Theiß, lag in Siebenbürgen am oberen Maroš. Am östlichen Rand der kleinen Gepidia befand sich das uns bereits bekannte Machtzentrum (?) von Apahida. Kurz vor Mitte des 6. Jahrhunderts erweiterten die Gepiden ihre Sitze in das Gebiet südlich der Donau, zwischen den heutigen Städten Belgrad und Sremska Mitrovica, dem antiken Sirmium. Die letztgenannte war eine wichtige römische Stadt und ein bedeutender Stützpunkt Kaiser Justinians. Zu jener Zeit gehörte Sirmium noch den Ostgoten. Die aber mußten die Stadtbesatzung abrufen, weil sie bereits in Italien in den Krieg gegen Ostrom verwickelt waren. Sirmium war auch später Gegenstand eines Streits mit Justinian, der diesen wichtigen strategischen Punkt unbedingt zurückhaben wollte.

Die Funde von Apahida, Cluj-Someşeni, Pietroasa und möglicherweise auch Szilágysomlyó, die wir aus dem Kapitel über die donauländischen Schätze kennen, sind den Gepiden zuzuweisen, obwohl sie früher gern mit den Goten in Zusammenhang gebracht worden sind. Die Gepiden, deren Geschichte nicht so abenteuerlich wie die der Goten ist, waren oft, wie der ungarische Archäologe Istvan Bóna in seinen zahlreichen Arbeiten sagt, «das Stiefkind der europäischen Geschichtsschreibung und Archäologie». Dabei vergaß man oft, daß gerade sie die treibende Kraft des Aufstands gegen die Hunnen waren und nach der Schlacht am Nedao die entscheidende Macht im Karpatenbecken wurden. Darüber berichtet Jordanes deutlich genug: «Die Gepiden nämlich nahmen das bisherige Gebiet der Hunnen mit Gewalt für sich in Anspruch, bemächtigten sich als Sieger des ganzen Dakiens [...].»

Die frühesten gepidischen Funde aus dem Gebiet der oberen Theiß sind sehr spärlich und entziehen sich noch der Interpretation. Es handelt sich hier um einige reiche Frauengräber, teilweise auch mit heute verlorenen Beigaben, von denen das bekannteste das Grab von Gava ist. Es enthielt unter anderem zwei riesige, fast 30 cm lange vergoldete Silberfibeln, mit zahlreichen Almandinen und Granaten geschmückt, eine Prunkschnalle mit menschlicher Maske und eine Halskette aus goldenen Perlen und Anhängern.

Im Gegensatz zu den Goten legten die Gepiden ihren verstorbenen Kriegern Waffen ins Grab. Seit der Schlacht am Nedao entstanden an der Theiß gepidische Reihengräberfelder, wie im Merowingerreich. Es sind Friedhöfe, die über hundert und mehr Bestattungen zählen. Es gibt aber auch kleine mit etwa zehn Gräbern. Die ersten weisen sich als

Dorffriedhöfe aus, die kleinen Grabstätten sind eher Einzelgehöften zuzuschreiben.

Die Bewaffnung eines gepidischen Kriegers bestand aus einem langen zweischneidigen Schwert mit Holzscheide, einer Lanze und einem Schild mit eisernem Schildbuckel. Dies ist die komplette Waffenausrüstung eines vornehmen Mannes. Die meisten Krieger aber hatten nur eine Lanze oder einen Bogen. Die Waffenkombinationen in den gepidischen Männergräbern werfen zugleich ein Licht auf die soziale Gliederung der Krieger, die vermutlich, je nach Waffenart und -kombination, adelig, frei oder auch halbfrei waren. Zur männlichen Tracht gehörte ein Ledergürtel mit einer Schnalle aus Bronze oder Eisen – bei reichen Männern aus Silber –, an dem ein Messer oder ein Dolch hing.

Das prächtigste Trachtelement reicher Frauen war eine große Silberschnalle, deren Beschlag in einem Adlerkopf endete. Deshalb wird diese Form Adlerschnalle genannt. Als weitere Metallteile trugen die vornehmen Gepidinnen zahlreiche, durch Ringe miteinander verbundene Zierplättchen, die beiderseits vorn vom Gürtel in zwei Reihen herabhingen. Der Rock wurde mit einer großen Fibel geschlossen, ähnlich wie bei alamannischen Frauen. An der Brust mit Fibeln zusammengehaltene Kleider waren auch nicht selten. Im Haar steckte eine lange Nadel und ein Beinkamm. Ohrringe – oft aus Gold und mit Almandinen – und manchmal auch Armringe ergänzten die Tracht, die bei armen Frauen auf das Wesentliche reduziert war, auf den Gürtel mit einfacher Schnalle und auf den Kamm.

Das gepidische Volk lebte in kleinen, dicht nebeneinander liegenden Häusern, die in den Boden eingetieft waren. Es versteht sich von selbst, daß die Fürsten von Apahida oder vom zweiten siebenbürgischen Machtzentrum in Mojgrad in großen Häusern lebten, die bisher noch nicht entdeckt worden sind.

Da aus Gräbern eine Fülle von Eisenwaffen stammt, ist es auf archäometallurgischem Wege möglich, festzustellen, daß sie alle lokaler Herkunft waren. Es wurde auch das Grab eines Schmiedes, vielleicht sogar eines Goldschmiedes, entdeckt, das verschiedene Zangen, Hämmer, Bohrer, Punzen, Schleifsteine und einen Drahtzieher enthielt. Die reich verzierten Adlerschnallen und Fibeln sind Zeugnisse der handwerklichen Kunstfertigkeit der gepidischen Schmiede. Zu den Gepiden gelangten auch einzelne Importstücke, Fibeln oder Schnallen im skandinavischen Tierstil, die manchmal lokal kopiert wurden.

Die Macht der Gepiden sollte nicht lange dauern. Bald bekamen sie gefährliche Nachbarn, die vom Jahr 526 an Pannonien in Besitz nahmen, so daß zwischen Donau und Theiß ein unbesiedeltes Land von etwa 100 km Breite entstand, das die Gepiden von den neuangekommenen Langobarden trennte. Ihre spätere, nicht mehr lange, traurige Geschichte ist seit diesem Zeitpunkt eng mit den Langobarden verbunden.

Das Ende des weströmischen Reiches

In diesem Buch sind wir bereits mehrmals über das Jahr 476 hinweg gesprungen, ohne darüber etwas zu sagen. Jetzt kommt die Zeit, da auf italischem Boden das erste germanische Reich entstand und wir zusammen mit den Ostgoten nach Italien wandern. Sie erschienen dort im Jahre 488/89, zwölf Jahre nachdem das westliche Imperium sein Ende fand.

Die Kaiser der letzten zwanzig Jahre vor 476 hatten keine Bedeutung mehr, außer Maiorian (457–461), der noch einmal versucht hatte, das Imperium zu retten. Seit der Ermordung Maiorians herrschte in Rom der Halb-Westgote und Halb-Suebe Ricimer und ernannte die Kaiser, wie es im Osten zuvor Aspar getan hatte. Im Jahre 456 gelang es ihm als einem der Heermeister, die wandalische Flotte Geiserichs zweimal im Mittelmeer zu schlagen. Später aber tat er alles, um das römische Reich im Namen seiner eigenen Interessen zu schwächen. Er schlug Kaiser Avitus, ermordete dessen Nachfolger Maiorian, obwohl dieser lange Zeit sein Freund gewesen war.

Ricimer selbst durfte nie Kaiser werden, denn er war Germane. Er konnte aber, als selbständiger Herrscher des weströmischen Reiches, für ihn bequeme und schwache Personen zu Kaisern erheben. Drei römische Kaiser, von 461–472, Libius Severus, Anthemius und Olibrius, herrschten nur nominell, Ricimer regierte praktisch uneingeschränkt, und alles, was er unternahm, versetzte dem sterbenden Imperium letzte Schläge.

Seit Jahren saßen die Westgoten und Burgunden in Gallien, die Wandalen in Afrika, die Ostgoten in Pannonien und später in den balkanischen Provinzen und die Sachsen seit dem Jahre 428 in Britannien. Überall wuchsen ungehindert neue germanische Reiche. Ricimer, wie zuvor Stilicho oder Aetius, hätte als der letzte Retter des weströmischen Reiches in die Geschichte eingehen können, stattdessen hat er sich als Bösewicht Roms erwiesen.

Libius Severus, von Ricimer zum Kaiser erhoben, starb nach vier Jahren, vermutlich vergiftet auf Befehl des allmächtigen Herrschers. Ricimer brauchte ihn nicht mehr, zudem hat Ostrom diesen Kaiser niemals anerkannt. Der Westen brauchte dringend oströmische Hilfe gegen die Wandalen, so wurde es nötig, den unbequemen Libius Severus zu beseitigen. Dasselbe Schicksal erwartete auch dessen Nachfolger Anthemius. Als dieser Südgallien nicht mehr vor den Westgoten schützen konnte, brauchte Ricimer auch ihn nicht mehr. So kam es zu einem schweren Verbrechen gegen den Staat, den der germanische Herrscher beging: Er belagerte Anthemius in Rom. Der Kaiser sah sich, durch Hunger und Epidemien, die in der Stadt wüteten, zur Kapitulation gezwungen. Ricimer nahm Rom ein. Das allein war schon ein unerhörter Verrat. Die mit ihm verwandten Burgunden kamen Ricimer zu Hilfe, er überließ ihnen die Stadt zur Plünderung. So wurde Rom im Jahre 472 wiederum von germanischen Truppen heimgesucht, nach Alarichs und Geiserichs Verwüstungen in den Jahren 410 und 455.

Bald danach starb Ricimer plötzlich. Heute ist es nicht mehr möglich, zu ermitteln, ob er bewußt das Ende Roms herbeigeführt hatte oder ob ihn seine unersättliche Machtgier trieb. Wie es auch immer gewesen sein mag, Ricimer war der Mann, der den Fall des Imperiums beschleunigte.

Nach Ricimers Tod übernahm sein Neffe seine Position, der burgundische Prinz Gundobad, der spätere König der Burgunden. Er erhob den unbedeutenden Glycerius zum Kaiser, bald jedoch ging Gundobad zu seinem Volk zurück, um sein Erbe anzutreten. In Rom blieb Glycerius zurück, der aber bald von Julius Nepos, dem Kandidaten des oströmischen Kaisers Leo, gestürzt wurde. Der neue weströmische Kaiser machte einen römischen Patrizier pannonischer Herkunft zu seinem Oberbefehlshaber. Sein Name war Orestes.

Wir sind Orestes bereits einmal begegnet. Er war seinerzeit an Attilas Hof als Sekretär und Übersetzer tätig und war auch als hunnischer Gesandter in Konstantinopel. Der neue Armeeführer dachte nicht daran, dem Kaiser zu dienen. Bald zwang er Julius Nepos zur Flucht. Im Herbst des Jahres 475 ernannte er seinen eigenen minderjährigen Sohn Romulus Augustus zum Kaiser. Dieser wurde Augustulus, der kleine Kaiser, genannt. Er war der letzte Herrscher Roms, der nur zehn Monate auf dem Thron saß.

Wir erwähnten mehrmals, in wie starkem Ausmaß die römische Armee der Spätantike germanisiert war. Nicht anders war es in den letzten Monaten vor dem Fall des Reiches: Den Kern der kaiserlichen Truppen bildeten Skiren, Heruler und Rugier. Als sie ihren Anteil an den großen Staatsländereien verlangten, lehnte Orestes dies kategorisch ab. Als Antwort wählten die germanischen Soldaten einen eigenen König, den Skiren Odoaker, dessen Vater wahrscheinlich ein Hunne war. Unter Ricimer war er bereits in römischem Dienst gewesen. Davor kämpfte er auf der Seite der Sachsen und der Franken Childerichs. Sein Lebensweg spiegelt jene Zeiten wider. Die germanischen Krieger wanderten hin und her, dienten diesem und jenem und suchten sich zwischen den Kämpfen ihren Platz in einer halbruinierten Welt. Odoaker fand seinen Platz schließlich unter seinen Landsleuten im kaiserlichen Heer.

Der germanische König Odoaker erhob sich sofort gegen Orestes, der, belagert und gejagt, bald starb. Romulus Augustulus blieb unbehelligt und lebte noch lange als Privatperson auf einem Landgut bei Neapel. Odoaker schickte die kaiserlichen Insignien von Romulus Augustulus nach Konstantinopel und schlug sich selbst als neuen Herrscher Italiens vor. Er erbat auf diesem Wege die Anerkennung des oströmischen Kaisers Zeno.

So ist es auch geschehen. Auf den letzten römischen Kaiser, ein Kind, folgte im Herbst des Jahres 476 der germanische Herrscher Odoaker. Rom sollte nie mehr einen Kaiser haben.

Durch den Balkan wanderte und plünderte Theoderich, der bald nach Italien kommen sollte, um im Herzen des römischen Imperiums die langersehnte Heimat für sein Volk zu finden und sein Reich zu gründen.

Schicke mich mit meinem Volk ... – Theoderich der Große

Odoaker war Herrscher Italiens. Kaiser Zeno in Ostrom sah dies äußerst ungern. Sobald er König geworden war, bat der Ostgote Theoderich Kaiser Zeno, ihn nach Italien zu schicken, damit er dort Odoaker bekämpfe und sich mit seinem Volk dort ansiedeln könne. Zeno war damit einverstanden. Er kannte Theoderich persönlich, er ernannte ihn zu seinem Waffensohn und erhob ihn zum Konsul. Aber auch als Konsul plünderte Theoderich ungehindert weiter. Vielleicht hoffte der oströmische Kaiser, daß er durch seinen Auftrag gleichzeitig den landsüchtigen Ostgoten beschwichtigen und den skirischen König in Italien bekämpfen könne.

Bereits zwei Jahre zuvor war Odoaker offen gegen Zeno aufgetreten. In dieser Lage versuchte der oströmische Herrscher, die Rugier, die in Niederösterreich saßen, gegen Odoaker zu hetzen. Als Antwort zog Odoaker im Jahre 486/87 über die Alpen zu den Rugiern und schlug sie vernichtend. Die Langobarden warteten nur auf eine solche Gelegenheit und begannen sofort ihren Marsch nach Süden. Odoaker war also äußerst gefährlich. Als weiterer potentieller Gegner erhob sich nun vom Balkan her Theoderich mit seinen hunderttausend Goten. Über Sirmium zogen sie in Richtung Verona, schlugen unterwegs die Gepiden, die sich den Ostgoten in den Weg stellten. Auch Odoaker floh aus Verona nach Ravenna.

Zwei Jahre lang stand Theoderich mit seinem Heer vor Ravenna, ohne die Stadt einnehmen zu können, da sie vom Meer aus mit Nachschub versorgt wurde. Erst als den Ostgoten endlich die Blockade des Hafens gelang, sah sich Odoaker zu Verhandlungen gezwungen. Er schlug vor, daß Ravenna und Italien gemeinsamer Besitz werden sollten, Theoderich aber dachte gar nicht daran, mit Odoaker die Macht zu teilen. Während eines Festmahles erdolchte Theoderich eigenhändig seinen «Mitherrscher». Damit, wir schreiben das Jahr 493, begann die ostgotische Herrschaft über Italien, die nur drei Generationen dauerte und im Jahre 552 ein blutiges Ende fand.

Bald wurde Theoderich in Byzanz offiziell anerkannt. Seine Hauptstadt wurde Ravenna. Er selbst sah sich nicht nur als König der Ostgoten, sondern als Herrscher über ganz Italien und regierte auf römische

Art. Er respektierte den immer noch bestehenden Senat, das Land aber wurde neu organisiert. Der Ländereien Odoakers und seiner Anhänger wurden konfisziert, das Ackerland wurde so aufgeteilt, daß die Goten ein Drittel bekamen. Im Königsrat saßen sowohl Goten als auch Römer, der König war zugleich Armeeführer und höchster Richter. Er selbst ernannte alle Beamten.

Das römische Verwaltungssystem aber bestand weiter. Besonders die Stadtbezirke, *civitates,* blieben ohne Veränderungen. Auch alle Stadtämter blieben bestehen. Von diesen hatte eines, das des Präfekten Roms, *praefectus urbi,* besondere Bedeutung, denn der Präfekt war zugleich der Vorsitzende des Senats. Parallel dazu wurde aber auch die gotische Verwaltung eingeführt, die darin bestand, daß für jede Provinz ein gotischer *comes* ernannt wurde. In seinen Händen lag die militärische Macht, er befehligte also die in den Garnisonen stehenden ostgotischen Soldaten. Er war verpflichtet, für Ruhe und Ordnung zu sorgen und die Interessen der Ostgoten zu vertreten. Die Rolle des Senats wurde dagegen stark reduziert und beschränkte sich auf das Erziehungswesen, den Geldverkehr und auf die Verwaltung und Erhaltung öffentlicher Gebäude.

Im Norden, in der inneralpinen Zone im heutigen Österreich und in der Ostschweiz, bildeten die Provinzen *Raetia I* und *II, Noricum ripense* und *mediterraneum* die Grenze des ostgotischen Reiches. Im Osten gehörte dem König Dalmatia mit seinen Inseln und die Provinz Savia, bis zum Fluß Save. Seit im Jahre 509 die westgotische Provence an Theoderich gefallen war, war die Rhone im Westen die Grenze zwischen West- und Ostgoten. Im Süden gehörte ihm Sizilien, nicht aber Sardinien und Korsika, die Teile des Wandalischen Reiches waren.

Außer den Ostgoten befanden sich noch andere Germanen in Italien, vor allem Odoakers Leute, Reste der geschlagenen Rugier und Heruler, die im Jahre 508 eine schwere Niederlage durch die Langobarden erlitten hatten, und auch gepidische Gruppen. Das Reich Theoderichs war von anderen germanischen Staaten umgeben, die für die Goten nicht ungefährlich waren. Ihre direkten Nachbarn waren im Westen die Westgoten und Burgunden, von Norden bedrohten sowohl die Franken als auch die Thüringer im heutigen Mitteldeutschland das ostgotische Reich. Im Nordosten saßen Gepiden, die sich lange ruhig verhielten, erst später mußten sie sich gegen die Langobarden wehren. Übers Mittelmeer waren die Wandalen äußerst gefährliche Nachbarn.

Deshalb baute Theoderich ein Abwehrsystem auf, das nicht aus Kriegszügen und Mauern, sondern aus geschickter Diplomatie und aus kluger Heiratspolitik bestand. Theoderich heiratete Audofleda, die Schwester des fränkischen Königs Chlodwig, mit der er eine Tochter, Amalasuintha, hatte. Die beiden Schwager liebten sich zwar nicht besonders innig, unternahmen aber auch nichts gegeneinander; dies änderte sich erst nach ihrem Tod.

Theoderich hatte keinen Sohn, dafür aber außer Amalasuintha noch zwei andere Töchter, Ostrogotho und Thiudigotho. Ihre Mütter sind Konkubinen unbekannten Namens. Zu seiner Familie gehörten auch seine Schwester Amalafride und seine Nichte Amalaberga. Es gelang ihm, seine Frauenzimmer so zu vermählen, daß er einen Wall von Bündnissen um sein Reich errichten konnte. Dies geschah folgendermaßen: Seine Schwester Amalafrida heiratete im Jahre 500 den wandalischen König Thrasamund, seine Tochter Ostrogotho den burgundischen König Sigismund, Thiudigotho den westgotischen König Alarich II., seine Nichte Amalaberga den thüringischen König Herminafrid. Seine legitime Tochter Amalasuintha vermählte Theoderich mit dem westgotischen Fürsten Eutarich, den er als seinen Nachfolger ansah. Der Schwiegersohn starb jedoch bald und hinterließ einen Sohn, Atalarich. Wie wir noch sehen werden, hatte Theoderich kein Glück mit seinen Enkeln.

Bis zum Tode Theoderichs war das Ostgotenreich durch alle diese Bündnisse gesichert. Zwar hatte Chlodwig die Westgoten im Jahre 507 geschlagen, und Theoderich konnte seinen Verbündeten nicht helfen, da er gerade in den kleinen byzantinischen Krieg verwickelt war, dem einzigen Konflikt, auf den er sich während seiner 33jährigen Herrschaft einließ. Es war ein Krieg gegen die Gepiden, die zu Anfang des 6. Jahrhunderts zu stark geworden waren. Gegen sie wandte sich Theoderich und zog dabei in byzantinisches Gebiet. Nach ein paar Jahren schloß er jedoch Frieden mit Kaiser Anastasius und trat ihm einen Teil der Pannonia Sirmiensis ab.

Als die Franken nach der Schlacht bei Vouillé im Jahre 507 die Westgoten aus ihrem Tolosanischen Reich vertrieben hatten, zog Theoderich nach Südgallien, um die Überreste des westgotischen Gebietes für sich zu retten. Tatsächlich gelang es ihm, Arles und Narbonne vor den Franken zu schützen. Nichts aber konnte verhindern, daß die Westgoten, nachdem sie in Gallien nur einen Landstreifen von Arles bis zu den Pyrenäen behalten konnten, endgültig nach Spanien ziehen mußten. Nach seinem Tode wurde Theoderichs Enkel Amalarich westgotischer König, Sohn seiner Tochter Thiudigotho. Theoderich sorgte dafür, daß der uneheliche Sohn des bei Vouillé gefallenen Alarich II. beseitigt wurde. Da sein Enkel Amalarich noch ein Kind war, übernahm Theoderich die Herrschaft über die Westgoten, die Personalunion ging so weit, daß sogar der westgotische Königsschatz nach Ravenna geschickt wurde. Das Verhältnis zu den Wandalen dagegen blieb kritisch. Wie bereits erwähnt, hatte Geiserich seine Schwiegertochter, Theoderichs Schwester, verstümmeln lassen. Dies geschah kurz vor dem Tod des ostgotischen Königs, so daß er sich nicht selbst rächen konnte, obwohl er bereits mit den Vorbereitungen für einen Krieg gegen die Wandalen begonnen hatte.

Auch das Verhältnis zu den Burgunden blieb trotz der Heiratspolitik immer gespannt. Nach dem burgundischen König Gundobad herrschte seit dem Jahre 516 sein Sohn Sigismund, dessen Frau Ostrogotho war. Er fühlte sich von den Ostgoten bedroht, deshalb suchte er Anschluß an Byzanz. Dies konnten die Goten nicht billigen. Die Lage wurde ernst, als Sigismund eine unerhörte Tat beging: Er ließ seinen eigenen Sohn, ein Kind von Theoderichs Tochter Ostrogotho, im Jahre 522 hinrichten. Ein Krieg zwischen dem grausamen Schwiegersohn und Theoderich schien unvermeidlich. Auf eine solche Gelegenheit warteten ungeduldig drei Söhne des bereits im Jahre 511 verstorbenen Chlodwig und fielen in Burgund ein. Sigismund wurde mit seiner Familie in einem Brunnen ertränkt. Inzwischen kamen auch die Ostgoten und nahmen vorübergehend das burgundische Gebiet in Besitz. Der letzte König der freien Burgunden war Sigismunds Bruder Godomar, der versuchte, sich den Ostgoten anzunähern, um Hilfe gegen die Franken zu erlangen. Für eine erfolgreiche Allianz war es aber zu spät. Obwohl er noch einen von Chlodwigs Söhnen besiegen konnte, schlugen die zwei anderen Godomar so entscheidend, daß das Burgundenreich im Jahre 534 vollkommen unter den Frankenkönigen aufgeteilt wurde.

Als germanischer Herrscher hatte Theoderich der Große sehr viel Verständnis für römische Kultur. An seinem Hof weilten Dichter und Philosophen, der bekannteste ist Cassiodor, Senator und Historiker, der Verfasser der verlorengegangenen Geschichte der Goten, deren Inhalt uns über Jordanes glücklicherweise bekannt ist. Ein anderes sehr wichtiges Werk sind seine *Variae* in zwölf Büchern, eine Sammlung offizieller Schreiben, die er im Namen der vier ostgotischen Könige von Theoderich bis Vitigis verfaßte. Bereits als junger Mann kam Cassiodor (geboren um 485) an Theoderichs Hof und blieb seither den ostgotischen Königen treu. Als er aber die Politik des Vitigis nicht mehr billigen konnte, zog er sich auf sein Landgut zurück. Dort gründete er ein Kloster, dessen Hauptaufgabe es war, alte heidnische Bücher zu kopieren.

Der ostgotische König, selbst kein intellektueller Mensch – böse Zungen behaupteten, er sei Analphabet gewesen, dies ist aber im Hinblick auf seinen Aufenthalt in Konstantinopel unwahrscheinlich –, unterstützte Kunst, Literatur und Philosophie. Der Anhänger des katholischen Glaubens unterdrückte selbst die Arianer nicht. Seine Tochter Amalasuintha sprach Lateinisch und Griechisch, auch andere Frauen seiner Familie bekamen eine umfassende Ausbildung.

Die Regierungszeit Theoderichs ist ein schönes Beispiel dafür, wie ein barbarischer Herrscher die Kultur des eroberten Landes respektierte. Er war nicht der einzige. Auch bei den Westgoten und Wandalen fanden sich gebildete Könige, die viel Interesse für die römische Kultur zeigten. Auch sein Neffe, der spätere König Theodahad, war durch seine Kenntnisse der Philosophie bekannt, obgleich er wohl sonst nicht gerade einen edlen Charakter hatte.

Leider wird dieses positive Bild am Ende von Theoderichs Leben durch traurige Geschehnisse getrübt. Zu seiner engsten Umgebung gehörte der bekannte Philosoph Boethius, der am Hof das Amt eines Hofministers bekleidete. Der König schöpfte nach einer gewissen Zeit Verdacht, daß Boethius mit byzantinischer Unterstützung gegen ihn ein Komplott schmiedete. Boethius wurde gefangengenommen, gefoltert und im Jahre 524 hingerichtet. Im Gefängnis schrieb er sein berühmtestes Werk «Tröstung der Philosophie». Auch andere Senatoren wurden zum Tode verurteilt. Theoderich schickte sogar den Papst

Johannes I. ins Gefängnis, wo er bald starb, weil der Papst als sein Gesandter seiner Meinung nach zu lange in Konstantinopel geweilt hatte. Dies alles rief große Bestürzung hervor. Als Theoderich im Jahre 526 starb, wurde er als Verfolger der Katholiken gebrandmarkt. Seine Politik des Gleichgewichts zwischen Römern und Goten war letztendlich gescheitert. Dies war auch eine Ursache für das baldige Endes des ostgotischen Reiches.

Bis in unsere Zeit haben sich zwei Porträts des großen Königs erhalten. Eines davon ist eine goldene Münze mit der Inschrift REX THEODERICH, vermutlich um das Jahr 500 in Rom geprägt. Das Gesicht ist in spätantikem Stil frontal dargestellt. Bemerkenswert sind sehr dichte, an den Enden gelockte Haare ohne Scheitel. Der König trägt einen Panzer, darüber einen Mantel, mit einer Fibel an der linken Schulter geschlossen. In der Hand hält er eine Victoria auf einer Kugel.

Das zweite Porträt, das, jedoch nicht ganz sicher, ebenfalls Theoderich darstellt, ist eine Amethystgemme mit dem Monogramm des Königs (?). Diesmal trägt der Herrscher römische Tunika und Toga, anders geschnittenes Haar und hat auch andere Gesichtszüge. Dies könnte allerdings auch durch das Ungeschick des Herstellers bedingt sein. Es besteht aber auch die Möglichkeit, daß die Gemme den letzten ostgotischen König Teja darstellt. Theoderich der Große wurde in einem von einem syrischen Meister um das Jahr 520 errichteten Mausoleum bestattet, einem zweigeschossigen Zentralbau mit Kuppel, das bis heute zu den größten Sehenswürdigkeiten in Ravenna zählt.

Der königliche Tote ruhte aber nur ein Viertel Jahrhundert lang in seinem Porphyr-Sarkophag. Da Theoderich als Ketzer galt, wurden seine Überreste aus dem Sarg gerissen, so daß wir heute nichts mehr über die ursprüngliche Grabausstattung wissen. Im Jahre 1854 fand man in der Nähe des Mausoleums während archäologischer Ausgrabungen Sattelbeschläge und weitere Gegenstände aus Gold, die gleich nach der Entdeckung von Grabungsarbeitern gestohlen, verkauft und eingeschmolzen wurden. Ein Sattelbeschlag entging diesem Schicksal und gelangte in Ravenna ins Museum, aus dem er jedoch im Jahre 1924 gestohlen wurde. Es steht allerdings fest, daß diese Goldsachen aus einem anderen Grab mit Ziegelplatten stammen, das im Areal des spätantiken Friedhofs angelegt worden war.

Theoderich der Große lebte in den Sagen des Mittelalters als Dietrich von Bern und in Skandinavien als König Thidrek fort. Spätere Legenden machten aus ihm einen Zeitgenossen Attilas.

Die Gotenkriege von Prokop von Caesarea

Der byzantinische Historiker Prokop (etwa 500–560) begleitete Belisar nicht nur nach Afrika, um die Wandalen zu bekämpfen, er war auch mit ihm in Italien und beschrieb ausführlich in vier Büchern den Feldzug gegen die Goten. Bei Belisar bekleidete Prokop das Amt eines juristischen Beraters. Obwohl er nicht während des ganzen Krieges in Italien weilte, hinterließ er doch einen hervorragenden und in vielen Passagen dramatischen Bericht über die Ereignisse.

Seine Geschichte beginnt mit der politischen Lage nach Theoderichs Tod. Sie war schwierig: die Personalunion mit den Westgoten zerbrach, der zehnjährige Atalarich war noch ein minderjähriges Kind. An der Spitze des ostgotischen Reiches stand Amalasuintha als Regentin. Ein Jahr nach dem Tode Theoderichs bestieg Kaiser Justinian, der sich von Anfang an mit dem Gedanken trug, Italien zurückzugewinnen, in Konstantinopel den Thron.

Obwohl Amalasuintha eine Frau war, wurde sie von den Ostgoten respektiert. Sie machten ihr jedoch einen schweren Vorwurf: Ihren Sohn Atalarich erzog sie im klassischen Sinne. Es war ihr Wunsch, daß Atalarich eine gute römische Ausbildung bekäme. Dies sahen die vornehmen Goten am Hofe jedoch sehr ungern. Zu allem Unglück erwies sich der junge Atalarich als lasterhafter Jüngling, der dem Wein und den Frauen nicht abgeneigt war. Er starb bereits im Alter von 18 Jahren. Seine Mutter durfte nicht allein weiterregieren, sie mußte ihren Vetter Theodahad zum Mitkönig ernennen. Dieser war aber, wie Prokop schreibt, nicht gerade eine sympathische Gestalt: «In römischer Literatur und Platonischer Lehre sehr bewandert, verstand hingegen nichts vom Kriegswesen und ließ es auch sehr an persönlichem Mut fehlen; dazu war er überaus habgierig [...]; denn einen Nachbarn zu haben dünkte ihm ein Unglück.»

Und schon bald dünkte es Theodahad ein Unglück, daß Amalasuintha an der Macht teilhatte. So befahl er, sie zu verhaften und auf eine Insel im See Bolsens zu verbannen. Dort wurde sie im Jahre 535 ermordet. Theodahad wurde alleiniger König der Ostgoten.

Auf eine solche Gelegenheit hatte Justinian schon sehnlichst gewartet. Amalasuintha hatte genau gewußt, wie schwierig ihre Lage war, und hatte sogar eine Zeitlang erwogen, nach Byzanz überzusiedeln. Jetzt war sie ermordet, und Justinian hatte einen Grund für einen Rachefeldzug, denn die ostgotische Prinzessin war sein Schützling gewesen.

Der Führer der byzantinischen Armee, Belisar, landete auf Sizilien und nahm die Insel ohne Kampf ein. Wie zu erwarten war, erwies sich Theodahad als unfähig, Krieg zu führen, so daß die unzufriedenen Goten einen neuen König wählten. Theodahad wurde auf seiner Flucht nach Ravenna von einem persönlichen Feind, der ihn verfolgte, ermordet. Mit ihm erlosch die Dynastie der Amaler.

Inzwischen hatte Belisar bereits Neapel erreicht. Der neue König Vitigis war zwar weder Amaler noch Adliger, dafür aber ein tapferer Krieger. Seine Lage war doppelt schwierig, da von Norden auch die Franken in den Kampf eingriffen. Er mußte ihnen die Hälfte des ostgotischen Schatzes schicken – den westgotischen hatte Amalasuintha bereits zurückgesandt. Der halbierte Schatz war ein mit Gold beladenes Schiff! Auch die ostgotische Provence ging an die Franken über. Belisar stand bereits in Rom, als sich das alles abspielte. Dort wurde er ein ganzes Jahr belagert, bis aus Konstantinopel Hilfe kam.

Prokop hat die Belagerung Roms ausführlich beschrieben. Die Goten, deren Zahl 25000–30000 betrug, griffen immer wieder die von Belisar notdürftig ausgebesserten Stadtmauern an. Vitigis ließ sogar vier Belagerungsmaschinen bauen, die auf Rädern bewegt wurden, jede von 50 Männern gezogen. Auf diesen Angriff antwortete Belisar mit Kriegsmaschinen, deren riesige Holzpfeiler den Zugang zu den Mauern versperrten. Zu besonders harten Kämpfen kam es bei der Engelsburg, dem Grabmal von Kaiser Hadrian. Das Mausoleum stand außerhalb der Porta Aurelia. Es war stark befestigt und deshalb nur mit einer kleinen Besatzung versehen. Als die Goten die Engelsburg stürmten, zertrümmerten die Belagerten große Standbilder, Männer- und Pferdestatuen, die auf dem Mausoleum standen, und warfen die Stücke auf die

Goten herab. Die Goten sahen sich schließlich gezwungen, die Belagerung abzubrechen. Belisar zog nach Norden, um Ravenna zu besetzen. In dieser Zeit, im Jahre 539, erlebten die Goten eine böse Überraschung: Die Franken fielen in Oberitalien ein und plünderten das Land. Bisher waren sie von den Goten für Verbündete gehalten worden, jetzt aber erwiesen sie sich als erbarmungslose Gegner. Sie zogen sich aber bald von Hunger geplagt wieder zurück.

Der Krieg ging weiter. Ein Jahr später nahm Belisar Ravenna kampflos ein. Auch Vitigis fiel in seine Hände, den er nach Konstantinopel zum Kaiser schickte. Die zweite Phase des Krieges begann mit großen Erfolgen des neuen, jungen und sehr talentierten Königs Totila. Er herrschte von 541 bis 552 und war für seine Goten ein Idol. Zuerst errang Totila einen großen Sieg bei Faenza, dann eilte er nach Süditalien, wo ihn niemand erwartete, und besetzte wiederum Neapel, dann auch Rom, jedoch nicht für lange Zeit. Die Herrschaft über die geplagte Stadt ging während des Krieges einige Male zwischen den gegnerischen Parteien hin und her.

Totila war auch deshalb so populär, weil er alle Sklaven entließ, die bei ihm Zuflucht suchten, und auch den kleinen Bauern half. Den Senat konnte er dagegen nicht für sich gewinnen. Auch der Versuch, mit Justinian Frieden zu schließen, mißlang. Der Kaiser wußte, daß er den Krieg letztendlich gewinnen würde, und war zu keinerlei Verträgen bereit.

Belisar fiel in Ungnade bei Justinian und wurde aus Italien abberufen. Sicher fürchtete der Kaiser, daß sein Feldherr eines Tages zu mächtig würde. An Stelle Belisars wurde der Eunuch Narses eingesetzt, wie sein Vorgänger ein sehr begabter Kriegsführer. Justinian war sicher, daß er seine Macht nicht gegen den kaiserlichen Thron einsetzen würde. Als Narses mit großer Armee im Jahre 552 aus Dalmatien kam, war Totilas Schicksal so gut wie besiegelt. Von Ravenna aus ging der byzantinische Feldherr nach Rom. Auf seinem Weg durch den Apennin bei Busta Gallorum, heute Gualdo Tadino, kam es zur entscheidenden Schlacht. Bevor sie begann, spielte sich ein wunderschönes Spektakel ab. Darüber schreibt Prokop so eindrucksvoll, daß es am besten ist, ihm selbst das Wort zu überlassen.

«Nun ritt Totila allein in den Raum zwischen beiden Heeren hinein, nicht aber um einen Einzelkampf zu bestehen, sondern um gegenüber den Feinden Zeit zu gewinnen. Er hatte nämlich die Nachricht erhalten, daß die noch fehlenden zweitausend Goten schon ganz nahe heran seien, und suchte nun das Treffen bis zu deren Ankunft hinauszuzögern. Aus diesem Grunde tat er folgendes: Zuerst wollte er den Gegnern beweisen, was er für ein Mann sei. Er hatte darum eine ganz von Gold blitzende Rüstung angelegt, und purpurfarben und auch sonst königlich – ein wunderschöner Anblick – hing ihm der Kriegsschmuck von Helm und Lanze herab. Dabei führte er, auf einem prächtigen Rosse reitend, im Raume zwischen den beiden Heeren kunstvoll das Waffenspiel vor. Er ließ das Pferd im Kreise gehen, dann wieder in anderen Richtung Volten schlagen, und während er so ritt, warf er seinen Speer hoch in die Luft. Wenn dieser dann wirbelnd wieder herunter kam, fing er ihn auf und ließ ihn immer aufs neue in kunstvoller Abwechslung von einer Hand in die andere gleiten, wobei er seine ganze Geschicklichkeit entfaltete. Dazu warf er sich bald zurück, bald wiegte er sich in den Hüften, bald ließ er sich nach beiden Seiten hin tief heruntersinken, so wie einer, der von Jugend auf in den Künsten der Rennbahn unterwiesen ist. Damit brachte er den ganzen Frühnachmittag hin.» – Wenige Stunden später fiel Totila. Der Angriff seiner Reiterei brach unter den Pfeilen der Byzantiner zusammen. Sechstausend Goten fielen in der Schlacht.

Neuer König wurde Teja, einer der Heerführer Totilas, der aber nur drei Monate herrschte. Er ging wieder nach Süden und igelte sich mit den Resten seiner Armee in den Felsen am Mons Lactarius bei Neapel ein. Dort wurde er von Narses belagert. Der Ort war nicht zu nehmen, aber es gab dort auch keine Versorgungsmöglichkeiten. Die verzweifelten Goten unternahmen einen vergeblichen Ausbruchsversuch, doch Narses schlug sie. Die wenigen Überlebenden schlossen mit ihm einen Friedensvertrag. Danach durften sie Italien verlassen.

Noch drei Jahre lang wehrten sich die ostgotischen Besatzungen in Cumae, Brescia und Verona. Als letzte Festung fiel Verona im Jahre 561. Ganz Italien war wieder in byzantinischem Besitz. Nur sieben Jahre trennten Italien von einem neuen Angriff. Danach kam das Land nie mehr an Byzanz zurück. Von Pannonien aus machte sich Alboin mit seinem langobardischen Volk auf den Weg nach Süden.

Gräber und Schätze der Ostgoten in Italien

Unter einem sehr ähnlichen Titel, «Die ostgotischen Grab- und Schatzfunde in Italien», erschien im Jahre 1975 eine Monographie des deutschen Archäologen Volker Bierbrauer, die aktuell alle archäologischen Spuren des ostgotischen Reiches zusammenfaßt.

Im Vergleich zur überlieferten reichen Geschichte der Ostgoten auf italienischem Boden ist ihre archäologische Hinterlassenschaft eher gering. Sie legten auch hier, wie an der Donau, keine großen Gräberfelder an. Sie bezogen die vorhandenen römischen Güter und Dörfer, sie gründeten keine eigenen Siedlungen. Weil ihre Gräber oft beigabenlos sind, macht dies Versuche, die ethnische Zugehörigkeit zu erfassen, fast unmöglich. Es gibt nur wenige Bestattungen mit gotischen Grabinschriften. Wie die häufige Sitte, Tote ohne Beigaben zu bestatten, so sind auch Grabinschriften, Sarkophage und Grabplatten Zeugnisse römisch-christlicher Einflüsse.

Zwei Tatsachen erschweren die Untersuchungen gotischer Bestattungen noch zusätzlich: Zum einen dürften einige Gräber nicht den Ostgoten selbst, sondern anderen Ostgermanen zugeschrieben werden, so sei beispielsweise an die Skiren des Odoaker erinnert. Zum anderen enthält die Mehrzahl der bekannten Gräber, die meist als Einzelbestattungen oder in kleinen Gruppen zufällig entdeckt worden sind, vermischte oder nicht vollständig erhaltene Grabbeigaben.

Die ostgotischen Funde konzentrieren sich im Norden Italiens, in der heutigen Lombardei und an der mittleren Adriaküste, in den ehemaligen Provinzen Ascoli Piceno und Ancona. Ihnen gegenüber liegen Funde an der dalmatinischen Küste. Süditalien und Sizilien sind fundleer. Wir wissen zwar, daß dort ausschließlich gotische Garnisonen standen. Von ihnen fehlt aber jede archäologische Spur.

Es fehlen, wie auch in frühen gotischen Gräbern, die Waffen. Nur aus schriftlichen Quellen kann man entnehmen, daß die Goten mit langen Lanzen und Schwertern kämpften und Rundschilde und Helme besaßen. Unter Theoderich dem Großen arbeiteten die italischen Waffenwerkstätten weiter. Die Kriegstaktik des ostgotischen Heeres blieb aber dieselbe. Die schnellen Attacken und sofortigen Rückzüge der leichten Reiterei mußten der hochspezialisierten Armee von Belisar und Narses früher oder später unterlegen sein. In der Schlacht bei Busta Gallorum waren die Goten gegen den Pfeilregen der byzantinischen berittenen Bogenschützen machtlos. Sie selbst konnten nur vom Boden, nicht vom Pferd aus mit ihren Bögen schießen.

Als einzige archäologische Funde ostgotischer Kriegsausrüstung erweisen sich Spangenhelme mit Wangenklappen und Nackenschutz, deren Herkunft jedoch umstritten ist. Entweder wurden sie im ostgotischen Italien oder in Byzanz hergestellt. Jedenfalls waren sie auch außerhalb des ostgotischen Reiches weit verbreitet, besonders im fränkischen Raum. Dem Fürsten von Krefeld-Gellep wurde ein solcher Helm ins Grab gelegt. Im Ostgotenreich stammen diese Helme nicht aus Gräbern, sondern sind stets Depot- oder Einzelfunde. Das einzige Männergrab, das wahrscheinlich voll ausgestattet war, ist die Fürstenbestattung aus Ravenna mit den goldenen Sattelbeschlägen. Da diese Funde, wie bereits erwähnt, aber gestohlen und eingeschmolzen worden sind, können wir nur vermuten, daß in der Nähe von Theoderichs Grabmal noch ein weiterer vornehmer gotischer Krieger bestattet worden war.

Alle anderen bekannten Gräber sind Frauenbestattungen. An ihren Beispielen sehen wir genau, wie traditionsbewußt die Tracht der gotischen Frauen war: Wie an der Donau, auf der Krim und auch bei den Westgoten in Spanien trugen sie ein Paar große verzierte Bügelfibeln aus Bronze oder Silber, oft vergoldet, sowie eine ebenfalls große Gürtelschnalle mit rhomboidalem oder rechteckigem Beschlag, in den oft Almandine eingesetzt waren. In ursprünglicher Lage im Grab wurde nur ein Fibelpaar gefunden: Zwei Adlerfibeln lagen nicht an den Schultern, sondern unter einer Schnalle bei den Hüften. Hier handelt es sich wohl um ein deponiertes Fibelpaar. Wie wir aus anderen gotischen Gebieten wissen, wurden solche Fibeln sonst stets an den Schultern oder auf der Brust getragen. Die Standardtracht einer gotischen Frau waren zwei Fibeln und eine Schnalle, alles massiv und groß. Dazu kamen noch Arm-, Ohr- und Fingerringe aus Silber oder Gold, manchmal auch eine Perlenkette und ein silbernes Toilettenbesteck aus kleinen Löffeln, Pinzetten und Stielen mit spitzem Ende, das an einem Ring am Gürtel getragen wurde.

In den Gräbern fand man weder Gefäße noch Geräte außer gelegentlich einem Messer, weder Münzen noch jene weiteren Gebrauchsgegenstände, die doch bei anderen germanischen Bestattungen so reichlich vorhanden sind. Die ostgotischen Grabbeigaben beschränken sich auf reich verzierte Trachtteile, die gut sichtbar an der Kleidung der Toten angebracht waren.

Außer Gräbern sind aus Italien noch einige Schätze bekannt. Wohl der interessanteste kam glücklicherweise im Jahre 1957 während einer planmäßigen Ausgrabung einer römischen Villa in Reggio Emilia zum Vorschein. Der Schatz befand sich in einer mit zwei Silberschalen abgedeckten Bleiröhre und war unter großen Steinen verborgen. In der Röhre lagen 60 Goldsolidi byzantinischer Kaiser aus den Jahren 450–476/77, zwei vergoldete Silberfibeln ostgotischer Herkunft und eine goldene Zwiebelknopffibel, die zur männlichen Militärtracht gehörte. Man fand ferner zahlreiche goldene Ohrringe, Fingerringe, drei Halsketten mit Goldanhängern, ein Hängekreuz aus Gold, eine Gemme und einen Skarabäus aus Smaragd. In die Fingerringe waren Kreuze eingeritzt. Zusammen mit dem Hängekreuz sind sie ein Beweis dafür, daß die Besitzer des Schatzes Christen waren. Wir schreiben «die Besitzer», weil der Schatz aus Trachtteilen beider Geschlechter bestand. Die beiden germanischen Fibeln verraten die Nationalität der Besitzerin. In einem Fingerring, der vermutlich ein Ehering war, sind zwei germanische Namen eingraviert: der eines Mannes, ETTILA, und der einer Frau, STAFARA. Der andere Ring mit Inschrift trägt den römischen Namen MARCUS. Alle weiteren Bestandteile des Schatzes sind eher römischer Herkunft.

Die letzten Besitzer des Schatzes, wohl eine Frau und ein Mann, waren sicher Ostgermanen. Die goldene Zwiebelknopffibel, ein Zeichen militärischen Ranges, gehörte vielleicht dem Marcus des Fingerrings. Aber auch germanische Offiziere in römischem Dienst trugen solche Fibeln. War Ettila ein Skire aus Odoakers Truppen? Oder war er ein Ostgote, der sein Militärzeichen noch in Pannonien erhielt und dann mit Theoderich durch den Balkan wanderte, während sein König zum Konsul des oströmischen Reiches ernannt wurde, und trotz seiner Raubzüge noch in römischem Militärdienst stand? War Ettilas Frau, Stafara, Skirin oder Ostgotin? Die Fibeln erweisen sich zwar als eher ostgotisch, andererseits wissen wir von der skirischen nationalen

Tracht so gut wie nichts. Im Donaugebiet lassen sich, wie bekannt, die einzelnen ostgermanischen Stämme der Völkerwanderungszeit nach ihren Trachtbeigaben generell nicht voneinander unterscheiden, obwohl ein Versuch gerade für die Skiren an der oberen Theiß unternommen wurde. Nur in den später angelegten gepidischen und langobardischen Reihengräberfeldern ist eine ethnische Zuordnung der Gräber nach ihren Beigaben möglich. Die beiden Fibeln könnten schließlich auch aufgrund ihrer Verzierung etwas später datiert werden, ins erste Drittel des 6. Jahrhunderts. Dies spricht aber nicht unbedingt für ihre ostgotische Provenienz.

Der Schatz von Reggio Emilia wurde aller Wahrscheinlichkeit nach während der Kämpfe Theoderichs gegen Odoaker (488–493) verborgen. Dies macht die Möglichkeit, daß es sich hier um ein skirisches Ehepaar handelt, ziemlich wahrscheinlich. Aber die beiden können sich uns nicht mehr eindeutig vorstellen. Wir sehen, wie verschieden die Interpretationen eines Fundes sein können. In seinen neuesten Arbeiten sieht V. Bierbrauer, Verfasser der oben genannten Monographie über die Ostgoten in Italien, nur sehr beschränkte Möglichkeiten, die Funde aus der Zeit Odoakers von denjenigen der Herrschaft Theoderichs zu trennen.

Nicht weniger reich ist der Schatz von Desana, der 1938 vom Museum in Turin aus dem Kunsthandel erworben wurde. Auch er bestand aus Männer- und Frauenfibeln, darunter zwei zellenverzierten Stücken mit Almandinen und zwei ostgotischen Schnallen. Wieder enthielt der Fund goldene Halsketten, Armbänder und Ohrringe sowie Fingerringe. In einem waren zwei Namen eingraviert: STEFANI und VALATRU, dabei kann der letztere ein ostgotischer Frauenname sein. Wie beim Schatz von Reggio Emilia handelt es sich hier um den Hort einer christlichen Familie. Dafür sprechen ein Brustkreuz, ein Toilettenbesteck mit Inschrift VIVAS IN DEO und eine goldene Amulettkapsel mit Smaragden. Zum Schatz gehören schließlich 18 Silberlöffel, die zum Teil dieselben Inschriften VIVA oder VIVACES IN DEO tragen. Solche Löffel sind auch nördlich der Alpen, besonders im alamannischen Gebiet weit verbreitet. Sie wurden entweder zu liturgischen Zwecken verwendet oder dienten als einfaches Eßbesteck. Dies ist beim Fund von Desana wohl eher der Fall.

Der dritte große Schatz, der von Domagnano in der Republik San Marino, besteht zum größten Teil aus ostgermanischem Schmuck. Deshalb ist es möglich, daß seine Bestandteile ursprünglich aus verschiedenen Gräbern stammen oder einen sehr reichen Grabkomplex darstellen. Es fehlen aber die zur Beantwortung dieser Frage nötigen Fundangaben der im Jahre 1893 entdeckten Gegenstände. Der Fund ist ein Meisterwerk des polychromen Stils: Die beiden Adlerfibeln, eine Zikadenfibel, Ohrringe, eine Halskette mit zahlreichen Anhängern, eine Nadel und einige Beschläge sind alle aus Gold mit sehr kunstvollen Zelleneinlagen aus Almandinen, buntem Glas oder echten Perlen. Die Schmuckstücke gehören zu den feinsten Erzeugnissen des Almandinzellenwerkes.

Während der Schatz von Desana ins erste Drittel des 6. Jahrhunderts datiert ist, umfaßt der chronologische Rahmen der Funde aus Domagnano einen etwas größeren Zeitabschnitt, die erste Hälfte des 6. Jahrhunderts.

Außer diesen drei spektakulären Funden sind aus dem ostgotischen Italien noch zwei vergoldete Helme bekannt. Einer wurde zusammen mit einigen, heute verschollenen Kupfergefäßen entdeckt.

Die von Prokop so ausführlich beschriebenen gotischen Kriege finden ihren Nachhall in Münzschätzen, die während der Kriegszeit vergraben worden sind. Sie bestehen vorwiegend aus byzantinischen Goldmünzen, aber auch aus Prägungen ostgotischer Herrscher. Da sich Theoderich immer als Vasall des byzantinischen Kaisers ausgab, prägte er selbst keine Münzen mit seinem Porträt. Er ging so eventuellen Auseinandersetzungen aus dem Wege. Es ist nur eine einzige Münze bekannt, wahrscheinlich anläßlich seines Besuches in Rom im Jahre 500 geprägt. Die anderen gotischen Könige von Theodahad bis Teja hatten diese Hemmung nicht und ließen Münzen mit ihren Bildnissen prägen.

Ostgotische Fibeln, Gürtelschnallen, Münzen und Helme, deren Herkunft jedoch nicht ganz sicher ist, findet man auch in anderen germanischen Reichen, und zwar bei den Franken, Thüringern, Burgunden, Alamannen, Gepiden und Langobarden, bei allen Völkern, die mit den Ostgoten Verträge geschlossen haben. Sehr interessant ist ein Frauengrab aus Gispersleben im thüringischen Gebiet bei Erfurt, in dem zwei Fibeln auf der Brust des Skelettes lagen, so wie es bei Ostgotinnen üblich war. Vielleicht gehörte die verstorbene Frau zu denen, die zusammen mit Amalaberga ins thüringische Reich gekommen waren.

Aus Nordafrika sind keine ostgotischen Funde bekannt, obwohl schriftliche Quellen erwähnen, daß Theoderichs Schwester Amalafrida mit tausend ostgotischen Kriegern zu ihrem wandalischen Ehemann gekommen war. Aber wenn selbst von den Wandalen so wenige Funde in ihrem Reich geblieben sind, wie kann man dann erwarten, daß diese Goten irgendwelche Spuren hinterließen? Es gibt nur eine Ausnahme: einen Helm vom ostgotischen Typ aus der antiken Stadt Leptis Magna in Libyen, der während der Ausgrabung eines römischen Theaters gefunden wurde. Der Helm könnte jedoch ebensogut von einem wandalischen Krieger erbeutet und stolz getragen worden sein.

Das Volk der Viniler oder Langobarden

In der Stille des Klosters Monte Cassino entstand in den Jahren 770–790 die *Historia Langobardorum,* die nationale Geschichte der Langobarden. Ihr Autor ist Paulus Diaconus, der um das Jahr 720 als Sproß einer reichen langobardischen Familie in Friaul geboren wurde. In sechs Bänden verfaßte er die Chronik seines Volkes, von seinen Anfängen bis zu König Liutprand (712–744). Paulus Diaconus erlebte noch das Ende des Langobardenreiches in Italien, zur Zeit, als Karl der Große im Jahre 774 *rex Francorum et Langobardorum* wurde.

Vom Schicksal seines Volkes sehr betroffen, beendet Paulus sein Werk mit dem letzten wirklich mächtigen König Liutprand. Auch er mochte, wie Ammianus Marcellinus, der nach der Niederlage der Römer bei Adrianopel im Jahre 378 verbittert das baldige Ende des Römischen Reiches voraussah, nichts über den Untergang seines Volkes schreiben. Wie Cassiodor und Jordanes stützte sich auch Paulus Diaconus auf mündliche Überlieferungen und frühere Quellen.

Eine ältere Quelle zur Geschichte der Langobarden ist die *Origo gentis Langobardorum,* die deren Herkunft und eine Liste ihrer Könige wiedergibt. Diese kleine Schrift entstand in Italien unter König Rothari

(632–652). Eine weitere Chronik wurde um das Jahr 600 verfaßt. Sie ist heute nur noch aus Zitaten in anderen Werken bekannt.

Paulus Diaconus leitet die Langobarden von Skandinavien her. Von dort wanderten sie wegen Überbevölkerung nach Skoringa aus. Sie wurden Nachbarn der Wandalen, gegen die sie kämpften und siegten. Der Hunger zwang die Langobarden zu weiten Wanderungen über Mauringa und Golanda. Damals hießen sie noch Viniler, bis nach einer Legende der Gott Wodan ihnen den neuen Namen Langobarden gab, weil sie lange Bärte trugen. Zuerst wurden die Langobarden von den zwei Fürsten regiert, die sie aus Skandinavien führten. Danach herrschten bei ihnen Könige. Unter ihrem fünften König erschienen sie in Rugiland, im heutigen Niederösterreich. Dies geschah im Jahre 489, kurz nachdem Odoaker die dort ansässigen Rugier endgültig geschlagen hatte. Aus Rugiland war ein halbleeres Durchzugsgebiet geworden, das sehr schnell von den Langobarden besetzt wurde.

Die Gebiete Skoringa, Mauringa und Golanda sind nicht mehr identifizierbar. Nach den römischen Historikern der Jahrhunderte vor und nach Christi Geburt, Velleius Paterculus und Tacitus, sowie dem Geographen Ptolämeus saßen die Langobarden beiderseits der unteren Elbe und sollen bis zur Schlacht im Teutoburger Wald dem Bund des markomannischen Königs Marbod angehört haben.

Der nächste Hinweis stammt von Cassius Dio aus der Zeit der markomannischen Kriege. Im Jahre 166 überquerten 6000 Langobarden die Donaugrenze und wurden von den Römern zurückgeschlagen. Dies war der Anfang der über fünfzehn Jahre dauernden Kriege gegen die Markomannen, an denen auch zahlreiche andere germanische Völker beteiligt waren. Wieder wurde es still um die Langobarden, bis sie das Gebiet der vernichteten Rugier besetzten.

Aus den ersten nachchristlichen Jahrhunderten sind an der Niederelbe zahlreiche große Brandgräberfelder bekannt, die sich jedoch nicht ohne weiteres mit den Langobarden verbinden lassen, da sie zum Teil kontinuierlich vom 6. Jahrhundert v. Chr. bis zum 3. Jahrhundert n. Chr. belegt worden waren. Einige weitere Gräberfelder erscheinen im ersten vorchristlichen Jahrhundert. Im darauffolgenden Jahrhundert treten ganz spezielle Friedhöfe auf, nach Geschlechtern und räumlich getrennte Männer- und Frauenbestattungsplätze.

Diese Gräberfelder bestehen meist aus Urnenbestattungen. In den Männerfriedhöfen gibt es zahlreiche Waffengräber mit metallenen Schildteilen, Lanzen- und Speerspitzen, seltener mit Schwertern. Die Gürtel waren mit einfachen Schnallen versehen. Am Ende des gespaltenen Riemens hingen einige schön profilierte Riemenzungen. Zur Männertracht gehörte in der Regel nur eine Fibel. In den Gräbern findet man außerdem Messer, Scheren und Rasiermesser. Die Langbärte rasierten sich also doch!

In den Frauengräbern dagegen gibt es meist je drei silberne oder bronzene Fibeln, von denen zwei jeweils identisch sind, die dritte aber eine andere Form hat. Daraus ist zu schließen, daß ein Fibelpaar das Kleid an den Schultern hielt, während die dritte, andere Fibel den Mantel schloß. Eine solche Lage der Fibeln auf Brust und Schultern wiederholt sich in Skelettgräbern der Nachbarkulturen jener Zeit. Zahlreiche kleine Metall- oder Knochennadeln sprechen dafür, daß die Frauen das Haar damit hochsteckten oder aber Hauben oder Schleier damit befestigten. Zu den weiteren Trachtteilen gehören Schlangenkopfarmringe, einzelne Goldanhänger und silberne Haken als Verschluß der Glasperlenketten. Auch Gürtel mit Schnalle und einer oder zwei Riemenzungen sind vertreten. Diese Gräberfelder sind jedoch nur mit Vorbehalten den Langobarden zugewiesen. Die Frauentracht unterscheidet sich nicht wesentlich von denen der benachbarten Kulturgebiete Mecklenburgs und des Havellandes, die als Wohnsitze der Warnen und Semnonen interpretiert werden. Alle drei Kulturräume bilden in den ersten nachchristlichen Jahrhunderten eine ziemlich einheitliche Trachtprovinz. Es ist daher bisher nicht möglich, eine spezifisch langobardische Frauentracht auszugliedern.

Auch nicht ganz sicher langobardisch sind zwei Fürstengräber aus Marwedel bei Dannenberg, am Ostrand der Lüneburger Heide. Das erste Grab wurde im Jahre 1928, das zweite 1944 entdeckt. Beide waren durch Kiesabbau teilweise zerstört. Die Grabinventare sind sehr ähnlich und gehörten zwei vornehmen Männern. Die Gräber enthielten mehrere importierte provinzialrömische Bronze- und Silbergefäße, bronzene Beschläge von Trinkhörnern, ferner Sporen, Gürtelschnallen und Riemenzungen, je zwei Fibeln und mehrere Beschläge, von denen einige wohl zum Schuhwerk gehörten. Die beiden Fürstenbestattungen passen zum Kreis der Lübsow-Gräber, über die bereits am Anfang unseres Buches gesprochen wurde. Sie unterscheiden sich von anderen, normal ausgestatteten Gräbern nicht nur durch ihren Reichtum, sondern auch dadurch, daß sie Körperbestattungen waren, von denen eine unter einem Hügel, die andere unter einer Steinsetzung lag. Zu jener Zeit war aber sonst die Totenverbrennung die allgemein übliche Bestattungsart.

Den archäologischen Funden gemäß führte der Wanderweg der Langobarden die Elbe entlang. Aus der Altmark ist ein großes Brandgräberfeld in Zethlingen bekannt, das über 600 Gräber enthält, aber noch nicht vollständig untersucht ist. Es ist ein armer Bauernfriedhof, der von etwa 180 bis nach 300 n. Chr. oder etwas später belegt und danach aufgegeben wurde. Waffen kommen in den Gräbern nur ausnahmsweise vor, die Tracht der Frauen beschränkt sich auf Fibeln, Perlen und Anhänger, es fehlen die Gürtelteile.

In der Nähe des Gräberfeldes hat man Brennofenreste für die Eisenproduktion und Spuren mehrerer Holzpfosten entdeckt. Dazwischen fand man zahlreiche Brandgräber, die aller Wahrscheinlichkeit nach kurz nach dem Verlassen des Verhüttungsplatzes angelegt wurden und als Teil des benachbarten Gräberfeldes zu deuten sind.

Seit dem Ende des 3. Jahrhunderts sind in Böhmen Einflüsse aus Nordmitteldeutschland spürbar, die man eventuell mit der Wanderung der Langobarden nach Süden verbinden kann. Die Urnenformen weisen nämlich elbgermanische Züge auf, so daß mit einem Bevölkerungszustrom zu rechnen ist. Gleichzeitig vermindert sich die Gräberzahl an der Niederelbe.

Rugiland, die nächste Etappe, war nur noch dünn besiedelt. Die Rugier waren vernichtet, die Romanen von Odoaker zur Übersiedlung nach Italien gezwungen worden. Auch wenn nicht alle Einwohner ausgewandert waren, fanden die Langobarden doch nur wenig Widerstand im neuen Land vor. Mit der Ankunft der Langobarden in Rugiland-Niederösterreich bewegen wir uns bereits etwas sicherer, die Frage ihrer archäologischen Spuren betreffend. Aber wie auch immer, der erwähnte große Hügel von Žurań ist von verschiedenen Autoren entweder den Langobarden oder den Herulern zugesprochen. Wir haben uns – nach neuestem Forschungsstand – für die Heruler entschieden.

Aus Südmähren sind ausgeraubte Gräber bekannt, die auf eine prälangobardische Bevölkerung hindeuten. In den dortigen Friedhöfen lassen sich thüringische Einflüsse beobachten, aber auch Merkmale, die später in Niederösterreich in bereits sicher langobardischen Gräbern vorkommen.

Als sicher langobardisch gilt das Gräberfeld von 20 teilweise gestörten Bestattungen in Hauskirchen nordöstlich von Wien. Die noch nicht vollständig publizierten Gräber waren ursprünglich durchschnittlich ausgestattet bis auf zwei Ausnahmen: In einem ebenfalls gestörten Grab lag das Skelett einer 25- bis 30jährigen Frau. Die vielleicht unvollständigen restlichen Beigaben bestanden aus einem Bronzebecken fränkischer Herkunft und aus einigen vergoldeten, im skandinavischen Tierstil verzierten Bronzebeschlägen eines Pferdegeschirrs. In der Grabgrube fand man Knochen von zwei Pferden. Die Frau zählte wegen der mit ihr bestatteten Pferde sicher zu den adeligen langobardischen Damen. Im zweiten, ebenfalls gestörten Frauengrab waren nur zwei goldene Fingerringe und silberne Schuhschnallen sowie zahlreiche weniger kostbare Beigaben erhalten.

Wir haben Grabstörungen erwähnt. Fast jedes langobardische Grab wurde geplündert, nicht aus rituellen Gründen geöffnet, sondern um den Toten die Beigaben aus Gold und Silber zu rauben. Die Grabräuber stammten nicht nur aus den Reihen der Stammesgenossen, sondern waren auch Heruler und später gekommene Slawen und Awaren.

Teilweise ausgeraubt war auch das Grab eines Schmiedes in Poysdorf. Der Mann war bewaffnet und besaß einen Schild. Eiserne Zangen, Hämmer und Meißel, ein Amboß, eine Feile und ein Schleifstein sowie zwei Gußformen für zwei verschiedene Fibeln weisen ihn als Schmied aus. Andere Schmiedegräber der Völkerwanderungs- und Merowingerzeit zeigen, daß diesen spezialisierten Handwerkern oft Waffen ins Grab gelegt wurden. Dies unterstreicht ihr hohes gesellschaftliches Ansehen. Ein anderer langobardischer Schmied war in Brünn in Mähren begraben und hatte als Waffe eine Lanzenspitze, ähnliche Werkzeuge wie der Poysdorfer Schmied und eine Feinwaage bei sich.

Langobardische Siedlungen sind in Niederösterreich praktisch unbekannt. In römischen Villen entdeckte Kleinfunde sind ein Hinweis darauf, daß die Langobarden vermutlich dort eingezogen waren. Die

Langobarden siedelten im Jahre 489 in Rugiland. Dort wurden sie nicht mehr von Odoaker bedroht, der inzwischen in Italien gegen Theoderich den Großen kämpfte. So blieben sie im neuen Land viele Jahre ungestört. Dann zogen sie weiter, bis zum «Feld», das sich im Gebiet westlich von Wien bis zur Drau nach Westungarn befinden soll. Österreichische Archäologen identifizieren es mit dem Tullner Feld an der Donau, nordwestlich von Wien.

Nicht nur von Odoaker drohte den Langobarden Gefahr, sondern auch von ihren östlichen Nachbarn, den Herulern, die, wie wir uns erinnern, Südmähren besetzt hielten. Bald kam es zum Konflikt. Die daraus siegreich hervorgehenden Heruler zwangen die Langobarden jährlichen Tribut auf. Zwischen 505 und 508 revanchierten sich die Besiegten und schlugen diesmal die Heruler samt ihrem König endgültig. Die entmachteten und heimatlosen Heruler konnten auch von den Gepiden keine Unterstützung mehr erwarten. So wanderte ein Teil von ihnen zurück nach Skandinavien. Dabei zogen sie wohl durch slawisches Gebiet, denn die Wanderung der Slawen nach Westen beginnt gerade zu dieser Zeit. Diejenigen, die blieben, schlossen sich den Langobarden an oder gingen in den justinianischen Militärdienst.

Die Zeit der langobardischen Macht begann mit König Wacho, dessen erste Tat auf dem Weg zur Herrschaft war, seinen Onkel zu ermorden. Dies geschah zu der Zeit, als das Bündnissystem Theoderichs des Großen nach seinem Tode zerbrach. So unterwarf Wacho noch im Todesjahr des ostgotischen Königs die Sueben und besetzte vermutlich Rugiland wieder. Ähnlich wie sein großer ostgotischer Amtskollege baute er seine Politik auf Heiratspolitik auf. Die Tochter des thüringischen Königs, eine gepidische Prinzessin, und die Tochter des letzten Herulerkönigs wurden nacheinander seine Frauen. Seine eigene Tochter Wisigarde vermählte er mit dem fränkischen König Theudebert I. Es wird vermutet, daß die von uns erwähnte Dame aus dem Kölner Dom Wisigarde war. Seine zweite Tochter war nacheinander mit zwei Franken verheiratet und schließlich mit einem bajuwarischen Herzog.

Nach etwa dreißigjähriger Herrschaft Wachos übernahm Audoin die Regentschaft für dessen unmündigen Sohn und ernannte sich im Jahre 546/47 selbst zum König. Im Jahre 526 erschienen die Langobarden in Pannonien und siedelten sich mit Zustimmung des Kaisers Justinian an. Die endgültige Übersiedlung fand im Jahre 546 statt, bereits unter Audoin. So wurden die Langobarden mit Billigung Justinians Nachbarn der Gepiden. Denn der Kaiser hoffte mit langobardischer Hilfe die Gepiden schlagen zu können.

Ein Jahr später brach der langobardisch-gepidische Krieg aus. Justinian unterstützte die Langobarden mit Geld und militärischer Hilfe. Auf dem Asfeld, das bedeutet: das Feld der germanischen Götter Asen, im südlichen Teil des Karpatenbeckens zwischen den heutigen Städten Mitrovica und Vinkovci, kam es im Jahre 552 zur entscheidenden Schlacht, in der die Gepiden besiegt wurden und der Sohn ihres Königs fiel, von Alboin, Audoins Sohn, getötet.

Audoin dankte für die byzantinische Unterstützung damit, daß er Justinian fünfeinhalbtausend Krieger zu einem Kampf gegen den Ostgoten Totila nach Italien schickte. Während dieser Zeit sahen die Langobarden zum erstenmal Italien. Dies sollte sich später als verhängnisvoll herausstellen.

Um 560 starb Audoin. Sein Sohn Alboin wurde König. Fünf Jahre später (565) starb der große Kaiser Justinian. Es kam noch einmal zum offenen Krieg zwischen den Langobarden und Gepiden.

Zu jener Zeit kam ein neues Volk in die damalige Provinz Pannonia, das zur tödlichen Gefahr für die dort ansässigen Germanen wurde. Es waren Awaren, wie die Hunnen aus Zentralasien stammende Nomaden, die um die Mitte des 6. Jahrhunderts von den Turken aus ihrem asiatischen Reich vertrieben worden waren und nun nach Europa kamen. Ihr Khagan schickte zwei Gesandtschaften zu Justinian, mit der Bitte, sein Volk auf römischem Boden ansiedeln zu dürfen. Justinian schloß mit ihnen ein Bündnis und zahlte ihnen Tribut und hoffte, diesmal mit awarischer Hilfe die Gepiden schlagen zu können.

Die Turken folgten den Awaren, so daß ihnen nichts anderes übrig blieb, als weiter ins Karpatenbecken zu fliehen. Dort verhandelten sie mit den Langobarden, deren großer Wunsch es war, die Gepiden zu besiegen. Für die zugesagte Hilfe zahlten die Langobarden den Awaren ein Zehntel ihrer Pferde und Rinder.

Als Alboin im Jahre 567 ins Gepidenland einfiel, waren auch die Awaren von Siebenbürgen her dorthin unterwegs. Bevor sie jedoch die Gepiden erreichten, war bereits das Schicksal des gemeinsamen Gegners besiegelt. In einer Schlacht an der Theiß wurden die Gepiden allein von den Langobarden vernichtend geschlagen. Dabei fiel ihr König von Alboins Hand. Der gepidische Herrscher in Sirmium ergab sich den Byzantinern. Damit gelangte diese wichtige Stadt, die so lange Zeit in den Händen der Gepiden gewesen war, wieder zu Ostrom.

Dies war aber noch längst nicht das Ende der großen Veränderungen in Pannonien. Die siegreichen Langobarden standen jetzt vor einem großen, praktisch unlösbaren Problem. Nicht nur die Awaren, ihre gefährlichen Verbündeten, bedrohten das langobardische Reich. Auch die Slawen suchten etwa seit dem Jahre 530 das Donaugebiet immer wieder heim. Ihre Ansiedlung auf dem Balkan war um so bedrohlicher, als das Gepidenreich, das einen Teil der slawischen Übergriffe abgewehrt hatte, nun nicht mehr existierte.

Alboin war sich bewußt, daß die Langobarden mit zwei gefährlichen Feinden nicht fertig werden würden. Aber Italien, der Traum so vieler Germanen, war erreichbar. Nach der ostgotischen Niederlage herrschten dort die Byzantiner, die den Einwohnern hohe Steuern auferlegten. Der große Feldherr Narses war abberufen und durch einen anderen, schwächeren ersetzt worden. Die Möglichkeit, Italien zu besetzen, reizte Alboin sehr. Deshalb verschaffte er sich zuerst 20 000 sächsische Krieger zur Unterstützung, die sich zu jener Zeit wohl in Nordthüringen aufhielten und Freunde der Langobarden waren.

Am 2. April des Jahres 568 setzte sich das ganze langobardische Volk in Richtung Süden in Bewegung. Zuvor schloß Alboin mit dem awarischen Khagan ein Sicherheitsabkommen: Sollte sein Unternehmen scheitern, so sollten die Langobarden zurückkehren dürfen. Mit den Langobarden zogen Sachsen, Reste der Gepiden und der römischen Bevölkerung Pannoniens, Sueben und Sarmaten.

In Italien wütete die Pest. Das Land litt unter den gotischen Kriegen. Äcker und Weingärten warteten auf eine Ernte, die nicht kam. Der Weg stand den Langobarden offen. Die Langobarden gründeten in Italien ein Reich, das mehr als 200 Jahre bestand, bis Karl der Große es eroberte. Die Geschichte des langobardischen Italien gehört aber nicht mehr in die Völkerwanderungszeit, sondern bereits ins frühe Mittelalter. Die Langobarden waren in Pannonien insgesamt 42 Jahre geblieben, also höchstens drei Generationen lang. Ihre ersten Spuren datieren in die Zeit um 526. Der Begriff Pannonien bedeutet hier die ganze Provinz, nicht nur ihren südlichen Teil. Das Gebiet umfaßt das Burgenland, das Wiener Becken, Ungarn bis zur Donau, auch Teile von Slowenien und Kroatien. Der Aufenthalt des langobardischen Volkes ist durch mehrere große Gräberfelder belegt, die alle um das Jahr 568 aufgegeben wurden.

Das größte bisher publizierte Gräberfeld von 650 bis 700 Bestattungen ist aus Kranj in Slowenien bekannt. In diesem Reihenfriedhof bestatteten die Ostgoten ihre Toten in der ersten Hälfte des 6. Jahrhunderts, in der zweiten Hälfte desselben Jahrhunderts kamen langobardische Gräber dazu.

Die volle Waffenausrüstung eines langobardischen Kriegers bestand aus einem Langschwert, Lanze und Schild. Es ist auch der Bogen nachgewiesen. Die Frauen trugen typisch langobardische Fibeln, besonders in S-Form, die am Hals und auf der Brust der Skelette lagen, ferner große Bügelfibeln, die an vom Gürtel herabhängenden Riemen befestigt waren, manchmal auch spätrömische Gewandspangen. Die erwähnten Riemen endeten in verschiedenen Anhängern aus Glas und Halbedelsteinen, manchmal hing auch ein Messer oder ein Schlüssel daran. Zur Frauentracht gehörten auch Halsketten, Haarnadeln und Ohrgehänge. Die reichen Männer trugen Gürtel mit silbernen oder vergoldeten Bronzebeschlägen, dem armen Mann genügte eine einfache Schnalle. Am Gürtel waren noch Taschen oder Beutel aus Leder oder Stoff befestigt, in denen sich kleine Toilettenbestecke, Feuerstähle und Feuersteine, kleine Messer und andere Kleingeräte befanden.

Sehr reiche Gräber sind in den Reihenfriedhöfen in der Regel nicht vertreten; zudem waren viele Bestattungen ausgeraubt worden. Die Räuber ließen in den Grabgruben nur unbedeutende Reste zurück, aber die Grabausmaße, sie waren etwa 2 m breit und 3 m lang, die Tiefe der Grabgrube erreichte sogar 5 m, sprechen für den Reichtum der Verstorbenen.

Der Beigabenart nach lassen sich in den pannonischen Gräberfeldern auch soziale Unterschiede fassen, die den aus schriftlichen Quellen bekannten Gesellschaftsschichten entsprechen: Die reichsten Gräber der Adligen, *adalingi*, enthielten zum Beispiel vergoldete Schildbuckel mit silbernen Nietenköpfen, damaszierte Schwerter, die der

Frauen vergoldete Silberfibeln. Die Freien verfügten über eine vollständige Waffenausrüstung, deren Frauen über die typische Schmuckgarnitur. Die Halbfreien dagegen waren nur spärlich mit Beigaben ausgestattet. Es wurde noch eine vierte Schicht festgestellt, nach anthropologischen Untersuchungen ausschließlich Angehörige des romanischen Typs, die generell Hinweise auf einen schlechten Ernährungszustand aufwies. Dies waren Sklaven. Die Langobarden haben die Sklaverei in Pannonien von den Römern übernommen, sie kannten sie vorher nicht.

Man kann leider nicht immer so schön auf soziale Schichten aus archäologischen Funden schließen. Um so erfreulicher ist es, daß dies bei den Bestattungen der Langobarden möglich ist.

Langobardische Siedlungen in Pannonien sind bisher unbekannt. Nur wenige Kleinfunde in römischen Villen, Kastellen und in der Umgebung von Wachttürmen erzählen von ihrem Leben. Es ist anzunehmen, daß sich die langobardischen Sippen, die ihre Toten in den Reihengräberfeldern bestattet haben, in römischen Dörfern ansiedelten. Die Vornehmen dagegen lebten in Gehöften, zu denen kleine Bestattungsplätze von vier bis sechs Gräbern gehörten. Ähnlich entwickelte sich die Siedlungstätigkeit bei den Gepiden, den Nachbarn der Langobarden.

Das Schicksal der Langobarden in Italien, wo sie ein mächtiges Reich gründeten, überlassen wir nun dem interessierten Leser und seinen Nachforschungen in der Geschichte des frühmittelalterlichen Italiens.

Durch ihre Pferde bekannt geworden – Die Thüringer

Die letzten mitteleuropäischen Germanen der Völkerwanderungszeit, die gar nicht oder kaum wanderten, waren die Thüringer und die Bajuwaren. Die Thüringer wurden auf eine ganz besondere Art erstmals um das Jahr 400 erwähnt. Im Werk des römischen Tierarztes Vegetius Renatus *Mulomedicina* wurden ihre Pferde gelobt. So gingen die germanischen Völker auf verschiedenen Wegen in die Geschichte ein!

Die nächste Nachricht folgt ein halbes Jahrhundert später und erwähnt die Thüringer im Heer Attilas bei der Schlacht auf den Katalaunischen Feldern. Nach dem Zerfall des Attila-Reiches dehnten sie wahrscheinlich ihr Gebiet aus. Die Heimat der Thüringer, im 6. Jahrhundert als Thoringia/Thüringen wohl gut bekannt und deshalb nicht näher bezeichnet, wurde von heutigen Historikern aus fragmentarischen Notizen in Schriftquellen rekonstruiert.

Der deutsche Archäologe Berthold Schmidt beschreibt das Gebiet der Thüringer, das übrigens wesentlich größer als das heutige Thüringen war, folgendermaßen: «Es begann im Süden nördlich der Donau. Im Maingebiet, zwischen Thüringer Wald und Würzburg, grenzte es an die Alamannen. Im Nordosten reichte es mindestens bis zur Elbe und im Norden bis zur Ohre [...]. Nach Westen und Nordwesten ist schließlich keine Grenze bezeugt.»

An der Mittelelbe, an der Saale und nördlich der Donau saßen während der ersten nachchristlichen Jahrhunderte die Hermunduren, aller Wahrscheinlichkeit nach die Ahnen der Thüringer. Sie hinterließen in Mitteldeutschland Fürstengräber mit sehr viel goldenem und silbernem Schmuck. Ihre vornehmsten Vertreter sind die Prinzessin von Hassleben bei Weimar und der Fürst von Leuna bei Merseburg. Der Reichtum dieser Adelsschicht stammte vermutlich daher, daß die Männer als Söldner in römischem Militärdienst tätig waren. Diese zwei reichen Gräber sind ins späte 3. und an den Anfang des 4. Jahrhunderts datiert.

Aus einigen lokalen Kulturgruppen Mitteldeutschlands entstanden die um das Jahr 450 allmählich archäologisch faßbaren Thüringer, die ihre Verstorbenen in Reihengräberfeldern beisetzten. Dies war auch der Zeitpunkt, als die Thüringer den Römern als Stamm bekannt wurden.

Diese frühen Thüringer waren römische Söldner. Dafür spricht ein Schatz, der in Großbodungen entdeckt worden ist, mit frischgeprägten Goldmünzen und einem Solidus von Constantin III. (407–411) als jüngster Münze, außerdem mit Fragmenten von zerschlagenen Silbergefäßen und einem Bronzegefäß.

Anthropologische Untersuchungen belegen, daß die Thüringer unter hunnische Herrschaft gerieten. Einige künstlich deformierte Frauenschädel aus thüringischen Gräberfeldern erwiesen sich als mongolisch, andere als germanisch, waren jedoch ebenfalls deformiert. Für Beziehungen mit den Hunnen sprechen auch Grabbeigaben wie magische Schwertanhänger oder eine goldverzierte Prachttrense nomadischer Herkunft, die in einem reichen, leider ausgeraubten Grab gefunden wurde.

Die Geschichte der Thüringer im 5. Jahrhundert ist wenig bekannt. Am Ende dieses Jahrhunderts herrschte bei ihnen König Bisin, dessen Tochter Radegunde den langobardischen König Wacho (um 508–540) heiratete. Die Frau, die dem fränkischen König Childerich sagte: «Ich weiß, daß du tapfer bist», und ihn nach seinem Aufenthalt im thüringischen Reich in Gallien besuchte und als seine Frau bei ihm blieb, soll Basina, die untreue Gattin des Königs Bisin, gewesen sein.

Als Theoderich der Große sein Bündnissystem aufbaute, bezog er auch die Thüringer ein. Theoderichs Nichte Amalaberga fuhr zu ihnen und heiratete ihren König Herminafrid. Vielleicht als Spur einer ihrer Hofdamen sei ein Grab aus Erfurt-Gispersleben erwähnt, in dem zwei ostgotische Fibeln an den Schultern der Verstorbenen lagen, ganz so, wie Ostgotinnen ihren Fibelschmuck zu tragen pflegten.

Ein anderes Grab ostgotischen Charakters aus Oßmannstedt barg das Skelett einer jungen Frau mit deformiertem Schädel, reich geschmückt mit einer goldenen, almandinverzierten Adlerfibel an einer langen Goldkette, einem Ohrringpaar, einer großen Schnalle im polychromen Stil und mit einem goldenen Fingerring. Dazu hatte sie einen Metallspiegel bei sich, der dem nomadischen Kulturgut zugeordnet werden kann. Die Fibel mit Kette lag jedoch nicht an der Schulter, sondern nach thüringischer Sitte im Beckenbereich. Wer diese Frau war, läßt sich schwer beurteilen. Es steht aber fest, daß ihr Schädel zu Lebzeiten Attilas deformiert worden war. Es ist am wahrscheinlichsten, sie für eine vornehme Ostgotin zu halten, die aus Pannonien, Mösien oder Dalmatien stammte und die somit früher als die Hofdamen von Amalaberga zu den Thüringern kam.

Einige Kontakte verbanden die Thüringer mit den Langobarden. Wir haben gesehen, daß sich der Langobardenkönig Wacho wie Theoderich bemühte, verschiedene Heiratsallianzen zu schließen. So hatte er Radegunde, die Tochter des Bisin, geheiratet. Auch Wachos Nachfolger, Audoin, hatte eine thüringische Königin als Mutter. Zu seiner Zeit aber waren die Thüringer nicht mehr selbständig. Fibeln in langobardischem Stil, die in thüringischen Gräbern auftreten, belegen Beziehungen mit den Langobarden. Die thüringischen Fibeln wanderten dagegen zu den Angeln, die in Südschleswig und Ostholstein saßen, sich aber im Laufe des 5. Jahrhunderts lebhaft in verschiedene Richtungen ausbreiteten, nach Britannien, bis zum Niederrhein und bis zur mittleren Elbe. Sie brachten ihre Keramik mit, die sich im westlichen Teil des Thüringerreiches verbreitete. Auch einige Fibeln nordischen Typs wurden in Mitteldeutschland gefunden.

Das thüringische Reich war so lange unabhängig, wie die Franken es nicht wagten, es anzugreifen. Der Tod von Theoderich dem Großen im Jahre 526 änderte die Karte der jungen germanischen Reiche. So wurden auch die Thüringer fünf Jahre später von den Franken erobert, dies war um so leichter, als sich gerade die Langobarden, die Verbündeten der Thüringer, gegen Osten wandten und mit Justinian um neue Wohnsitze in Pannonien verhandelten.

Die Franken griffen die Thüringer in zwei Feldzügen an. Dabei kamen ihnen die Sachsen zu Hilfe, in der Hoffnung, einen Teil des Reiches für sich zu erobern. An der Unstrut kam es zu einer Schlacht, die nur wenige Thüringer überlebten. Selbst die Königshalle wurde in Brand gesteckt, Königsnichte Radegunde geriet mit ihrem Sohn in Gefangenschaft. Später wurde sie gezwungen, den fränkischen König Chlothar I. zu heiraten. Sie lebte asketisch und widmete sich den Armen und Kranken. Als ihr eigener Mann ihren ebenfalls gefangengenommenen Bruder ermorden ließ, verlangte sie die Scheidung von ihm und ging ins Kloster. Sie war Gründerin des Frauenklosters in Poitiers, in dem sie im Jahre 587 starb. Die Klage der Radegunde notierte Venantius Fortunatus, Bischof von Poitiers. Ihr Ende lautet: «Ich allein habe alle überlebt und lebe, um sie zu beweinen.»

König Herminafrid entkam vorerst dem Tode, beim dritten Feldzug aber, der noch im selben Jahr erfolgte, verunglückte er tödlich, er stürzte von der Stadtmauer, vielleicht von unbekannter Hand hinabgestoßen. Seine Frau Amalaberga floh mit ihren Kindern nach Italien zu ihrem Bruder Theodahad, dem ostgotischen König. Dort wurde sie aber von Belisar gefangengenommen.

Das war das Ende des thüringischen Reiches. Als fränkische Provinz wurden die Thüringer von einheimischen Herzögen regiert, der Nordteil fiel, wie zu erwarten gewesen, an die Sachsen. Dieser östlichste Teil des fränkischen Reiches wurde bald heftig von Awaren und Slawen bedroht, so daß die Franken die östlichen Gebiete bald aufgeben mußten. Elbe und Saale wurden die Ostgrenze des Frankenreiches. Im Jahre 717 fiel der letzte thüringische Herzog, und das Land wurde vollkommen fränkisch.

Aus dem ehemaligen Thüringerreich sind den Archäologen zahlreiche Reihengräberfelder bekannt, die jeweils in der Mitte des 5. Jahrhunderts entstanden waren und 40 bis 80, manchmal bis zu 200 Gräber zählen. In einigen von ihnen wurden Adelige in großen Holzkammern bestattet. Das charakteristische Merkmal der thüringischen Grabsitte sind Pferdebestattungen, von denen eine bis drei zu einem Grab gehören. Außer den manchmal geköpften Pferden wurden auch Hunde beigegeben. Die Pferde liegen in der Regel in der Nähe von Kriegerbestattungen. Es wurden nicht nur vollständige Pferdeskelette, sondern auch vergrabene Pferdeteile, Schädel und Beine, gefunden, die auf ein Totenopfer oder Totenmahl hindeuten. Es wurde nicht mehr das Pferd, sondern nur noch fleischarme Teile als Symbol bestattet.

Am Rande eines Friedhofes von etwa 70 Gräbern in Erfurt-Gispersleben wurde eine isolierte reiche Bestattung entdeckt, in der eine thüringische Prinzessin ruhte. Schon die Grabform war aufwendig: Die mit einem Kreisgraben umgebene, mit Holz ausgekleidete Grabgrube war 5 m lang und 4 m breit. In einer Ecke fand man unzählige Holz- und Eisenreste eines einachsigen Wagens mit eisenbeschlagenen Rädern. Auf dem Wagen saß eine 20- bis 25jährige Frau, deren Skelett nach vorn zusammengesunken war. Beim Skelett lagen Reste von Goldbrokat, einige Glasperlen und zwei Goldröhrchen. Unter einem Radreifen fand man eine zerdrückte, mit Haselnüssen gefüllte Silberschale, die auf einem Eichenholzbrett stand. Alle anderen außergewöhnlich reichen Beigaben lagen in zwei Konzentrationen entfernt vom Wagen in der Grabgrube. Unter den zahlreichen Beigaben sind zu erwähnen ein Holzeimer mit Beschlägen und Attachen aus Bronze, ein Trinkhorn mit Silbernieten und mit einem im skandinavischen Tierstil verzierten Mundblech mit Silberringen zum Aufhängen, ein Silberlöffel, der in einer kleinen Silberschale lag, Glasperlen und ein Beinkamm.

Mit Hilfe von Wagenbaumeistern und Stellmachern gelang die Rekonstruktion des Wagens. Er war über 1 m hoch, mit zwei Speichenrädern und einer Deichselstange in der Mitte versehen. Sicher wurde er von zwei Tieren gezogen, seinem schweren Gewicht nach von zwei Rindern. Je nach den erforderlichen Eigenschaften waren die verschiedenen hölzernen Wagenteile aus Linde, Buche, Eiche oder Birke hergestellt. Zahlreiche Pollen aus der Grabgrube sprechen dafür, daß das Begräbnis im Sommer stattfand und daß die Grabkammer vielleicht mit grünen Zweigen ausgekleidet worden war.

Bisher sind nur einige merowingerzeitliche Wagengräber entdeckt worden. Ihre Rolle im Totenkult wird in schriftlichen Quellen bestätigt. Die Dame aus Erfurt fuhr irgendwann im ersten Drittel des 6. Jahrhunderts ins Jenseits, möglicherweise noch vor der Niederlage der Thüringer, so daß sie das Ende ihrer Welt wohl nicht mehr erlebte.

Wenn es um Bestattungen vornehmer Personen ging, war der aufwendige Bau eines Grabes sozusagen die Spezialität der Thüringer. Die bis 2 m tiefe Grabgrube war eine Holzkammer mit vier Eckpfosten und getäfelten Wänden. Der Sarg stand am Rand der Kammer, der restliche Raum war gefüllt mit Waffen und Gefäßen mit Speisen und Getränken, wohl auch mit Kleidern und Pelzen, wie aus Textilresten zu schließen ist. Über der Grabkammer wurde oft ein Hügel errichtet.

In Zeuzleben, Kreis Schweinfurt in Unterfranken, wurde vor kurzem ein Gräberfeld des 6. Jahrhunderts untersucht, wohl der Bestattungsplatz einer Adelsfamilie thüringischer Herkunft. Hier waren die Grabkammern sogar bis zu 3 m tief. Im Innern war eine etagenartige Holzkonstruktion errichtet, ein wahres Totenhaus, dessen oberer Teil sich weit über der Bodenoberfläche erhob. Im zentralen Grab des Friedhofs ruhte eine Frau auf einem vierrädrigen Wagen, der wohl von Pferden gezogen worden war.

Die normalen Menschen wurden in Holzsärgen bestattet, die manchmal mit Steinen bedeckt waren. Trotz dieser Sicherheitsmaßnahmen sind viele Gräber beraubt worden, wie es auch bei anderen Germanen, besonders bei den Langobarden, der Fall gewesen ist. Die Suche nach Edelmetallen, der Hauptgrund für Grabfrevel, war stärker als der Respekt und die Angst vor den Toten.

Wie in der Völkerwanderungszeit und im frühen Mittelalter so oft sind thüringische Siedlungen kaum erforscht. Es wurden aber bereits eingetiefte Vorratshütten und ebenerdige Speicher entdeckt. Es ist zu erwarten, daß man bei größeren Ausgrabungen zu ähnlichen Ergebnissen gelangt wie bei Siedlungsforschungen bei den benachbarten Bajuwaren.

Die letzten Nachbarn – Die Bajuwaren

Wenn wir zum erstenmal von den Bajuwaren hören, durchqueren längst viele germanische Völker ganz Europa, gründen ihre Reiche, versuchen, endgültig eine Heimat zu finden, und geraten dabei in Kriege. Es ist Jordanes, der in seiner Geschichte der Goten in der Mitte des 6. Jahrhunderts nur beiläufig die Bajuwaren als Nachbarn der Donausueben erwähnt. Im Jahre 469/70 gab es Krieg zwischen den Donausueben und den Ostgoten. Jordanes beschreibt die suebischen Wohnsitze und nennt ihre Nachbarn. Im Osten waren es die Bajuwaren, im Westen die Franken, im Süden die Burgunden und im Norden die Thüringer. Wenig später bestätigt Venantius Fortunatus, der Bischof von Poitiers, diese Lagebeschreibung, als er seinen Weg zum Grab der heiligen Afra in Augsburg beschrieb. Er erwähnt die Bajuwaren am Lech.

Mit der Mitte des 6. Jahrhunderts endet unser Buch, und vielleicht sollten wir nicht mehr über ein so spät erschienenes Volk sprechen. Aber die Geschichte oder, besser gesagt, die Archäologie der Bajuwaren reicht bis ins 5. Jahrhundert zurück. Deshalb muß sich auch für sie hier ein Platz finden.

Baiobari oder Baiovari bedeutet Männer aus ...; aber woher denn? Es ist möglich, daß sie sich aus den Alamannen, Langobarden, Quaden und Sueben als Volk herausgebildet haben. Zur Entstehung der Bajuwaren können also nur archäologische Funde etwas aussagen. Sie sind sogar so aufschlußreich, daß wir die Ursprünge der Bajuwaren in ihnen erkennen können.

Die Bajuwaren entstanden als geschlossenes Volk in Osträtien, also im heutigen Bayern. Dort dienten die unterschiedlichsten Germanenstämme in der römischen Armee. Das Land hatte sehr unter den alamannischen Übergriffen im 3. Jahrhundert gelitten, Gutshöfe waren verlassen und Stadtareale hatten sich verkleinert. Die Zivilbevölkerung suchte Schutz in den Donaukastellen, die begannen zu groß zu werden für die stark verminderten römischen Truppen. Es sei nicht vergessen, daß schließlich auch der Zug Attilas nach Gallien im Jahre 451 Verwüstungen und Schaden in diesem Gebiet mit sich brachte.

Die Anwesenheit germanischer Söldner am Iller-Donau-Limes in Rätien und Noricum im 4. und 5. Jahrhundert ist auch archäologisch gut belegt. Sehr interessante Ergebnisse brachte die Analyse von germanischen Gräbern im spätrömischen Friedhof in Neuburg an der Donau. Er beginnt mit Bestattungen von Elbgermanen, wohl vorwiegend aus Böhmen, die als Söldner von etwa 330 bis 390 im römischen Kastell stationiert waren. In den letzten 20 Jahren der Friedhofsbelegung (390 bis um 410) folgen Ostgoten.

Auch in anderen Militärposten wie in Linz/Lentia, Lorch/Lauriacum oder Straubing/Sorviodurum wurden Gräber mit germanischen Beigaben gefunden. Das ist aber noch nicht alles. Am Nordufer der Donau, gegenüber von Straubing, wurde ein großes Urnengräberfeld ausgegraben, dessen Urnen die gleiche Form wie die Urnen vom Friedhof in Přešťovice in Südwestböhmen aufweisen. Die Keramik gleicht einander so sehr, daß man zu dem Schluß kommen muß, daß sie von ein und derselben Bevölkerung hergestellt worden ist. Man kann vermuten, daß es seit der zweiten Hälfte des 4. Jahrhunderts hier Einwanderer aus Böhmen gab, die sich dem Limes gegenüber niederließen und in römischen Dienst traten. Sie gaben wohl bald die Brandgrabsitte auf und gingen unter römisch-christlichem Einfluß zur Körperbestattung über. Auch aus dem alamannischen Gebiet kamen Gruppen an den Limes, die nach kurzer Zeit zu einem Volk verschmolzen.

In den letzten Jahrzehnten vor dem Fall des Reiches waren die Römer besonders deshalb auf germanische Kräfte zum Schutz ihrer Grenzen angewiesen, weil ihre eigenen Legionen allein nicht mehr ausreichten. Wir haben bereits mehrmals darauf hingewiesen, daß sich diese germanischen Soldaten jederzeit in Plünderer wandeln konnten. Die Römer wußten jedoch keinen anderen Rat.

Als Rätien unter Herrschaft Theoderichs des Großen der nördlichste Teil des ostgotischen Reiches wurde, waren die Bajuwaren noch immer im Begriff, einen Stamm zu bilden. Bald darauf erscheint zum erstenmal ihr Name, und sie treten als letztes germanisches Volk, das sich während der Völkerwanderungszeit herausgebildet hat, ins Licht der Geschichte.

In der zweiten Hälfte des 5. Jahrhunderts besetzten die Bajuwaren die Gegend um Regensburg; dies war aber keine einmalige Einwanderung, deren klassische Beispiele wir bei den Goten und Langobarden finden. Vielmehr war es eher ein allmähliches Einsickern wie bei den Franken in Nordgallien, natürlich unter anderen Umständen.

Gegen Ende des 5. Jahrhunderts begannen die Bajuwaren Reihengräberfelder anzulegen. Das größte von ihnen liegt in Altenerding bei München und zählt über 2000 Gräber, die sich von der Mitte des 5. Jahrhunderts über das 6. und 7. Jahrhundert bis etwa ins Jahr 670 erstrecken. In den frühen Phasen des Friedhofs lassen sich aus dem Charakter der Beigaben verschiedene germanische Elemente ablesen, ostgotischer, langobardischer und thüringischer Herkunft, aus denen schließlich das bajuwarische Volk zusammengewachsen ist. Sie kommen auch in anderen Gräberfeldern vor, in denen Keramik des böhmischen Typs auftritt.

Am Anfang des 6. Jahrhunderts hat sich bei den Bajuwaren eine Adelsschicht herausgebildet, die in ihrer späteren Geschichte eine große Rolle spielen wird. Gerade in Altenerding ist diese Schicht sehr gut faßbar, in einer Zeit, die der Herrschaft Chlodwigs und seiner Söhne entspricht.

Aus der zweiten Hälfte des 5. Jahrhunderts verfügen wir über eine äußerst wichtige historische Quelle, die die ethnischen Verhältnisse in Noricum und Rätien schildert. Das ist die *Vita Sancti Severini,* die der Mönch Eugippius im Jahre 511 niedergeschrieben hat. Der heilige Severin war nicht nur Kirchenmann, sondern auch Staatsmann in Noricum. Nach dem Jahr 476, als Odoaker die Grenzsoldaten nicht mehr bezahlen konnte, kam es zu großen Unruhen im Land. Severin organisierte eine wahre Evakuation der römischen Zivilbevölkerung, die in einigen Etappen über Künzing und Passau bis nach Enns im heutigen Oberösterreich führte. Als Odoaker schließlich dort die Rugier besiegte, wanderten die Römer nach Italien aus. Dadurch entstand, wie wir bereits gesehen haben, das halbleere Durchgangsland, das bald von den Langobarden in Besitz genommen wurde.

Das Leben des heiligen Severin, der im Jahr 482 starb, spiegelt die wirren Zustände in den Grenzprovinzen an der Donau wider. In den befestigten Städten saß die romanische Bevölkerung, Germanenstämme wie Alamannen, Thüringer, Sueben und Heruler zogen plündernd durchs Land. Die Biographie des Heiligen erwähnt in Rätien vor allem Alamannen mit ihrem König Gibuld, aber auch Thüringer bei Passau, die vielleicht bereits ein Teil des bajuwarischen Volkes waren.

Bajuwarische Siedlungen sind erst aus dem 7. Jahrhundert bekannt. In Kirchheim bei München wurden große Ausgrabungen einer Siedlung des 7.– 8. Jahrhunderts durchgeführt. Aus Luftbildern ist die gesamte Fläche des Siedlungsplatzes bekannt. So zeigt das bajuwarische Dorf das typische Bild einer germanischen Siedlung mit großen ebenerdigen Pfostenhäusern, kleinen Grubenhäusern und Brunnen, die zusammen einzelne umfriedete Gehöfte bildeten. Zur Zeit der bajuwarischen Landnahme im 5. Jahrhundert konnten solche organisierte Siedlungen jedoch noch nicht existieren.

Die bajuwarischen Herzöge erwiesen sich in der Geschichte des späten 6. bis zum 8. Jahrhundert als mächtige Herren mit engen dynastischen Beziehungen zu den italienischen Langobarden. Theodelinde, Tochter eines bayerischen Herzogs, heiratete einen langobardischen König und gründete die Kathedrale in Monza bei Mailand. Im Domschatz sind wunderschöne Kunstgegenstände aus jener Zeit ausgestellt, darunter die Krone der Theodelinde und die berühmte eiserne Krone der Langobarden. Monza, die Stadt, die heute im Schatten von Mailand lebt, ist eine Reise wert. Zum Dom führt die Theodelinde-Gasse ...

Das Toledanische Reich der Westgoten

Mit den Westgoten beenden wir die Völkerwanderung nach Süden. Von den Franken aus Gallien vertrieben, gründeten sie ihr Reich mit der späteren Hauptstadt Toledo auf der Iberischen Halbinsel. Schon früher hatte sie ihr Weg nach Spanien geführt, als sie als römische Verbündete unter König Valia (415–418) gegen die Alanen und Wandalen kämpften. Auch später, in der zweiten Hälfte des 5. Jahrhunderts, unternahmen westgotische Truppen von Gallien aus Raubzüge nach Spanien.

Nach der verlorenen Schlacht bei Vouillé im Jahre 507, in der König Alarich II. fiel, kam das neugegründete westgotische Reich, das zuerst den nordöstlichen Teil Hispaniens umfaßte, unter die Herrschaft des ostgotischen Königs Theoderich des Großen, der im Namen seines minderjährigen Enkels Amalarich regierte, dem Sohn Alarichs II. Der westgotische Königsschatz kam nach Ravenna und wurde erst nach dem Tode Theoderichs zu den Westgoten zurückgebracht. Dafür traten die Westgoten aber die Provence zugunsten der Ostgoten ab. Nach der Niederlage bei Vouillé behielten sie noch einen Küstenstreifen am Mittelmeer, der nicht von den Franken besetzt war.

Die beiden Reiche – das ost- und westgotische – waren nicht nur durch einen gemeinsamen Herrscher vereint; es wurden auch viele gemischte Ehen geschlossen, und die Ehemänner konnten frei entscheiden, ob sie bei dem eigenen Volk bleiben oder sich dem ihrer Frauen anschließen wollten. Auch der Nachfolger Amalarichs, Theudis (531–548), ein Ostgote, mit einer reichen hispano-römischen Frau verheiratet und zum Westkönig erkoren, setzte diese Vereinigungspolitik fort. Es gelang ihm, immer wieder einfallende Franken zu schlagen. so daß sie über fünfzig Jahre lang die Westgoten nicht mehr angriffen.

Eine viel größere Gefahr als die Franken waren die Byzantiner für die Westgoten. Als diese im Jahre 534 dem wandalischen Reich ein Ende bereiteten, besetzten sie zugleich Ceuta, eine nordafrikanische Stadt gegenüber Gibraltar. Siebzehn Jahre später nahmen die Byzantiner die südliche Mittelmeerküste Spaniens ein und gründeten dort die Provinz Spania mit der Hauptstadt Cartagena.

Die weitere Geschichte der Westgoten gehört nicht mehr zur Völkerwanderungszeit, sondern bereits vollständig ins frühe Mittelalter. Deshalb geben wir hier nur einen kurzen Abriß ihres späteren Schicksals.

Unter dem Gründerkönig Leowigild (568–586) kam es zur eigentlichen Organisation des Toledanischen Reiches. Während seiner Regierungszeit unterwarf er das Reich der Sueben und einen Teil des byzantinischen Gebietes. Schritt für Schritt kam es zur Romanisierung des gotischen Volkes, zum einen durch die Aufhebung des Verbots, Mischehen zwischen Westgoten und Römern zu schließen, und zum anderen durch die Konvertierung Rekkareds (586–601), des Sohnes von Leovigild, zum Katholizismus. Das Toledanische Reich dauerte bis 711, als der Araber Tarik am Felsen von Gibraltar (= Dschabal at-Tarik) landete. In einer Schlacht, vermutlich bei Jerez de la Frontera, wurde Roderich, der westgotische Thronprätendent, geschlagen. Dies war das Ende des westgotischen Reiches in Spanien.

Heute leben in der spanischen Sprache noch etwa 100 Wörter fort, die aus der gotischen Sprache entlehnt sind, vor allem Orts- und Personennamen (z. B. Rodriguez) und Worte aus dem Waffenhandwerk, dem Haushalts- und Kleidungsbereich; so beispielsweise *yelmo*/Helm, *jabón*/Seife, gotisch *sapon, espuela*/Sporn, gotisch *spaúra.*

Auch in Spanien selbst entstand eine Chronik der Goten. Sie kam aus der Feder von Isidor, um das Jahr 570 geboren, Bischof von Sevilla seit dem Jahre 599/600, der vor allem mit seiner monumentalen Enzyklopädie *Etymologiae* in die Geschichte eingegangen ist. Seine Geschichte der Goten, Wandalen und Sueben beginnt mit den gotischen Einfällen nach Griechenland und Kleinasien in der zweiten Hälfte des 3. Jahrhunderts und endet mit König Suinthila (621–631). Das Werk hat den Charakter eines trockenen Berichtes, an dessen Ende ein kurzes Lob der Goten steht. Isidor lobt ihren Mut und ihre Tapferkeit, aber die Sätze klingen ziemlich traurig: «So groß waren sie im Kriege und so außergewöhnlich siegreich ihre Tapferkeit, daß Rom selbst, die Besiegerin aller Völker, das Joch der Goten auf sich nehmen und zu ihren Triumphen beitragen mußte, daß Rom, die Herrin der Welt, jenen wie eine Sklavin Dienste tat.»

Der Hispano-Romane Isidor von Sevilla lobte als Bürger des westgotischen, immer mehr romanisierten Reiches die Goten auch dafür, daß sie die Byzantiner unter Suinthila verdrängt hatten und ihr König nun über die ganze Halbinsel herrschte. Er fühlte sich mit den bereits katholischen Westgoten verbunden und sah in ihnen nicht mehr Invasoren, sondern einen Teil seines Heimatvolkes.

Die ersten archäologischen Spuren der Westgoten auf der Iberischen Halbinsel beschränken sich auf einige Silberfibeln, die gute Parallelen im Donauraum finden und als Beigaben in Frauengräbern zu interpretieren sind. Sie gelangten in die Museen als Einzelfunde ohne genaue Fundangaben. Diese Fibeln stammen aus dem 5. Jahrhundert, ein Paar sogar aus dessen erster Hälfte.

In Südspanien konzentrieren sich einige Grabinschriften mit westgotischen Namen, die jedoch auch aus späterer Zeit stammen können.

Über zahlreiche westgotische Funde verfügt die Archäologie erst vom Ende des 5. und von der ersten Hälfte des 6. Jahrhunderts an. Damals wurden riesige Gräberfelder angelegt, vor allem in Alt- und Neukastilien, mit einer deutlichen Konzentration in der Provinz Segovia. Es klingt fast unglaublich, aber das Gräberfeld in Castiltierra enthält allein fünf- bis achttausend Gräber! Leider wurde diese Fundstelle so ausgegraben, daß einzelne Grabkomplexe nicht gesondert aufgenommen worden sind. Bis auf wenige Ausnahmen ist der Inhalt einzelner bestimmter Gräber nicht mehr zu rekonstruieren, so daß nur eine Riesenkollektion von Fibeln, Gürtelschnallen und anderen Schmuckstücken vorliegt. Dies ist ein irreparabler Verlust, da sich gerade aufgrund eines Grabinhalts, seiner Lokalisation im Friedhofsareal und seiner verschiedenen Beigabenkombinationen weiterreichende Schlüsse über die soziale Struktur, die Trachteigenschaften, den Belegungsablauf des Gräberfeldes und vieles mehr hätten ziehen lassen.

Systematisch ausgegraben sind jedoch einige andere Gräberfelder, wie Duratón mit seinen fast 700 Gräbern und Madrona, beide in der Provinz Segovia. Keines von beiden ist bisher vollständig erforscht worden.

Alle Gräber waren Körperbestattungen, vorwiegend mit dem Kopf nach Westen, seltener in anderer Richtung. Die Toten lagen in Holzsärgen in einfachen Erdgräbern. Dies beweisen zahlreiche Eisennägel und manchmal auch Holzreste. Ferner gab es Gräber mit großen Steinplatten oder, sehr selten, mit Sarkophagen.

In den Männergräbern fehlen nach wie vor die Waffen, teilweise lassen sich jedoch männliche Bestattungen anhand der ziemlich einfachen Bronzeschnallen mit kleinen Riemenbeschlägen erkennen. Solche schlichten Schnallen kommen in Frauengräbern nicht vor.

Die Frauen behielten ihre nationale Tracht bis zur Mitte des 6. Jahrhunderts oder bis kurz darauf bei. Wie bei den Ostgotinnen in Italien bestand sie aus zwei großen Bügelfibeln, die anfangs aus Silber, später aus Bronze hergestellt wurden. Die frühen, in Teilen gegossenen und zusammengenieteten Silberfibeln erinnern sehr stark an donauländische Stücke. Die Entwicklung der späteren (von etwa 525 bis 560), mit Kerbschnitt und Kreisaugen verzierten und aus einem Stück gegossenen Bronzefibeln geht ihren eigenen Weg, sie stützen sich nicht mehr auf die Donauformen, sondern sind den Fibeln der Krimgoten manchmal zum Verwechseln ähnlich.

Wie bei den Ostgoten trugen die westgotischen Frauen manchmal Adlerfibeln, die später ihre Zellenverzierung verlieren und, wie die anderen Fibeln, aus einem Stück Bronzeblech gegossen werden. Die großen Schnallen mit ihren zellenverzierten, rechteckigen Beschlägen mit Halbedelsteinen gelten als weiteres Element der nationalen westgotischen Tracht. Dazu kamen noch Ohrringe, Perlenketten aus Glas und Bernstein, seltener Armringe.

Diese Tracht verschwindet kurz nach der Mitte des 6. Jahrhunderts. In den Gräbern der zweiten Hälfte des 6. und des 7. Jahrhunderts bleiben vorwiegend gegossene Schnallen übrig, die sich zuerst von spätrömischen, später dann von byzantinischen Formen herleiten lassen. Perlenketten und einfache Ohrringe werden selten. Immer häufiger treten Gräber ohne Beigaben auf.

Veränderungen in der Grabausstattung haben ihre Ursache im Prozeß der Romanisierung des westgotischen Volkes, der nach der ersten Besiedlungsphase bis zur Mitte des 6. Jahrhunderts ziemlich rasch ablief. Diese Entwicklung ist auch im Belegungsablauf des Gräberfeldes in Duratón sichtbar, in dem Gräber der frühen Phase noch die vollständige Tracht aufweisen, die nach und nach reduziert wird.

Mit der Aufgabe der nationalen Tracht endet die westgotische Periode, eine Phase, die von spanischen Archäologen als spanisch-westgotisch bezeichnet wird. Es ist eine Zeit der Assimilation, die vor allem durch die Erlaubnis von Mischehen und durch die Konvertierung der Westgoten zum Katholizismus geprägt war.

Die Westgoten siedelten sich unter der römischen Bevölkerung an, sie bekamen Land und mußten deshalb keine eigene Siedlungstätigkeit entwickeln. Auch westgotische Keramik ist kaum bekannt. Die römischen Töpfereien, wohl auch die Glaswerkstätten, produzierten weiter und lieferten ihre Waren auch an die Goten. Aus Spanien sind außerdem Bronzegefäße, vor allem Platten mit Inschriften liturgischen Inhalts und Krüge, bekannt, die entweder als Weinbehälter oder zum Händewaschen während der Messe dienten. Dies sind jedoch vor allem Erzeugnisse des 7. Jahrhunderts.

Am Ende des 6. Jahrhunderts begann sich in Spanien ein einheitliches Reich herauszubilden, dessen Entwicklung die arabische Invasion unterbrach. Die Ansichten heutiger Historiker im Hinblick auf den Vereinigungsprozeß sind jedoch unterschiedlich, je nach dem, wie sie die Rolle der gotischen Könige einschätzen, mit anderen Worten, ob ihre Tätigkeit die Integration förderte oder nicht. Dabei ist besonders wichtig, wer hohe Ämter bekleidete, Westgoten oder Römer. Die Mehrzahl der Hofbeamten war gotisch, aber die lokale römische Verwaltung bestand weiter. Ein anderes Problem besteht darin, inwieweit der westgotische Adel dem Prozeß der Romanisierung unterlag. Der deutsche Historiker Dietrich Claude ist der Meinung, daß Spuren der vornehmen Westgoten in Kastilien fehlen. Dort liegen aber die meisten Gräberfelder, allerdings ohne Fürstenbestattungen. Danach müßte der gotische Adel wohl eher andere Wohnsitze gewählt haben und ohne besonderen Kontakt zu seinem Volk schnell romanisiert worden sein. Im Jahre 653, während der achten toledanischen Synode bezeichnet der König das Volk Hispaniens bereits als eine Einheit.

Die Entwicklung des westgotischen Reiches nach der ersten, rein westgotischen Phase wird in diesem Buch nicht mehr besprochen. Die Wanderung war beendet, es begann die Konsolidierung des frühmittelalterlichen staatlichen Organismus. Auch die Hauptstadt Toledo, um 580 erstmals in Quellen erwähnt, gehört in spätere Zeit. Aus der Gegend der späteren königlichen Residenz sind einige Gräberfelder bekannt, von denen der Friedhof in Carpio de Tajo mit seinen 300 Gräbern noch fast vollständig in die frühe westgotische Phase datiert ist. Die ersten Königssitze waren Barcelona und Narbonne. Erst später, unter König Leovigild, verlegte man die Hauptstadt nach Toledo.

Archäologische Spuren des Tolosanischen Reiches in Aquitanien fehlen fast vollständig. Es gibt aber westgotische Funde im östlichen Languedoc und in den östlichen Pyrenäen, in den Gebieten, die die Westgoten nach der Niederlage im Jahre 507 noch halten konnten. Das Gräberfeld in Estagel bei Perpignan mit über 200 Gräbern zeigt in der

Grabausstattung ähnliche Merkmale wie die großen Friedhöfe Kastiliens: gegossene Bronzefibeln und große Schnallen aus dem zweiten und dritten Jahrzehnt des 6. Jahrhunderts. Spätere Funde weisen die uns bereits bekannte Reduzierung der Beigaben auf, die im Laufe des 7. Jahrhunderts erfolgte. Dies bestätigen auch andere Gräberfelder aus Septimanien, dem Küstenstreifen.

Eine neue Grabung eines Dorffriedhofes in Venerque südlich von Toulouse brachte sehr interessante Ergebnisse: In den Gräbern aus der zweiten Hälfte des 6. und des 7. Jahrhunderts gab es Beigaben fränkischen Typs, jedoch keine Waffen. Der Friedhof lag in einem seit 507 fränkischen Gebiet, jedoch nicht weit vom westgotischen Septimanien. Dies erklärt wohl gewisse gotische Einflüsse.

Einen umgekehrten Fall stellt ein Gräberfeld in Pamplona in Nordspanien aus dem 7. Jahrhundert dar. Es liegt in westgotischem Gebiet; die Gräber waren jedoch mit Keramik- und Waffenbeigaben nach fränkischer Sitte ausgestattet. Wir können uns vorstellen, daß wohl gegenseitige Kontakte zwischen Franken und Westgoten bestanden haben, die sich noch nicht in allen Einzelheiten rekonstruieren lassen.

Zum Schluß ein schönes Beispiel der Einwanderung der westgotischen Tracht weit nach Norden bis in die Gegend von Paris. Im fränkischen Gräberfeld Vicq fand man eine Frauenbestattung mit zwei großen, typisch westgotischen Fibeln und einer ebenso westgotischen Schnalle. Die beiden großen Fibeln lagen auf der Brust der Verstorbenen, während zwei kleinere Vogelfibeln, auch in diesem Grab gefunden, sich nach fränkischer Sitte am Hals befanden. Die westgotischen Beigaben sind typisch für das Ende des 5. und den Anfang des 6. Jahrhunderts in Spanien. Dies hat wohl zu bedeuten, daß eine spanische Westgotin aller Wahrscheinlichkeit nach einen fränkischen Mann aus der Gegend von Paris geheiratet hat.

Wir verlassen das westgotische Reich in der Mitte des 6. Jahrhunderts und gehen nicht auf seine weitere Geschichte ein, die noch 150 Jahre andauerte. In der Zeit des konsolidierten hispano-westgotischen Reiches entwickelte sich die westgotische Kirchenarchitektur. In dieser Zeit wurden herrliche Votivschätze vergraben. Über diese sehr interessante Etappe des frühmittelalterlichen Staates berichten zahlreiche historische Quellen, archäologische Funde und kunsthistorische Werke.

Wir haben hier versucht, die Anfänge der Westgoten in Spanien darzustellen.

Die Wanderung im Norden – Die Sachsen und Angeln

Alle gingen nach Süden, die europäische Welt des 5. Jahrhunderts war erschüttert. Barbarenströme ergossen sich über die römischen Grenzen, als ob ein Damm geborsten sei. Nichts schützte die Provinzen und Rom selbst vor den neuen Völkern, die um jeden Preis eine neue Heimat finden wollten.

In der Zeit zu Anfang des 5. Jahrhunderts begann noch eine weitere Einwanderung, ebenfalls in eine römische Provinz, aber in anderer Richtung, im Norden nach Westen, von der Nordseeküste nach Britannien. Es war der Zug der Angeln und Sachsen, die dem heutigen England ihren Namen gegeben haben.

Die ältesten Nachrichten über die Sachsen stammen von Ptolemäus, der ihre Wohnsitze um das Jahr 160 auf der Kimbrischen Halbinsel, also auf Jütland, sah. Nach langem Schweigen der historischen Quellen tauchen sie gegen Ende des 3. Jahrhunderts an der südlichen Küste des Ärmelkanals auf. Ihr Kerngebiet erstreckte sich zwischen der unteren Elbe und Weser, das im ersten nachchristlichen Jahrhundert den Chauken gehörte. Eine Sage aus dem 9. Jahrhundert leitet den Namen der Sachsen von ihrer Hauptwaffe her, einem kurzen einschneidigen Schwert, Sax oder Scramasax genannt.

Die Sachsen treten am Ende des 3. Jahrhunderts als regelrechte Piraten auf. Von See her unternahmen sie Raubzüge zu den Küsten Galliens und Britanniens, die der provinzialrömischen Bevölkerung so lästig waren, daß dort schließlich ein Befestigungssystem errichtet wurde, der *litus Saxonicus.* Manche Historiker bezeichnen die Sachsen mit Recht als Vorläufer der Wikinger. Bereits zu Anfang des 3. Jahrhunderts begannen die Bewohner der ostbritischen Küste Münzschätze zu vergraben, aus Furcht vor den sich ständig wiederholenden sächsischen Überfällen.

Die Städte beiderseits des Kanals, die bereits 100 Jahre vor der ersten Erwähnung der sächsischen Piraten bestanden hatten, bekamen dicke Ringmauern mit Türmen.

Nicht besser als die Sachsen waren auch die Angeln und die Jüten aus Schleswig und von der Jütischen Halbinsel. Beide Stämme bildeten ein Stammesbündnis, das für die römischen Provinzen äußerst gefährlich war.

Aber sächsische Krieger standen auch in römischem Militärdienst und wurden von allen Usurpatoren des 3. und 4. Jahrhunderts eingesetzt. Zur Zeit des Julian Apostata und Valentinians I. (355–375) waren sie Föderaten.

Archäologische Zeugnisse beider kriegerischer Aktivitäten, der Raubzüge und des Solddienstes, sind große Opferplätze in Mooren in Jütland und im Land Schleswig, in denen hunderte von Schwertern, Lanzen und Schilden zusammen mit Schmucksachen lagen. Viele Waffen kamen aus römischer Herstellung, auch römische Münzen und Bronzegefäße wurden entdeckt. Namen wie Thorsberg, Nydam, Vimose und Illerup, wo diese Opfer stattfanden, sind längst zu archäologischen Schlagwörtern geworden. Manche von ihnen waren Opferplätze, an denen über vier Jahrhunderte lang, vom ersten bis zum vierten nachchristlichen Jahrhundert, immer wieder Gaben versenkt wurden. Andere waren das Ergebnis einer einmaligen Opferhandlung. Alle diese Plätze sprechen für die Existenz von Kriegerbündnissen, die den Göttern einen Teil ihrer Beute opferten.

An der Nordseeküste lebten die Sachsen in den ersten nachchristlichen Jahrhunderten in großflächigen wandernden Siedlungen, die je nach Ausdehnung des Ackerlandes umgebaut oder neu angelegt wurden. Manchmal erreichten sie eine Zahl von 20 bis 30 gleichzeitig genutzten Gehöften mit Wohnstallhäusern, kleineren Wirtschaftsbauten und großen Hallengebäuden.

Die kontinentalen Sachsen verbrannten ihre Toten. Seit dem 4. Jahrhundert n. Chr. erscheinen auch bei ihnen Körpergräber, die jedoch keineswegs christlich waren. Die heidnische Brandbestattung dauerte bis zur Zeit Karls des Großen, als sie schließlich endgültig verboten wurde. Bis zum 8. Jahrhundert blieben die Sachsen Heiden.

Die römische Provinz Britannien, von Kaiser Claudius im Jahre 43 erobert, bestand bis 407, als der britische Usurpator Constantin III. die römischen Truppen von der Insel abzog, um die Gallien verheerenden Wandalen, Alanen und Sueben zu bekämpfen. Ein Jahr später verwüsteten die Sachsen die ihrem Schicksal überlassenen gallischen Provinzen. In Britannien kam es zu Aufständen der einheimischen Bevölkerung gegen die Römer, die mit einer Herrschaft von Tyrannen britischer Abstammung endeten. Von Seepiraten und den Picten und Scoten vom nördlichen Teil der Insel bedroht, ließ Fürst Vortigern eine Schar Germanen nach Kent kommen, die seine Föderaten wurden. Es begann der *Adventus Saxonum,* im 8. Jahrhundert von Beda Venerabilis, dem berühmten anglischen Mönch und Historiker, niedergeschrieben. Eine seiner früheren Quellen war die Geschichte Britanniens von Gildas, einem walisischen Kleriker, in den Jahren 545–549 verfaßt.

Die frühesten sächsischen Siedler kamen nach Ostengland und legten dort große Urnenfriedhöfe an, deren Keramikformen sich von den kontinentalen Sachsen und Angeln herleiten lassen. Andere germanische Gräberfelder an der Themse bestehen aus Körperbestattungen, die aus etwas früherer Zeit stammen, vom Anfang des 5. Jahrhunderts. In diesen Gräbern fand man spätrömische Militärgürtel und norddeutsche Frauenfibeln. Die Toten waren die ersten Föderaten, die zwischen den Jahren 410 und 420 kamen, nicht nur Sachsen, sondern wahrscheinlich auch Franken.

In den römischen Städten Britanniens hat man ebenfalls germanische Siedlungsspuren beobachtet. Die sächsische Einwanderung war damit aber noch nicht zu Ende. Während des ganzen 5. Jahrhunderts kamen immer neue Menschen aus Norddeutschland und Südskandinavien nach Ostengland und in die Midlands. Auch die Franken waren an einer Besiedlung der Insel interessiert. Es entstanden mehrere germanische Kolonien. Um die Mitte des 5. Jahrhunderts kam es zu einer sächsisch-fränkischen Allianz, die zur Gründung des Königreichs Sussex führte.

Die neuen Ansiedler teilten England unter sich auf, so daß bald mehrere Königreiche entstanden, Kent, Sussex, Essex, Wessex, East Anglia, Mercia und Northumbria. Aus ihren Namen läßt sich mühelos ablesen, von wem sie gegründet worden sind. Sussex ist Südsachsen, Essex und Wessex dementsprechend Ost- und Westsachsen, East Anglia ist Ostangeln.

Zur selben Zeit vermindern sich die archäologischen Funde an der Nordseeküste, ein zusätzlicher Beweis für eine massive Abwanderung.

Die neuen Herrscher Britanniens waren Angelsachsen, die die noch existierende römische Struktur mit ihren Bauten und Straßen übernahmen, aber auch eigene Siedlungen gründeten und in großen Brandgräberfeldern ihre Toten beisetzten.

Das öde Land?

Bisher haben wir uns eher mit Einwanderungen in neue Gebiete beschäftigt. Wir gingen, wie die damaligen Menschen, vorwärts ins neue Land, ohne uns große Gedanken darüber zu machen, was hinter uns zurückblieb. Jetzt aber wird es Zeit, die Frage zu beantworten, die sich der Leser sicher seit langem stellt: Was geschah in den verlassenen Ländern? Sind sie wüst geworden und, wenn jemand kam, wer kam?

Beginnen wir im Norden, in der Wiege der Nationen, wie Skandinavien in der Spätantike genannt wurde. Aus einer Erwähnung Cassiodors ergibt sich, daß am Anfang des 6. Jahrhunderts die Gauten, mit anderen Worten die Goten, Skandinavien bewohnten. Sie unterschieden sich durch ihren kräftigen Körperbau und durch ihre Kampfeslust von anderen Germanen.

Bis zum Ende der Völkerwanderungszeit sind in Skandinavien keine Hinweise auf Entvölkerung faßbar. Zwar wurden manche Gräberfelder und Siedlungen verlassen, aber in sie kam bald Leben zurück. Die Fürstengräber und viele Goldschätze beweisen einen großen Zufluß von Gold. So wogen zum Beispiel zwei berühmte, heute nicht mehr existierende Goldhörner aus Gallehus in Südjütland zusammen etwa 6,5 kg. Dazu benötigte man etwa 1650 Solidi, eine enorme Summe, die den Unterhaltskosten von 200 römischen Soldaten für ein Jahr entsprach. Die Liste der skandinavischen Goldschätze ist lang und spricht für zwei Tatsachen: Zum einen wurde Skandinavien vom Hunnensturm verschont, und deshalb konnte sich dort das Leben weiterentwickeln. Zum anderen bestanden lebhafte Kontakte mit dem Süden. Darauf deuten Hortfunde von west- und oströmischem Gold hin. Solidi kamen als Beutegut nach Skandinavien, wo sie vorwiegend eingeschmolzen wurden, um daraus Schmuckstücke herzustellen.

Der Handel mit dem europäischen Kontinent verlief mit Hilfe von Booten, die sich in Mooren erhalten haben. Es waren breite, offene Klinkerboote. Das größte Schiff aus Nydam in Dänemark, dort wurden drei solcher Boote gefunden, ist 23 m lang, wiegt über drei Tonnen und konnte 45 Männer mit Waffen, Lebensmitteln, Wasser und Ballast tragen. Zur Zeit des Hunnenangriffs wurden die Handelskontakte mit dem Kontinent unterbrochen, aber am Ende des 5. Jahrhunderts ist wieder eine Belebung des Handelsverkehrs faßbar.

Auf den Schiffen kamen Solidi, aber auch Gefäße aus Bronze und vor allem aus Glas nach Skandinavien, die von Osten, vermutlich aus Syrien, aber auch aus dem fränkischen Reich kamen. Als einheimische Tauschwaren sind Pelze, vor allem Bärenfelle, und Eisenbarren zu nennen, gewonnen aus Sumpf- und Raseneisenerz. Als großer Handelsplatz entwickelte sich in der Zeit zwischen 400 und 700 Helgö, eine Insel im Mälarsee bei Stockholm. Sie war gleichzeitig auch das Zentrum der Bronze- und Eisenhandwerker sowie der Goldschmiede. Dafür sprechen tausende von Gußformbruchstücken.

Im Norden entstand in der Völkerwanderungszeit der sogenannte Tierstil, mit dem Fibeln, Schnallen und Zierplaketten geschmückt wurden. Hier entstand ein Gegenstrom zum polychromen Stil, dessen Ursprünge im Südosten Europas zu suchen sind. Bald verbreiteten sich die Tierstil-Erzeugnisse im merowingerzeitlichen Europa.

Wir sehen also keine Entvölkerungsspuren in Skandinavien. Anders ist es an der südlichen Ostseeküste. Jordanes schreibt, daß im Weichseldelta, auf der Insel Gepedoios, die Vidivarier lebten, die sich aus Resten von Goten, Gepiden und anderen Zufluchtsuchenden zusammensetzten. Westlich der unteren Weichsel wurden die Hügelgräberfelder spätestens um das Jahr 230 verlassen. Dies stimmt mit der Auswanderung der Goten überein. Die Funde ihrer Kultur östlich der Weichsel setzen sich dagegen fort. Das hätte zu bedeuten, daß ein Teil des gotischen Volkes, am wahrscheinlichsten die Gepiden, noch länger dort blieben.

In Zentralpolen, südlich von den damaligen Goten, vermindert sich seit der Mitte des dritten nachchristlichen Jahrhunderts allmählich die Anzahl von Siedlungen und Gräberfeldern. Dieser Prozeß, der anscheinend ziemlich rasch erfolgte, erreichte Niederschlesien und die

Lausitz im Laufe des 4. Jahrhunderts. Sehr spät, am Ende des 4. Jahrhunderts, zeichnen sich diese Auswanderungsspuren in Südpolen ab.

Ein ähnliches Bild ergibt sich bei den nördlichen Elbgermanen, also an der unteren Elbe bis zur Oder. Eine Auswanderung fand dort zwar bereits im Laufe des 3. Jahrhunderts statt, im 5. Jahrhundert sprechen die viel seltener gewordenen Funde, die verlassenen Siedlungen und Friedhöfe noch wesentlich deutlicher dafür. Auch die sächsischen Gebiete an der Nordseeküste wurden teilweise verlassen. So jedenfalls äußert sich die Archäologie über die Abwanderung der Langobarden, Burgunden, Wandalen und Sachsen.

Die Übereinstimmung der historischen und archäologischen Quellen bedeutet nicht, daß alle Probleme damit gelöst worden sind. So ist zum Beispiel immer noch umstritten, wem das böhmische Gebiet im 5. Jahrhundert gehörte, den Thüringern oder den Langobarden? Wo genau sind die Rugier zu suchen, bevor sie nach Rugiland kamen? Wie war der Wanderweg der Heruler aus Skandinavien bis zum Schwarzen Meer, folgten sie dem Weg der Goten oder wählten sie eine andere Strecke?

Im weiteren lassen sich archäologische Funde nicht immer mit Sicherheit einem konkreten Volk zuweisen. Dies kommt besonders deutlich an der mittleren Donau, im wahren Völkerkessel, zum Ausdruck.

In Pommern verschwinden die Siedlungen, gleichzeitig aber erscheinen zahlreiche Solidifunde, besonders aus den Jahren von 395 bis 518, also von Honorius bis Anastasius. Nach dem Jahre 518 brechen sie plötzlich ab, zur selben Zeit auf Bornholm und bereits ein paar Jahrzehnte früher auf der schwedischen Insel Öland. Auf Gotland aber kommen, wenn auch spärlich, spätere Solidi immer noch vor.

In der ersten Hälfte des 5. Jahrhunderts kam das Gold sicher aus dem Reich des Attila nach Norden, dem sich einzelne, in den Quellen nicht erwähnte Kriegergruppen aus Nordeuropa angeschlossen hatten. Das Aufhören der Einfuhr von Solidi nach Nordeuropa am Anfang des 6. Jahrhunderts hatte wohl einen massiven Einfall irgendwelcher Stämme als Ursache, der sich nicht mit bekannten schriftlichen Nachrichten verbinden läßt und nicht in gleichem Ausmaß den Norden berührte.

Nicht nur die Archäologie und die historischen Werke sprechen für

Kontakte des Südens mit dem Norden während der Völkerwanderungszeit. Zusammen mit Handelswaren und Beute wanderten Lieder nach Norden über die Taten von Dietrich aus Bern und den Niedergang des burgundischen Reiches, die zu den schönsten Sagen aller Zeiten gehören. Erwähnen wir schließlich den berühmten Runenstein aus Rök in Östergötland mit einer Inschrift, die beweist, daß der ostgotische König Theoderich der Große im 9. Jahrhundert noch nicht vergessen war.

Nordöstlich von den damaligen gotischen Wohnsitzen, von der masurischen Seenplatte bis zur Memel und bis zur Halbinsel Samland, dauerte die geschlossene archäologische Kultur der Westbalten ununterbrochen seit dem ersten nachchristlichen Jahrhundert an, die mit den Aestien des Jordanes zu identifizieren ist. Bei ihnen bedankte sich Theoderich der Große mit einem Brief, da sie ihm Bernstein als Geschenk geschickt hatten. Die westbaltische Kultur expandierte im 5. Jahrhundert in die von den Goten verlassenen Gebiete östlich der Weichsel.

Diese Balten, auch ihr östlicher Zweig in Litauen, unterhielten Kontakte mit dem mittleren Dnjeprgebiet, mit Südskandinavien und, das ist für uns besonders interessant, mit den Goten und Gepiden an der Donau. Dafür sprechen Fibeln und Schnallen, die sich aus den drei erwähnten Kulturräumen herleiten lassen. Im Donaugebiet waren es Fibeln, eine gepidische Schnalle und eine andere im polychromen Stil, die zwar wohl eine lokale Nachahmung war, die Almandinen aber sind importiert. Am Anfang des 6. Jahrhunderts kam es im westlichen Teil der masurischen Seenplatte zu einem Siedlungsphänomen. Dort, wo früher die den Goten zugewiesene Kultur bestand, erscheinen nun neue Gräberfelder, jetzt Brandbestattungen ohne Waffen, mit Fibeln, die zwar überwiegend an Ort und Stelle, aber nach den gotischen, fränkischen und alamannischen Vorbildern hergestellt wurden. Weitere Fibeln sowie Armringe und Anhänger sind jedoch baltischer Herkunft, ebenso wie Sporen, die als einzige Bestandteile der Kriegertracht ins Grab gelangten.

Es gibt in der weiten Umgebung keine Spuren von germanischer Besiedlung mehr. Wer waren diese Menschen, die den Stil der germanischen Erzeugnissen aus Gallien und dem Donaugebiet so gut kannten?

Die Frage ist nicht eindeutig beantwortbar. Es kann sich um verschiedene germanische Gruppen handeln, die, wie die Heruler, nach Skandinavien zurückkehrten. Man zieht auch die sich am Dnjepr herausbildenden Slawen in Betracht. Es könnte aber auch eine polyethnische Gruppe sein, die die gebliebenen Goten umfaßt sowie die Balten und die neuangekommenen Slawen, entsprechend den Vidivariern an der unteren Weichsel.

Wir haben es bereits erwähnt, die Prozesse der Entvölkerung verliefen nicht gleichartig, und nicht alle Kulturgebiete waren davon betroffen. Aber der Drang nach Süden hat verursacht, daß viele mitteleuropäische Kulturen, die sich bisher kontinuierlich entwickelten, entweder abbrachen oder nur Spuren einer geringen Siedlungstätigkeit aufweisen.

Das Land blieb nicht lange öd und wüst. In der Ukraine, zwischen den Ostkarpaten und dem Dnjepr, bildete sich im 5. Jahrhundert die slawische Kultur heraus. Bis zum Anfang des 6. Jahrhunderts erweiterten die Slawen ihr Siedlungsgebiet nach Süden bis zur unteren Donau und nach Westen bis zur oberen und mittleren Weichsel. Bis zur Mitte des 7. Jahrhunderts expandierte die slawische Bevölkerung in zwei Hauptrichtungen: auf den Balkan und nach Mitteleuropa. Die Slawen bedrohten Konstantinopel, wanderten bis zur Elbe, besetzten Böhmen und Mähren. Schriftliche Quellen berichten über verheerenden Züge auf dem Balkan und in ostalpinen Ländern. Für Mitteleuropa fehlen solche Informationen, es ist aber anzunehmen, daß auch die Expansion nach Westen und Norden nicht gerade friedlich verlief, obwohl die Slawen dort nur dünn besiedelte Gebiete ohne großen Widerstand in Besitz nahmen.

In ihrer frühesten Phase sind slawische Brandgräber – noch keine Körperbestattungen – außerordentlich arm ausgestattet. Dies erschwert die Aufgabe erheblich, die Anfänge der slawischen Völker zu erfassen. So stützt sich die Archäologie der frühen Slawen praktisch nur auf Keramikformen und auf wenige Metallfunde. Eine arme Sachkultur einerseits, eine enorme Expansionskraft andererseits sind charakteristische Merkmale der frühen Slawen.

Nicht nur die Slawen haben das Kulturbild des frühmittelalterlichen Europa wesentlich verändert. Wir wissen, wer für die Gepiden, die Langobarden und für Byzanz plötzlich sehr gefährlich wurde: Aus Innerasien kamen in der zweiten Hälfte des 6. Jahrhunderts von den Turken verdrängte Awaren, die selbst turkischer und vielleicht auch mongolischer Herkunft waren. Nachdem sie die Gepiden geschlagen hatten und die Langobarden aus Furcht vor einem neuen Feind nach Italien auswichen, besetzten die Awaren das Karpatenbecken. Um sie herum siedelten sich Slawen an.

Die Awaren besaßen eine starke Militärorganisation und wurden zentral regiert. Ihrer schweren Reiterei verdankten sie ihre Kampferfolge. Sie brachten zum Beispiel eiserne Steigbügel nach Europa. Ähnlich wie die Hunnen verwendeten sie hohe Holzsättel und Reflexbögen, dazu trugen sie Panzer aus Eisenlamellen oder eiserne Ringhemden und Helme. Wieder mußten die oströmischen Kaiser Tribut zahlen.

Im Karpatenbecken wurden sie bald seßhaft und bauten die Herrschaftszentren der Khaganen, Wohnsitze der Vornehmen und untergeordnete Dörfer. Die ungarische und tschechische Archäologie kennt tausende von awarischen Gräbern, deren charakteristische Beigaben in Männergräbern reich ornamentierte, bronzene Nomadengürtel sind. Die Awaren drängten, teilweise mit den Slawen verbündet, weiter bis nach Niederösterreich, bis sie von Karl dem Großen und den Bulgaren besiegt wurden und in anderen Völkern aufgingen.

Zur Schwelle des Mittelalters bekam Europa ein neues Gesicht, von den Karolingern, den Slawen und den Awaren geprägt. Viele germanische Reiche zerfielen. Aber das Frankenreich schöpfte neue Kraft und begann, die Träume Theoderichs des Großen zu verwirklichen.

Licht und Asche

Wir sind nun mit den Germanen und Nomaden durch Europa gewandert. Sie zerstörten Städte und Ackerland, brachten Feuer, Tod und Elend. Dreimal beraubten sie Rom, unzählige Male durchbrachen sie den immer brüchiger werdenden *Limes Romanus.* Rastlos durchquerten sie bereits erschöpfte und verödete Gebiete, immer auf der Suche nach einer neuen Heimat.

Es gelang fast allen Stämmen, die eine Wanderung unternahmen, auf römischem Boden ihre neuen Reiche zu gründen, deren späteres Schicksal war aber ganz unterschiedlich. Eines jedoch ist allen neuen staatlichen Organismen gemeinsam: Auf eine barbarische Phase folgt eine Phase, die vom Wunsch der Germanen nach Zivilisation zeugt. Die Umstände, unter denen sie sich im Römischen Reich niederließen, waren nicht ohne Einfluß. Ihnen wurde ein bis zwei Drittel der Ländereien zugesprochen, ihre Reichen wohnten in Villen, besonders die berühmte römische Badekultur gefiel den Barbaren. Bei den Wandalen führte die neue Lebensart sogar so weit, daß sie verweichlichten und «weibisch» wurden. Als ihr letzter König, Gelimer, sich halbverhungert den Byzantinern ergab, erbat er drei Dinge: ein Stück Brot, um seinen Hunger zu stillen, einen Schwamm, um seine Tränen zu trocknen, und eine Leier, um sein Elend zu besingen.

Im Vergleich zu Geiserich, der seine Scharen nach Nordafrika führte und erbarmungslos alles unterwegs zerstörte, wirkt Gelimer wie eine Schattengestalt. Tapferkeit darf man ihm dennoch nicht absprechen, sicher aber fehlte ihm der Sinn für die politische Realität, als er die byzantinische Gefahr völlig unterschätzte. Aber «Schwäche» war weitaus nicht das einzige Resultat der Akkulturation der Barbaren. Nachdem sie sich endgültig niedergelassen hatten, begannen sich zumindest einzelne Personen, meist aus Herrscherhäusern, für die antike Kultur zu interessieren. Theodahad, Thrasamund, später auch Sisebut waren gebildete Könige im antiken Sinne. Theoderich der Große war sicher kein Intellektueller, sein Bestreben aber, Italien zu einer römisch-gotischen Einheit zusammenzufügen, und seine gar nicht barbarische kluge Politik verdienen heute noch unseren Respekt.

Die Barbaren wollten Römer werden. Die zivile Verwaltung in den neuen germanischen Reichen blieb im Grunde genommen römisch. Zu Zeiten des Hofes von Theoderich in Ravenna versammelte sich in Rom immer noch der Senat, zwar mit stark beschränkten Funktionen, aber doch immer noch bestehend.

Am Beispiel des Frankenreiches schildert Egon Ewig in seinem Werk «Spätantikes und fränkisches Gallien» die Kontinuität der römischen Institutionen. Die Fortschritte der Germanisierung waren in den verschiedenen Teilen des damaligen Gallien unterschiedlich. Nordgallien, weit von den römischen Zentren entfernt, wurde relativ schnell und dicht von fränkischer Bevölkerung besiedelt. Der Prozeß des Zusammenwachsens vollzog sich in Südgallien und Aquitanien viel langsamer. Die Provence blieb sogar bis zum 8. Jahrhundert römisch. Im fränkischen Kernland zwischen Seine und Loire gab es noch bis ins 7. Jahrhundert Reste des römischen Senatorenstandes. Auch die Kirche hat mit wenigen Ausnahmen Kontinuität bewahrt.

Alle diese Umstände blieben nicht ohne Einfluß auf die neuangekommenen Germanen. Wir haben gesehen, wie sich das hispanische Volk aus zwei verschiedenen nationalen Elementen herausgebildet hat. Es war ein weiter Weg von Sidonius Apollinaris bis Isidor von Sevilla. Zwischen beiden liegen etwa 150 Jahre. Der erste – und nicht nur er – sah in den Barbaren nur wilde, bösartige und primitive Wesen, der zweite unterschied Römer und Barbaren nicht mehr.

Einen großen Beitrag zur Bewahrung der alten Zivilisation leistet die Kirche mit ihren alten Schriften, ihren Schulen und teilweise auch mit ihrer öffentlichen Bautätigkeit. Zwar war sie auch in innere Konflikte verwickelt und hat in der Völkerwanderungszeit ebenfalls sehr gelitten. Ein allgemeiner Rückgang des Kulturniveaus läßt sich nicht verneinen, aber dennoch blieb die Kirche immer eine Bewahrerin des Wissens. Fast symbolisch wirkt hier die Rolle von Cassiodor als Vermittler zwischen der alten und der neuen Welt. Er, der aus einer alten Senatorenfamilie stammte, wurde *magister officiorum,* der höchste Staatsbeamte am Hof Theoderichs in Ravenna. Der Verfasser einer Geschichte der neuen Herren, der Berater von Amalasuintha, widmete seine späten Jahre der Rettung antiker Schriften.

Trotzdem kam danach die dunkle Epoche zwischen Antike und Humanismus, das finstere Mittelalter mit seiner Scholastik und seiner Intoleranz. Diesem beschränkten Mittelalter verdanken wir die Kathedralen, die *chansons des gestes,* Tristan und Isolde, die Legende vom heiligen Gral und das Nibelungenlied, das ein Echo der Völkerwanderungszeit in sich birgt. Die Renaissance verachtete das Mittelalter und verstand die Schönheit der gotischen Architektur nicht. Gotische Bauten, gotische Schrift, haben die Begriffe wohl etwas Gemeinsames mit den Goten, die wir so lange auf allen ihren Wegen begleitet haben? Die Begriffe entstanden in der Zeit des Humanismus als Synonym des

Barbarentums. Der Name Goten war in späterer Zeit von allen alten Stämmen der geläufigste.

Die Zerstörer des antiken Abendlandes versuchten auf ihre Art, nicht immer mit Erfolg, sich der höheren Kultur anzupassen. Damit war ihre Rolle nicht mehr die von Plünderern und Marodeuren. Zwar sprachen nur wenige von ihnen Lateinisch, doch gerade deshalb bildeten sich die nationalen Sprachen heraus, deren Wurzeln bis in die Spätantike und die Völkerwanderungszeit reichen.

Die Bautechnik der Barbaren beschränkte sich auf ihre Häuser aus Holz und Lehm, aber ebenso schnell, wie sie lernten, eine Flotte nach römischem Vorbild aufzubauen, so trauten sie sich wenig später, die ersten Kirchen aus Stein zu errichten.

Sie opferten ihre alten Götter und ihre nationale Tracht dem Neuen. Sie waren Zerstörer und Bewunderer zugleich. Daraus ergab sich bald der Wunsch, auch für sich eine ähnliche Kultur und ein ebenso bequemes Leben wie das Zerstörte zu schaffen.

Es ist wahr, die Barbaren verwandelten zunächst das zivilisierte Europa in ein Ruinenfeld. Aber aus diesen Ruinen leuchtete ein kleines, schwaches Licht der Hoffnung. Ein Licht aus der Asche.

Zeittafel

166	6000 Langobarden und Obier überschreiten die Donaugrenze; der Anfang der markomannischen Kriege.
208/230	Die Goten erscheinen am Schwarzen Meer.
233	Angriffe der Alamannen ins Gebiet zwischen Rhein und Donau.
238	Der Anfang der gotischen Einfälle auf den Balkan und nach Kleinasien.
259	Der große germanische Angriff an die Reichsgrenze von der Donaumündung bis zum Niederrhein.
260	Die Alamannen in Rätien.
268	Der gotische Angriff auf Byzanz und der Sieg Claudius' II. bei Naissus (Nisch.)
270	Der Sieg Aurelians über die Wandalen in der Ungarischen Tiefebene und über die Goten nördlich der Donau.
277	Der Sieg von Probus über die Alamannen.
284–305	Diocletian und die Tetrarchie.
290/91	Die Teilung der Goten: Vesen/Terwingen/Westgoten – Greutungen/Ostgoten – Gepiden.
306–337	Konstantin der Große.
330	Byzanz (Konstantinopel) wird Konstantins Hauptresidenz, dann die zweite Hauptstadt.
355–363	Julian Apostata.
357	Die Schlacht bei Straßburg und der Sieg Julians über die Alamannen.
364–378	Valentinian I. Kaiser in Westrom, Valens in Ostrom.
365–376/381	Athanarichs Ära.
375	Der Zug der Hunnen nach Europa; Hermanarichs Tod.
378	Die Schlacht bei Adrianopel.
379–395	Theodosius der Große.
395–408	Arcadius Kaiser in Ostrom.
395–423	Honorius Kaiser in Westrom.
395	Die Teilung Roms; Stilicho übernimmt die politische Führung im weströmischen Reich.
395–401	Balkanzüge der Goten.

401–418	Die Goten im weströmischen Reich.
406	Die Wandalen, Alanen und Sueben überqueren den Rhein.
407	Der Abzug der römischen Truppen aus Britannien.
407–409	Die Wandalen, Alanen und Sueben in Gallien.
408	Die Hinrichtung Stilichos.
409–429	Die Wandalen in Spanien.
410	Die Plünderung Roms durch Alarich.
412	Die Westgoten verlassen Italien und besetzen Südgallien.
413	Die Burgunden als Föderaten am Rhein.
418–466	Die Westgoten als Förderaten in Aquitanien.
418–507	Das Tolosanische Reich der Westgoten.
428/430	Adventus Saxonum nach Britannien.
429	Die Landung der Wandalen in Afrika.
430	Aetius wird Reichsfeldherr im Westen.
434	Ein junger Herrscher erscheint: Attila.
436	Aetius und die Hunnen besiegen die Burgunden.
442	Der Vertrag zwischen Rom und Geiserich; Nordafrika wird wandalisch.
443	Die Burgunden in der Sapaudia.
445	Nach der Ermordung Bledas wird Attila Alleinherrscher.
451	Die Schlacht auf den Katalaunischen Feldern.
454	Aetius' Tod; die Ausbreitung der Westgoten in Gallien; die Salier drängen in die Belgica II ein.
454/55	Die Schlacht am Nedao; die Entstehung der Gepidia in Dakien und Pannonien; des Rugilands in Niederösterreich; die Heruler in Südmähren; die Donausueben in der Slowakei.
455	Die Wandalen erobern die Balearen, Korsika und Sardinien; die Plünderung Roms.
456/57–473	Das pannonische Reich der Ostgoten.
457–474	Leo I.
Um 460	Köln wird von den Franken erobert.
461	Lyon wird die Hauptstadt der Burgunden.
472	Die Plünderung Roms durch Ricimer und die Burgunden.

473	Die ostgotische Invasion aus Pannonien unter Vidimir; die Auswanderung der Goten aus Pannonien.
474–491	Zeno.
476	Das Ende des weströmischen Reiches.
477	Geiserichs Tod.
482	Der Tod Childerichs und des heiligen Severin.
486/87	Die Vernichtung der Rugier durch Odoaker.
486–511	Die Begründung des Frankenreiches; die Zeit Chlodwigs.
489	Die Einwanderung der Ostgoten nach Italien; die Besetzung Rugilands durch die Langobarden.
489–548	Die Langobarden in Rugiland.
493	Die Ermordung Odoakers.
493–526	Die Herrschaft Theoderichs des Großen in Italien.
497	Chlodwig unterwirft die Alamannen, die Taufe Chlodwigs.
505/508	Die Schlacht zwischen Langobarden und Herulern, der Sieg der Langobarden; die Heruler werden heimatlos.
506	Der Aufstand der Alamannen gegen die Franken.
507	Die Schlacht bei Vouillé.
507–511	Das Toledanische Reich der Westgoten.
511	Chlodwigs Tod und die Teilung des Frankenreichs.
511–561	Das Großreich der Merowinger.
526 (546)–568	Die Langobarden in Pannonien.
527–565	Justinian.
531	Die Unterwerfung der Thüringer durch die Franken.
533	Die Landung Belisars in Afrika und die Vernichtung des Wandalenreiches.
534	Die Unterwerfung der Burgunden durch die Franken.
536	Alle Teile Alamanniens fallen an den fränkischen Staat.
541–552	Totila und Teja.
546	Totila besetzt Rom.
551	Die Schlacht auf dem Asfeld und der Sieg der Langobarden über die Gepiden.
552	Totila fällt in der Schlacht gegen Narses bei Busta Gallorum; die Schlacht auf dem Mons Lactarius und das Ende des ostgotischen Reiches.

567	Der Sieg der Langobarden über die Gepiden.
568–774	Die Langobarden in Italien.
568–586	Leovigild und die Großmacht der westgotischen Reiche.
585	Die Sueben geraten unter die Herrschaft Leovigilds.

Literaturverzeichnis

Schriftliche Quellen

J. Herrmann (Hg.), Griechische und lateinische Quellen zur Frühgeschichte Mitteleuropas bis zur Mitte des 1. Jahrtausends u. Z. 1. Teil. Von Homer bis Plutarch. Berlin 1988. 2. Teil. Tacitus, Germania. Berlin 1990. 3. Teil. Von Tacitus bis Auzonius. Berlin 1991. 4. Teil. Von Ammianus Marcellinus bis Zosimos. Berlin 1991.

Ammianus Marcellinus, Römische Geschichte. Übersetzt und kommentiert von W. Seyfahrt. Schriften und Quellen der alten Welt. Berlin 1971.

Jordanis Gotengeschichte. Übersetzt von N. Martens. Leipzig 1913.

Des Presbyters Salvianus von Massilia erhaltene Schriften. Bibliothek der Kirchenväter, 2. Reihe, Band 11. Übersetzt von A. Mayer. München 1935.

Priskos von Panion. Aus der Gotengeschichte des Rhetors und Sophisten Priskos. Übersetzt von E. Doblhofer. Graz 1955.

Prokop von Caesarea, Gotenkriege. Tusculum-Bücherei. Übersetzt von O. Veh. München 1966.

Prokop von Caesarea, Vandalenkrieg. Tusculum-Bücherei. Übersetzt von O. Veh. München 1971.

Isidors Geschichte der Goten, Vandalen, Sueven. Übersetzt von D. Coste. Leipzig 1909.

Gregoirus von Tours, Zehn Bücher Fränkischer Geschichte. Übersetzt von W. von Giesebrecht. Leipzig 1911.

Paulus Diaconus, Geschichte der Langobarden. Übersetzt von O. Abel. Essen 1986 (Reprint).

C. Dirlmeier, G. Gottlieb, Quellen zur Geschichte der Alamannen von Cassius Dio bis Ammianus Marcellinus. Quellen zur Geschichte der Alamannen I. Sigmaringen 1976.

–, Quellen zur Geschichte der Alamannen von Libanios bis Gregors von Tours. Quellen zur Geschichte der Alamannen II. Heidelberg 1978.

C. Dirlmeier, K. Sprigade, Quellen zur Geschichte der Alamannen von Marius von Avenches bis Paulus Diaconus. Quellen zur Geschichte der Alamannen III. Heidelberg 1979.

Allgemeine Werke. Spätantike – Völkerwanderungszeit – Frühmittelalter

A. Angenandt, Das Frühmittelalter. Die abendländische Christenheit von 400 bis 900. Stuttgart 1990.

H. A. Cahn, A. Kaufmann-Heinimann (Red.), Der spätrömische Silberschatz von Kaiseraugst. Basler Beiträge zur Ur- und Frühgeschichte 9. Derendingen 1984.

C. Colpe, L. Honnefelder, M. Lutz-Bachmann (Hg.), Spätantike und Christentum. Berlin 1992.

P. Courcelle, Histoire littéraire des invasions germaniques. Paris 1948.

Y. A. Dauge, Le Barbare. Recherches sur la conception romaine de la barbarie et de la civilisation. Collection Latomus 176. Bruxelles 1981.

A. Demandt, Die Spätantike. Von Diocletian bis Justinian (284–565 n. Chr.). Berlin 1989.

E. Demougeot, La formation de l'Europe et les invasions barbares. 1. Band. Paris 1969; 2. Band. Paris 1979.

E. Ewig, Spätantikes und fränkisches Gallien. 1. Band, Beiheft der Francia 3/1. München 1976; 2. Band, Beiheft der Francia 3/2. München 1979.

J. Fischer, Die Völkerwanderung im Urteil der zeitgenössischen kirchlichen Schriftsteller Galliens unter Einbeziehung des heiligen Augustinus. Heidelberg 1947.

Gallien in der Spätantike von Kaiser Constantin zu Frankenkönig Childerich. Ausstellungskatalog. Mainz 1980.

P. Heather, Goths and Romans 337–489. Oxford 1991.

J. Herrmann (Hg.), Die Germanen. Ein Handbuch. 2. Band. Berlin 1983.

M. Kazanski, Les Goths (Ier–VIIe siècle après J.-C.). Paris 1991.

K. H. Krüger, Königsgrabkirchen der Franken, Angelsachsen und Langobarden bis zur Mitte des 8. Jahrhunderts. München 1971.

F. Lot, Les invasions germaniques. Paris 1939.

R. Menendez Pidal (Red.). Historia de España. Band 3. España visigoda (414–711 de J. C.). Madrid 1963.

A. Mócsy, Pannonia and Upper Moesia. London 1974.
R. Moosbrugger-Leu. Die Schweiz zur Merowingerzeit. Die archäologische Hinterlassenschaft der Romanen, Burgunder und Alamannen. Bern 1971.
Nibelungenlied. Ausstellungskatalog des Vorarlberger Museums Nr. 86. Bregenz 1979.
P. Périn (Hg.), Gallo-Romains, Wisigoths et Francs en Aquitanie, Septimanie et Espagne. Actes des VIIe Journées Internationales d'Archéologie mérovingienne Toulouse 1985. Rouen 1991.
K. Póczy, Städte in Pannonien. Budapest 1976.
R. Rolle, M. Müller-Wille, K. Schietzel (Hg.), Gold der Steppe. Archäologie der Ukraine. Neumünster 1991.
E. Salin, La civilisation mérovingienne d'après les sépultures, les textes et le laboratoire. 1. Teil. Les idées et les faits. Paris 1949; 2. Teil. Les sépultures. Paris 1952; 3. Teil. Les techniques. Paris 1957; 4. Teil. Les croyances. Paris 1959.
H. Schlunk, T. Hauschild, Hispania Antiqua. Die Denkmäler der frühchristlichen und westgotischen Zeit. Mainz 1978.
L. Schmidt, Geschichte der deutschen Stämme bis zum Ausgang der Völkerwanderung. Die Ostgermanen. München 1934.
–, Geschichte der deutschen Stämme bis zum Ausgang der Völkerwanderung. Die Westgermanen. 1. Teil. München 1938; 2. Teil. München 1940.
G. Schneider-Schnekenburger, Churrätien im Frühmittelalter. Münchner Beiträge zur Ur- und Frühgeschichte 26. München 1980.
P. E. Schramm, Herrschaftszeichen und Staatssymbolik. Band 1. Schriften der Monumenta Germaniae historica 13/1. Stuttgart 1954.
H. Steuer, Frühgeschichtliche Sozialstrukturen in Mitteleuropa. Abhandlungen der Akademie der Wissenschaften in Göttingen, Phil.-Hist. Klasse 128. Göttingen 1982.
J. Strzelczyk, Goci – rzeczywistość i legenda (Die Goten – Dichtung und Wahrheit). Warschau 1984.
L. Várady, Das letzte Jahrhundert Pannoniens (376–476). Amsterdam 1969.
M. Weidemann, Kulturgeschichte der Merowingerzeit nach den Werken Gregors von Tours. Römisch-Germanisches Zentralmuseum, Monographien 3, 1. Mainz 1982.
H. Wolfram, Geschichte der Goten von den Anfängen bis zur Mitte des sechsten Jahrhunderts. München 1979.
F. Zöllner, Geschichte der Franken. München 1970.

Germanen vor der Völkerwanderungszeit

G. Behm-Blancke, Gesellschaft und Kunst der Germanen. Dresden 1973.
H.-J. Eggers, Lübsow, ein germanischer Fürstensitz der älteren Kaiserzeit. Prähistorische Zeitschrift 34/35, 1949/50, S. 58–111.
–, Der römische Import im freien Germanien. Atlas der Urgeschichte 1. Hamburg 1951.
M. Gebühr, Zur Definition älterkaiserzeitlicher Fürstengräber vom Lübsow-Typ. Prähistorische Zeitschrift 49, 1974, S. 82–128.
K. Godłowski, The Chronology of the Late Roman and Early Migration Periods in Central Europe. Prace Archeologiczne 11. Krakau 1970.
–, Przemiany kulturowe i osadnicze w południowej i środkowej Polsce w młodszym okresie przedrzymskim i w okresie rzymskim (Kultur- und Besiedlungsveränderungen in Süd- und Mittelpolen während der jüngeren vorrömischen Eisenzeit und römischen Kaiserzeit). Breslau 1985.
J. Herrmann (Hg.), Die Germanen. Ein Handbuch. 1. Band. Berlin 1976.
J. Ilkjaer, J. Lønstrup, Der Moorfund im Tal der Illerup-Å bei Skanderborg in Ostjütland (Dänemark). Germania 61, 1983, S. 95–116.
E. Keller, Zur Chronologie der jungkaiserzeitlichen Grabfunde aus Südwestdeutschland und Nordbayern. Festschrift J. Werner. München 1974, 1. Teil, S. 247–291.
U. Lund Hansen, Römischer Import im Norden. Nordiske Fortidsminder Serie B, 10. Kopenhagen 1987.

K. Raddatz, Der Thorsberger Moorfund. Gürtelteile und Körperschmuck, Offa-Bücher 13. Neumünster 1957.
W. Schulz, Das Fürstengrab von Hassleben. Berlin 1933.
–, Leuna. Ein germanischer Bestattungsplatz der spätrömischen Kaiserzeit. Berlin 1933.
M. Tempelmann-Mączyńska, Das Frauentrachtzubehör des mittel- und osteuropäischen Barbaricums in der römischen Kaiserzeit. Krakau 1989.
R. Wenskus, Stammesbildung und Verfassung. Das Werden der frühmittelalterlichen gentes. Köln 1961.
J. Werner, Der goldene Armring des Frankenkönigs Childerich und die germanischen Handgelenkringe der jüngeren Kaiserzeit. Frühmittelalterliche Studien 14, 1980, S. 1–41.

Der römische Limes

D. Baatz, Der römische Limes. Archäologische Ausflüge zwischen Rhein und Donau. Berlin 1974.
J. Fitz (Hg.), Der römische Limes in Ungarn. Székesfehérvár (Stuhlweißenburg) 1976.
M. Kandler, H. Vetters, Der römische Limes in Österreich. Ein Führer. Wien 1986.
E. Keller, Germanische Truppenstationen an der Nordgrenze des spätrömischen Rätiens. Archäologisches Korrespondenzblatt 7, 1977, S. 63–73.
J. Klemenc, Der pannonische Limes in Jugoslawien. Acta et Dissertationes Archaelogicae III. Zagreb 1963, S. 55–68.
T. Kolník, Römische Stationen im slowakischen Abschnitt des nordpannonischen Limesvorlands. Archeologické rozhledy 38, 1986, S. 411–434; 457–472.
Die Römer an der Donau. Landesausstellung. Noricum und Pannonien. Wien 1973.
Römer in Rumänien. Ausstellungskatalog des Römisch-Germanischen Museums Köln und des Historischen Museums Cluj. Köln 1969.
Der römische Limes in Deutschland. Archäologie in Deutschland, Sonderheft 1992.
S. Soproni, Die letzten Jahrzehnte des pannonischen Limes. Münchner Beiträge zur Vor- und Frühgeschichte 38. München 1985.
Studien zu den Militärgrenzen Roms. Vorträge des 6. Internationalen Limeskongresses in Süddeutschland. Köln 1967.

Die Datierung der völkerwanderungszeitlichen Funde

H. Ament, Chronologische Untersuchungen an fränkischen Gräberfeldern der jüngeren Merowingerzeit im Rheinland. Bericht der Römisch-Germanischen Kommission 57, 1977, S. 285–336.
–, Zur archäologischen Periodisierung der Merowingerzeit. Germania 55, 1977, S. 133–140.
V. Bierbrauer, Historische Überlieferung und archäologischer Befund. Ostgermanische Einwanderer unter Odoaker und Theoderich nach Italien. Aussagemöglichkeiten und Grenzen der Archäologie (in) Probleme der relativen und absoluten Chronologie ab Latènezeit bis zum Frühmittelalter. Krakau 1992, S. 262–277.
K. Böhner, Die fränkischen Altertümer des Trierer Landes. Germanische Denkmäler der Völkerwanderungszeit Serie B, 1. Berlin 1958.
–, Germanische Schwerter des 5./6. Jahrhunderts. Jahrbuch des Römisch-Germanischen Zentralmuseums Mainz 34, 1989, S. 411–490.
Chronologie. Archäologische Daten der Schweiz. Antiqua 15. Basel 1986.
E. Hollstein, Dendrochronologische Untersuchungen an Hölzern des frühen Mittelalters. Acta Praehistorica et Archaeologica 1, 1970, S. 147–156.
W. Hübener, Zur Chronologie der westgotenzeitlichen Grabfunde in Spanien. Madrider Mitteilungen 11, 1970, S. 187–212.
I. Ioniţa, Chronologie der Sîntana-de-Mureş-Černjachov-Kultur (I). Peregrinatio Gothica. Archaeologia Baltica 7. Polonia 84/85, Lodsch 1986, S. 295–351.
M. Kazanski, R. Legoux, Contribution à l'étude des témoignages archéologiques des Goths en Europe orientale à l'époque des Grandes Migrations: La chronologie de la culture de Černajachov récente. Archéologie médiévale 18, 1988, S. 7–53.

M. Martin, Bemerkungen zur chronologischen Gliederung der frühen Merowingerzeit. Germania 67, 1989, S. 121–141.
W. Menghin, Das Schwert im frühen Mittelalter. Stuttgart 1983.
P. Périn, La datation des tombes mérovingiennes. Hautes Etudes Médiévales et Modernes 39. Genf 1980.
J. Tejral, Zur Chronologie der frühen Völkerwanderungszeit im mittleren Donauraum. Archaeologia Austriaca 72, 1988. S. 223–304.
J. Werner, Münzdatierte austrasische Grabfunde. Germanische Denkmäler der Völkerwanderungszeit 3. Berlin 1935.

Die Kunst der Völkerwanderungszeit

B. Arrhenius, Merovingian Garnet Jewellery. Göteborg 1985.
I. A. Bažan, M. B. Ščukin, K voprosu o vozniknovienii polichromnogo stila kluazonne epochi velikogo pereselenija narodov (Zur Frage der Entstehung des polychromen Stils «cloisonné» der Völkerwanderungszeit). Archeologičeskij Sbornik 30, 1990, S. 83–96.
I. G. Damm, Goldschmiedearbeiten der Völkerwanderungszeit aus dem nördlichen Schwarzmeergebiet. Katalog der Sammlung Diergardt 2. Kölner Jahrbuch für Vor- und Frühgeschichte 21, 1988, S. 65–210.
G. Lill, Die Adlerfibel von 1936 und andere Fälschungen aus einer Münchner Goldschmiedewerkstatt. Germania 28, 1952, S. 54–62.
H. Roth, Kunst der Völkerwanderungszeit. Propyläen-Kunstgeschichte, Supplementband 4. Frankfurt am Main 1979.
–, Kunst und Handwerk im frühen Mittelalter. Stuttgart 1986.
W. v. Stokar, H. Zeiss, Die gefälschte Adlerfibel von 1936. Germania 24, 1940, S. 266–277.
I. P. Zaseckaja, Klassifikacija polichromnych izdelij gunnskoj epochi po stilističeskim dannym (Die Klassifikation der polychromen Erzeugnisse der Hunnenzeit nach den stilistischen Angaben (in) Drevnosti epochi velikogo pereselenija narodov V–VIII vekov. Moskau 1982, S. 14–30.
–, Nekotorye itogi izučenija chronologii pamjatnikov gunnskoj epochi v južnorusskich step'jach (Einige Probleme der Datierung der hunnenzeitlichen Funde in den südrussischen Steppen). Archeologičeskij Sbornik 27, 1986, S. 79–91.

Die Goten von Skandinavien bis zum Schwarzen Meer und an die untere Donau

V. D. Baran, Siedlungen der Černjachov-Kultur am Bug und oberen Dnjestr. Zeitschrift für Archäologie 7, 1973, S. 24–66.
–, Černjachivs'ka kul'tura (Die Černjachov-Kultur). Kiew 1971.
V. Bierbrauer, Ostgermanische Oberschichtsgräber der römischen Kaiserzeit und des frühen Mittelalters. Peregrinatio Gothica, Archaeologia Baltica 8. Polonia 86, S. 39–106. Lodsch 1989.
Gh. Diaconu, Tirgşor, necropola din secolele III–IV e. n. Bucureşti 1965.
E. Dunăreanu-Vulpe, Tezaurul de la Pietroasa. Bukarest 1967.
R. Hachmann, Die Goten und Skandinavien. Berlin 1970.
A. Haralambieva, Archäologische Spuren der Goten südlich der unteren Donau aus dem 5. Jh. n. Chr., Archaeologia Austriaca 74, 1990, S. 79–84.
R. Harhoiu, The Fifth-Century A. D. Treasure from Pietroasa, Romania, in the light of recent research. BAR Supplementary Series 24. Oxford 1977.
K. Horedt, D. Protase, Ein völkerwanderungszeitlicher Schatzfund aus Cluj-Someşeni (Siebenbürgen). Germania 48, 1970, S. 85–98.
–, Das zweite Fürstengrab von Apahida (Siebenbürgen). Germania 50, 1972, S. 174–220.
H. Jaanusson, Domarringarna. TOR 11, 1967, S. 116–136.
M. Kanwiszerowa, K. Walenta, Das Fürstengrab Nr. 1 aus Leśno in Pommerellen. Acta Universitatis Lodziensis, Folia Archaeologica 9, 1988, S. 31–73.
A. Kokowski, Die Masłomęcz-Gruppe als Ausdruck der Kulturwandlungen im Raum von Lublin in der späten Kaiserzeit. Archaeologia Polona 28, 1988, S. 149–169.

D. Kozak, Vel'barskaja kul'tura na Volyni (Die Wielbark-Kultur in Volhynien), in: Kultura wielbarska w młodszym okresie rzymskim (Die Wielbark-Kultur in der jüngeren römischen Kaiserzeit), Teil 1. Lublin 1988, S. 117–136.
I. Lundström, Skagersvik – gravfält med domarringar. Västergötlands Fornminnesförenings tidskrift 1975–1976, 1976, S. 87–102.
B. V. Magomedov, Černjachovskaja kul'tura severo-zapadnogo Pričernomor'ja (Die Černjachov-Kultur im nordwestlichen Schwarzmeergebiet). Kiew 1987.
S. Matei, Al treileia mormînt princiar de la Apahida. Acta Musei Napocensis 19, 1982, S. 387–392.
J. Martens, Wie wohnten die kaiserzeitlichen Fürsten und Völker? Einige Bemerkungen zur polnischen Wielbark-Archäologie aus einer skandinavischen Sicht betrachtet (in) Kultura wielbarska w młodszym okresie rzymskim (Die Wielbark-Kultur in der jüngeren römischen Kaiserzeit), Teil 2. Lublin 1989, S. 299–312.
A. Odobescu, Le trésor de Pétrossa, étude sur l'orfévrerie antique. Paris 1889–1900.
E. C. G. Graf Oxenstierna, Die Urheimat der Goten. Mannus-Bücherei 73. Leipzig 1945.
I. A. Rafalovič, Dančeny, mogil'nik černjachovskoj kul'tury (Dančeny, das Gräberfeld der Černjachov-Kultur). Kischinew 1986.
E. A. Rikman, Etničeskaja istorija naselenija Podnestrov'ja i prilegajuščego Podunav'ja (Die ethnische Geschichte der Besiedlung im Dnjestr- und im benachbarten Donaugebiet). Moskau 1975.
M. Rusu, Der Schatz von Pietroasele und der zeitgenössische historische Kontext. Zeitschrift für Archäologie 20, 1986, S. 181–200.
M. Strömberg, Kultische Steinsetzungen in Schonen. Meddelanden från Lunds Universitets Historiska Museum 1962–1963, 1963, S. 148–152.
M. B. Ščukin, Das Problem der Černjachov-Kultur in der sowjetischen archäologischen Literatur. Zeitschrift für Archäologie 9, 1975, S. 25–41.
–, Sovremennoe sostojanie gotskoj problemy i černjachovskaja kul'tura (Das gotische Problem aus der heutigen Sicht und die Černjachov-Kultur). Archeologičeskij Sbornik 18, 1977, S. 79–91.
V. K. Vol'janik, K voprosu o «bol"šich domach» v černjachov'skoj kul'ture (Zur Frage der «Langhäuser» in der Černjachov-Kultur) in: Slavjane i Rus'. Kiew 1979, S. 37–48.
R. Wołągiewicz, Gronowo 1973 – Badania na cmentarzysku kurhanowym z okresu wpływów rzymskich (Gronowo 1973 – Untersuchungen des Hügelgräberfeldes aus der römischen Kaiserzeit). Materiały Zachodniopomorskie 19, 1973, S. 129–168.
–, Kurhany i kręgi kamienne w Grzybnicy (Hügel und Steinkreise in Grzybnica). Koszalin (Köslin) 1977.
–, Die Goten im Bereich der Wielbark-Kultur. Peregrinatio Gothica. Archaelogia Baltica 7, Polonia 84/85. Lodsch 1986, S. 63–98.

Die Hunnen

A. Alföldi, Funde aus der Hunnenzeit und ihre ethnische Sonderung. Archaeologia Hungarica 9. Budapest 1932.
F. Altheim, Geschichte der Hunnen. 5 Bde. Berlin 1959–1962.
Attila. Les influences danubiennes dans l'Ouest de l'Europe au Ve siècle. Ausstellungskatalog. Caen 1991.
F. Beck, M. Kazanski. F. Vallet, La riche tombe de Kertsch du Musée des Antiquités Nationales. Antiquités Nationales 20, 1988, S. 63–81.
I. Bóna, Das Hunnenreich. Stuttgart 1991.
L. Buchet, La déformation cranienne en Gaule et dans les régions limitrophes pendant le haut Moyen Age, son origine – sa valeur historique. Archéologie médiévale 18, 1988, S. 55–71.
N. Fettich, La trouvaille de la tombe princière hunnique à Szeged-Nagyszéksós. Archaeologia Hungarica 32. Budapest 1953.
I. Kiszely, The Origins of Artificial Cranian Formation in Eurasia from the Sixth Millenium B. C. to the Seventh Century A. D. BAR International Series (Suppl.) 50. Oxford 1978.

O. J. Menchen-Helfen, Die Welt der Hunnen. Wien 1978.
M. Párducz, Archäologische Beiträge zur Geschichte der Hunnenzeit in Ungarn. Acta Archaeologica Hungarica 11, 1959, S. 309–398.
–, Die ethnischen Probleme der Hunnenzeit in Ungarn. Studia Archaeologica 1. Budapest 1963.
P. Tomka, Der hunnische Fürstenfund von Pannonhalma. Acta Archaeologica Hungarica 38. 1986. S. 423–488.
J. Werner, Beiträge zur Archäologie des Attila-Reiches. Bayerische Akademie der Wissenschaften, Phil.-Hist. Klasse, Abhandlungen, N. F., 38 A. München 1956.

Die Alanen

M. P. Abramova, K voprosu ob alanskoj kul'ture severnogo Kavkaza (Zur Frage der alanischen Kultur im Nordkaukasus). Sovetskaja archeologija 1, 1978, S. 72–82.
B. S. Bachrach, A History of the Alans in the West. Minneapolis 1973.
V. A. Kuznezow, Alanskaja kul'tura central'nogo Kavkaza i ejo lokal'nye varianty v V–VIII vekach (Die alanische Kultur im Zentralkaukasus und ihre lokalen Varianten im 5.–8. Jh.). Sovetskaja archeologija 1, 1973, S. 60–75.
R. Rau, Die Hügelgräber römischer Zeit an der unteren Wolga. Mitteilungen des Zentralmuseums der Aut. Soz. Räte-Republik der Wolgadeutschen 1/1–2. Pokrowsk 1927.

Die Krimgoten

A. I. Ajbabin, Problemy chronologii mogil'nikov Kryma pozdnerimskogo perioda (Probleme der Chronologie der spätrömischen Gräberfelder auf der Krim). Sovetskaja archeologija 1984, S. 104–122.
V. F. Gajdukevič, Das Bosporanische Reich. Amsterdam 1971.
V. V. Kropotkin, Iz istorii srednevekogo Kryma (Aus der Geschichte der mittelalterlichen Krim). Sovetskaja archeologija 1958, S. 198–218.
–, Mogil'nik Suuk-Su i ego istoriko-archeologičeskoe značenje (Das Gräberfeld Suuk-Su und seine historisch-archäologische Bedeutung). Sovetskaja archeologija 1, 1959, S. 181–194.
V. V. Kropotkin, Mogil'nik Čufut-Kale v Krymu (Das Gräberfeld Čufut-Kale auf der Krim). Kratkije Soobščenija 100, 1965, S. 108–115.
I. S. Pioro, Krymskaja Gotija (Die Krimer Gothia). Kiew 1990.

Die Ostgermanen des 5. Jh. in Westeuropa

G. Behrens, Aus der Völkerwanderungszeit des Mittelrheingebiets. Mainzer Zeitschrift 17/19, 1924, S. 69–78.
F. Garscha, Das völkerwanderungszeitliche Fürstengrab von Altlussheim. Germania 20, 1934, S. 191–198.
J. J. Hatt, Une tombe barbare du Ve siècle à Hochfelden (Bas-Rhin). Gallia 23, 1965, S.–250–256.
M. Kazanski, Deux riches tombes de l'époque des grandes invasions au nord de la Gaule (Airan et Pouen). Archéologie médiévale 12, 1982, S. 17–34.
P. T. Kessler, Merowingisches Fürstengrab von Planig in Rheinhessen. Mainzer Zeitschrift 35, 1940, S. 1–12.
K. Raddatz, Das völkerwanderungszeitliche Kriegergrab von Beja, Südportugal. Jahrbuch des Römisch-Germanischen Zentralmuseums Mainz 6, 1959, S. 142–150.
E. Salin, A. France-Lanord, Le trésor d'Airan en Calvados. Monuments et mémoires 43, 1949, S. 119–135.
–, Sur le trésor barbare de Pouen (Aube). Gallia 14, 1956, S. 65–75.

Die Germanen an der mittleren Donau

E. Beninger, Germanengräber von Laa an der Thaya (Niederösterreich). Eiszeit und Urgeschichte 6, 1929, S. 143–155.
V. Bierbrauer, Zur chronologischen, soziologischen und regionalen Gliederung des ostgermanischen Fundstoffs des 5. Jh. in Südosteuropa (in) Die Völker an der mittleren und unteren Donau im fünften und sechsten Jahrhundert. Wien 1980, S. 131–142.

I. Bóna, Ein Vierteljahrhundert Völkerwanderungszeitforschung in Ungarn (1945–1969). Acta Archaeologica Hungarica 23, 1971, S. 265–336.
–, Der Anbruch des Mittelalters. Gepiden und Langobarden im Karpatenbecken. Budapest 1976.
D. Dimitrijević, J. Kovačević, Z. Vinski, Seoba naroda – arheoloski nalazi jugoslogenskog Podunavija (Die Völkerwanderungszeit – archäologische Funde des jugoslawischen Donaugebietes). Zemun 1962.
N. Fettich, Der zweite Schatz von Szilágysomlyó. Archaeologia Hungarica 8. Budapest 1932.
H. Friesinger, B. Vacha, Die vielen Väter Österreichs. Wien 1987.
Germanen, Hunnen und Awaren. Schätze der Völkerwanderungszeit. Ausstellungskatalog. Nürnberg 1987.
J. Hampel, Alterthümer des frühen Mittelalters in Ungarn. Braunschweig 1905.
E. Keller, Bemerkungen zum Grabfund von Untersiebenbrunn. Germania 45, 1967, S. 109–120.
A. Kiss, Ein Versuch, die Funde und das Siedlungsgebiet der Ostgoten in Pannonien zwischen 456 und 471 zu bestimmen. Acta Archaeologica Hungarica 31, 1979, S. 329–339.
A. Kiss, Die Skiren im Karpatenbecken, ihre Wohnsitze und ihre materielle Hinterlassenschaft. Acta Archaeologica Hungarica 35, 1983, S. 95–131.
W. Kubitschek, Grabfunde in Untersiebenbrunn (auf dem Marchfelde). Jahrbuch für Altertumskunde 5, 1911, S. 32–74.
J. Tejral, Fremde Einflüsse und kulturelle Veränderungen nördlich der mittleren Donau zu Beginn der Völkerwanderungszeit. Peregrinatio Gothica. Archaeologia Baltica 7, Polonia 84/85. Lodsch 1986, S. 175–238.
–, Zur Chronologie und Deutung der südöstlichen Elemente in der frühen Völkerwanderungszeit Mitteleuropas. Anzeiger des Germanischen Nationalmuseums 1987, S. 11–46.
J. Werner, Studien zu den Grabfunden des V. Jahrhunderts aus der Slowakei und der Karpatenukraine. Slovenská archeologia 7. 1959, S. 422–438.

Die Wandalen

E. Beninger, Der Wandalenfund von Czeke-Cejkov. Annalen des Naturhistorischen Museums in Wien 45, 1931, S. 183–224.
–, Die germanischen Bodenfunde in der Slowakei. Leipzig 1937.
C. Courtois, Les Vandales et l'Afrique. Paris 1955.
H. J. Diesner, Das Vandalenreich. Stuttgart 1966.
R. R. Gerharz, Fibeln aus Afrika. Saalburg Jahrbuch 43, 1987, S. 77–107.
W. Grempler, Der Fund von Sackrau. Brandenburg an der Havel 1887.
–, Der II. und III. Fund von Sackrau. Berlin 1888.
G. Koenig, Wandalische Grabfunde des 5. und 6. Jahrhunderts. Madrider Mitteilungen 22, 1981, S. 299–361.
L. Schmidt, Geschichte der Wandalen. München 1942.

Die Sueben

P. C. Diaz Martínez, La monarquia sueva en el s. V. Aspectos politicos y prosopograficos. Revista de Historia de la Universidad de Salamanca. Studia Historica IV–V, 1, 1986/87, S. 205–226.
W. Reinhart. Historia general del reino hispanico de los Suevos. Madrid 1952.

Die Westgoten in Gallien

C. Barrière-Flavy, Etudes sur les sépultures barbares du Midi et de l'Ouest de France. Toulouse/Paris 1893.
P. Périn (Hg.), Gallo-Romains, Wisigoths et Francs en Aquitanie, Septimanie et Espagne. Actes des VIIe Journées internationales d'Archéologie mérovingienne. Toulouse 1985. Rouen 1991.
M. Rouche, L'Aquitaine des Wisigoths aux Arabes. Paris 1979.

Die Westgoten in Spanien

M. Almagro-Basch, La necropolis hispano-visigoda de Segobriga Saelices (Cuenca). Excavaciones Arqueologicas en España 84. Madrid 1975.

F. de Ansoleaga, El cementerio de Pamplona (Navarra). Pamplona 1914.

X. Barrat i Altet, La circulation des monnaies suèves et visigothiques. Beiheft der Francia, 4. München 1976.

D. Claude, Adel, Kirche und Königtum im Westgotenreich. Sigmaringen 1971.

G. Koenig, Archäologische Zeugnisse westgotischer Präsenz im 5. Jahrhundert. Madrider Mitteilungen 21, 1980, S. 220–247.

A. Molinero Pérez. La necropolis visigoda de Duratón. Acta Arqueológica Hispanica IV. Madrid 1948.

–, Aportaciones de las excavaciones y hallazgos casuales (1941–1959) al Museo Arqueológico de Segovia. Excavaciones Arqueológicas en España 72. Madrid 1971.

P. de Palol, G. Ripoll, Die Goten. Stuttgart 1990.

G. Ripoll, La necropolis visigoda de El Carpio de Tajo (Toledo). Madrid 1985.

E. Servat, Exemple d'exogamie dans la necropole de Vicq (Yvernes). Association Française d'Archéologie mérovingienne, Bulletin de liaison 1, 1979, S. 40–44.

H. Zeiss, Die Grabfunde aus dem spanischen Westgotenreich. Germanische Denkmäler der Völkerwanderungszeit 2. Berlin 1934.

Die Ostgoten in Italien

G. Annibaldi, J. Werner, Ostgotische Grabfunde aus Acquasanta, Prov. Ascoli Piceno (Marche). Germania 44, 1963, S. 356–373.

V. Bierbrauer, Die ostgotischen Funde von Domagnano, Republik San Marino. Germania 51, 1973, S. 499–523.

–, Die ostgotischen Grab- und Schatzfunde in Italien. Spoleto 1974.

–, Historische Überlieferung und archäologischer Befund, Ostgermanische Einwanderer unter Odoaker und Theoderich nach Italien. Aussagemöglichkeiten und Grenzen der Archäologie. In: Probleme der relativen und absoluten Chronologie ab Latènezeit bis zum Frühmittelalter. Krakau 1992, S. 263–277.

R. Pirling, Ein Spangenhelm des Typs Baldenheim aus Leptis Magna in Libyen. Festschrift J. Werner, Teil 2. München 1974, S. 471–482.

Die Gepiden

I. Bóna, Gepiden in Siebenbürgen – Gepiden an der Theiss (Probleme der Forschungsmethode und Fundinterpretation). Acta Archaeologica Hungarica 31, 1979, S. 9–50.

D. Csállany, Archäologische Denkmäler der Gepiden im Mitteldonaubecken (454–568 u. Z.). Archaeologia Hungarica 38. Budapest 1951.

W. Pohl, Die Gepiden und die gentes an der mittleren Donau im fünften und sechsten Jahrhundert (in) Die Völker an der mittleren und unteren Donau im fünften und sechsten Jahrhundert. Wien 1980, S. 239–305.

Die Burgunden

H. H. Anton, Burgunden (in) Hoops-Reallexikon der Germanischen Altertumskunde 4. Berlin/New York 1981, S. 235–248.

H. Baudot, Mémoire sur les sépultures des barbares de l'époque mérovingienne, découvertes en Bourgogne. Dijon/Paris 1860.

L. Blondel, Praetorium, palais burgonde et château comtal. Genava 18, 1940, S. 69–87.

Ch. Bonnet, Le groupe episcopal de Genève. Archäologie der Schweiz 1991, 2, S. 221–228.

G. Domański, Kultura luboszycka między Łabą a Odrą w II–IV wieku (Die Luboszyce-Kultur zwischen Elbe und Oder im 2.–4. Jh.). Breslau 1979.

H. Gaillard de Sémainville, Les cimetières mérovingiens de la côte châlonnaise et de la côte mâconnaise. Dijon 1980.

A. Leube, Die römische Kaiserzeit im Oder-Spree-Gebiet. Veröffentlichungen des Museums für Ur- und Frühgeschichte Potsdam 9. Berlin 1975.

R. Marti, Das frühmittelalterliche Gräberfeld von Saint-Sulpice VD. Cahiers d'Archéologie Romande 52. Lausanne 1990.

M. Martin, Burgunden in: Hoops-Reallexikon der Germanischen Altertumskunde 4. Berlin/New York 1981, S. 248–271.

O. Perrin, Les Burgondes. Leur histoire, des origines à la fin du premier Royaume (534). Neuenburg 1968.

B. Privati, La nécropole de Sézegnin (Avusy-Genève). Genf 1983.

A. Thévenin, Les cimetières mérovingiens de la Haute-Saône. Annales littéraires de l'Université de Besançon 89 (Archéologie 20). Paris 1968.

H. Zeiss, Studien zu den Grabfunden aus dem Burgunderreich an der Rhone. Sitzungsberichte der Bayerischen Akademie der Wissenschaften 4. München 1938.

Die Alamannen

R. Christlein, Besitzabstufungen zur Merowingerzeit im Spiegel reicher Grabfunde aus West- und Süddeutschland. Jahrbuch des Römisch-Germanischen Zentralmuseums Mainz 20, 1973, S. 147–180.

–, Der Runde Berg bei Urach I. Die frühgeschichtlichen Kleinfunde außerhalb der Plangrabungen. Heidelberg 1974.

–, Die Alamannen. Archäologie eines lebendigen Volkes. Stuttgart 1978.

–, Der Runde Berg bei Urach III. Kleinfunde der frühgeschichtlichen Perioden aus den Plangrabungen 1967–1972. Heidelberg 1979.

M. Franken, Die Alamannen zwischen Iller und Lech. Germanische Denkmäler der Völkerwanderungszeit 5. Berlin 1944.

F. Garscha, Die Alamannen in Südbaden. Germanische Denkmäler der Völkerwanderungszeit 11. Berlin 1970.

S. Junghans, Sweben – Alamannen und Rom. Stuttgart 1986.

B. Kaschau, Der Runde Berg bei Urach II. Die Drehscheibenkeramik aus den Plangrabungen 1967–1972. Sigmaringen 1976.

U. Koch, Das Reihengräberfeld bei Schretzheim. Germanische Denkmäler der Völkerwanderungszeit 13. Berlin 1978.

–, Der Runde Berg bei Urach V. Die Metallfunde der frühgeschichtlichen Perioden aus den Plangrabungen 1967–1981. Heidelberg 1984.

–, Der Runde Berg bei Urach VI. Die Glas- und Edelsteinfunde aus den Plangrabungen 1967–1983. Heidelberg 1987.

–, Der Runde Berg bei Urach VII. Frühgeschichtliche Funde von den Hängen und Terrassen und Nachträge zu Urach V und VI. Heidelberg 1991.

R. Roeren, Zur Archäologie und Geschichte Südwestdeutschlands im 3. bis 5. Jahrhundert n. Chr. Jahrbuch des Römisch-Germanischen Zentralmuseums Mainz 7, 1960, S. 214–294.

B. Ruckstuhl, Ein reiches frühalamannisches Frauengrab im Reihengräberfeld von Schleitheim. Archäologie der Schweiz 1988, S. 15–31.

H. Steuer, Der Zähringer Burgberg bei Freiburg im Breisgau. Eine Höhensiedlung des 4./5. Jahrhunderts. Archäologisches Korrespondenzblatt 19, 1989, S. 169–184.

W. Veeck. Die Alamannen in Württemberg. Germanische Denkmäler der Völkerwanderungszeit 1. Berlin 1931.

Die Franken

J. Alenus-Lecerf, Le cimetière de Vieuxville. Bilan des fouilles 1980–1984. Archaeologia Belgica N. S. 1, 1985, S. 121–139.

H. Ament, Fränkische Adelsgräber von Flonheim. Germanische Denkmäler der Völkerwanderungszeit, Serie B, 15. Berlin 1970.

H. W. Böhme, Germanische Grabfunde des 4. bis 5. Jahrhunderts zwischen unterer Elbe und Loire. Münchner Beiträge zur Vor- und Frühgeschichte 19. München 1974.

K. Böhner, Zur historischen Interpretation der sog. Laetengräber. Jahrbuch des Römisch-Germanischen Zentralmuseums Mainz 10, 1963, S. 139–167.
R. Brulet u. a., Les fouilles du Quartier Saint-Brice à Tournai, 2. Collection d'Archéologie Joseph Mertens 7. Louvain-la-Neuve 1991.
D. Claude, Aspekte des Binnenhandels im Merowingerreich auf Grund der Schriftquellen (in) Untersuchungen zu Handel und Verkehr der vor- und frühgeschichtlichen Zeit in Mittel- und Nordeuropa. Teil 3. Göttingen 1985. S. 9–99.
G. Clauss, Die Tragsitte der Bügelfibeln. Eine Untersuchung zur Frauentracht im frühen Mittelalter. Jahrbuch des Römisch-Germanischen Zentralmuseums Mainz 34, 1989, S. 491–603.
H. Dannheimer, Die germanischen Funde der späten Kaiserzeit und des frühen Mittelalters in Mittelfranken. Berlin 1962.
O. Doppelfeld, Das fränkische Frauengrab unter dem Chor des Kölner Domes. Germania 38, 1960, S. 89–113.
–, Das fränkische Knabengrab unter dem Chor des Kölner Domes. Germania 42, 1964, S. 156–188.
A. France-Lanord. M. Fleury, Das Grab der Arnegundis in Saint-Denis. Germania 40, 1962, S. 341–359.
F. Fremersdorf, Das fränkische Reihengräberfeld von Köln-Müngersdorf. Germanische Denkmäler der Völkerwanderungszeit 6. Berlin 1955.
E. James, The Franks. The Peoples of Europe. Oxford 1990.
W. Janssen, Reiten und Fahren in der Merowingerzeit (in) Untersuchungen zu Handel und Verkehr der vor- und frühgeschichtlichen Zeit in Mittel- und Nordeuropa. Teil 5. Göttingen 1989, S. 174–228.
M. Kazanski, P. Périn, Le mobilier funéraire de la tombe de Childeric Ier. Etat de la question et perspectives. Revue archéologique de Picardie 3/4, 1988. S. 13–38.
Ch. Landes (Hg.), Gaule mérovingienne et le monde méditerranéen. Actes des IXe Journées d'Archéologie mérovingienne. Lattes 1988.
P. Périn, Pour une révision de la datation de la tombe d'Arégonde, épouse de Clotaire Ier, découverte en 1959 dans la basilique de Saint-Denis. Archéologie médiévale 21, 1991, S. 21–50.
P. Périn, L.-Ch. Feffer, Les Francs. Paris 1987.
R. Pirling, Ein fränkisches Fürstengrab aus Krefeld-Gellep. Germania 42, 1964, S. 188–216.
–, Römer und Franken am Niederrhein. Mainz 1986.
H. Roosens, J. Alenus-Lecerf, Sépultures mérovingiennes au «Vieux Cimetière» d'Arlon. Archaeologia Belgica 88, 1965.
H. Roth, Zum Handel der Merowingerzeit auf Grund ausgewählter archäologischer Quellen (in) Untersuchungen zu Handel und Verkehr der vor- und frühgeschichtlichen Zeit in Mittel- und Nordeuropa. Teil 3. Göttingen 1985. S. 161–192.
W. Sage, Die fränkische Siedlung bei Gladbach, Kreis Neuwied. Rheinisches Museum Bonn. Kleine Museumshefte 7, 1969.
J. Werner, Zur Entstehung der Reihengräberzivilisation. Archaeologia Geographica 1, 1951, S. 23–32.
J. Willems, Le quartier artisanal gallo-romain et mérovingien de «Batte» à Huy. Archaeologia Belgica 148, 1973.

Die Langobarden

H. Adler, Die Langobarden in Niederösterreich (in) Germanen, Awaren, Slawen in Niederösterreich. Wien 1977, S. 73–86.
I. Bóna, Die Langobarden in Ungarn. Acta Archaeologica Hungarica 7, 1956, S. 183–244.
R. Busch (Hg.), Die Langobarden. Von der Unterelbe nach Italien. Ausstellungskatalog. Hamburg-Harburg 1988.
H.-J. Eggers, Zur Umwelt der Fürstengräber von Marwedel I und II. Die Kunde N. F. 16, 1965, S. 95–99.

H. Friesinger, H. Adler, Die Zeit der Völkerwanderung in Niederösterreich. Wissenschaftliche Schriftenreihe Niederösterreich 41/42. St. Pölten/Wien 1979.
H.-J. Hässler (Hg.), Ur- und Frühgeschichte in Niedersachsen. Stuttgart 1991.
G. Körner, Marwedel II. Ein Fürstengrab der älteren römischen Kaiserzeit. Lüneburger Blätter 3, 1952, S. 34–64.
–, Die Vervollständigung des Fürstengrabes Marwedel II. Die Kunde N. F. 16, 1965, S. 99–106.
F. Krüger, Das Reitergrab von Marwedel. Festblätter des Museumsvereins für das Fürstentum Lüneburg 1, 1928.
R. Leineweber, Ein spätrömerzeitlicher Verhüttungsplatz im Bereich eines zeitgleichen Brandgräberfeldes von Zethlingen, Kr. Salzwedel. Jahresschrift für mitteldeutsche Vorgeschichte 72, 1989, S. 97–120.
I Longobardi. Ausstellungskatalog. Mailand 1990.
W. Menghin, Die Langobarden. Archäologie und Geschichte. Stuttgart 1985.
V. Starè, Krarj, nekropola iz casa preseljevenja ljudstev (Kranj, das Gräberfeld aus der Völkerwanderungszeit). Katalogi in Monografije 18. Ljubljana (Laibach) 1980.
W. Wegewitz, Das langobardische Brandgräberfeld von Putensen, Kr. Harburg. Die Urnenfriedhöfe in Niedersachsen 10. Hildesheim 1972.
J. Werner, Die Langobarden in Pannonien. Bayerische Akademie der Wissenschaften. Phil.-Hist. Klasse, Abhandlungen, N. F. 55 A. München 1962.
R. Worbs, Zethlingen, ein Brandgräberfeld der spätrömischen Kaiserzeit aus der Altmark. Wissenschaftliche Beiträge der Martin-Luther-Universität Halle-Wittenberg 1979/12 (L 14). Halle/Saale 1979.

Die Thüringer

H. W. Böhme, Les Thuringiens dans le nord du Royaume franc. Revue archéologique de Picardie 3/4, 1988, S. 57–69.
B. Schmidt, Die späte Völkerwanderungszeit in Mitteldeutschland. Veröffentlichungen des Landesmuseums für Vorgeschichte in Halle 18. Halle 1961.
B. Schmidt, Die späte Völkerwanderungszeit in Mitteldeutschland. Katalog (Südteil). Veröffentlichungen des Landesmuseums für Vorgeschichte in Halle 25. Berlin 1970.
–, Die späte Völkerwanderungszeit in Mitteldeutschland. Katalog (Nord-Ostteil). Veröffentlichungen des Landesmuseums für Vorgeschichte in Halle 29. Berlin 1975.
–, Hermunduren – Warnen – Thüringer. Zur Geschichte des 3. bis 5. Jh. im Saalegebiet anhand des birituellen Gräberfeldes von Merseburg-Süd. Jahresschrift für mitteldeutsche Vorgeschichte 65, 1982, S. 173–215.
W. Timpel, Das altthüringische Wagengrab von Erfurt-Gispersleben. Alt-Thüringen 17, 1980, S. 181–238.

Die Bajuwaren

H. Dannheimer, H. Dopsch (Hg.), Die Bajuwaren von Severin bis Tassilo 488–788. Salzburg 1988.
E. Keller, Das spätrömische Gräberfeld von Neuburg an der Donau. Materialhefte zur Bayerischen Vorgeschichte, Reihe A 40. München 1979.
U. Koch, Die Grabfunde der Merowingerzeit aus dem Donautal um Regensburg. Germanische Denkmäler der Völkerwanderungszeit 10. Berlin 1968.
H. Ladenbauer-Orel, Linz-Zizlau, das bairische Gräberfeld an der Traumündung. Linz 1960.
W. Menghin, Frühgeschichte Bayerns. Stuttgart 1990.
W. Sage, Gräber der älteren Merowingerzeit aus Altenerding, Landkreis Erding (Oberbayern). Bericht der Römisch-Germanischen Kommission 54, 1870, S. 212–319.

Die Völkerwanderungszeit im Norden (Norddeutschland, Pommern, England)

S. Chadwick Hawkes, G. C. Dunning, Krieger und Siedler in Britannien während des 4. und 5. Jahrhunderts. Bericht der Römisch-Germanischen Kommission 43/44, 1964, S. 155–231.
K. Godłowski, Die Völkerwanderungszeit in Pommern. Archaeologia Baltica 4, 1979, S. 3–72.

H. Hamerow, Excavation at Mucking. Vol. 2. The Anglo-Saxon Settlement. Archaeological Report 20. London 1992.
H. Härke, Angelsächsische Waffengräber des 5.–7. Jh. Zeitschrift der Archäologie des MAS. Beiheft 7. Bonn 1991.
Sachsen und Angelsachsen. Ausstellungskatalog. Hamburg 1978.
H. Schach-Dörges, Die Bodenfunde des 3. bis 6. Jahrhunderts nach Chr. zwischen unterer Elbe und Oder. Offa-Bücher 23, Neumünster 1970.

Die Slawen und Awaren

F. Daim (Hg.), Awarenforschungen. Archaeologia Austriaca, Monographien 1. Wien 1992.
K. Godłowski, Z badań nad zagadnieniem rozprzestrzenienia Słowian w V–VII w. n. e. (Studien über die Verbreitung der Slawen im 5.–7. Jh. n. Chr.). Krakau 1979.
–, Zimie polskie w okresie wędrówek ludów. Problem pierwotnych siedzib Słowian (Polen in der Völkerwanderungszeit. Das Problem der ursprünglichen slawischen Wohnsitze). In: Barbaricum. Warschau 1989, S. 12–63.
W. Pohl, Die Awaren. München 1988.

Sachregister

Personenregister

Ortsregister

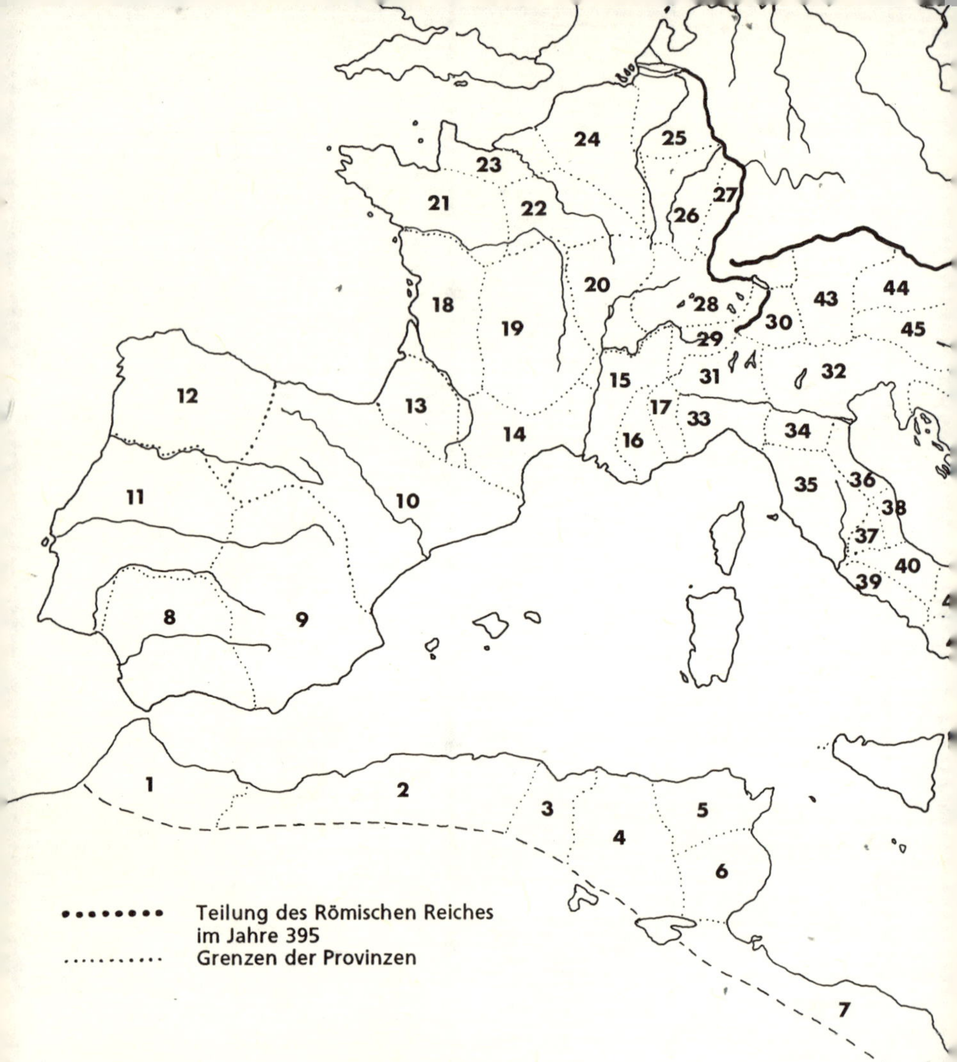

Römische Provinzialeinteilung am Ende des 4. Jahrhunderts.

1 Tingitana
2 Mauretania Caesariensis
3 Mauretania Sitifensis
4 Numidia
5 Africa proconsularis
6 Byzacena
7 Tripolis
8 Baetica
9 Carthaginiensis
10 Tarraconensis
11 Lusitania
12 Gallaecia
13 Novempopulana
14 Narbonensis I
15 Viennensis
16 Narbonensis II
17 Alpes maritimae
18 Aquitanica II
19 Aquitanica I
20 Lugdunensis I
21 Lugdunensis III
22 Lugdunensis Senonia
23 Lugdunensis II
24 Belgica II
25 Germania II
26 Belgica I
27 Germania I
28 Maxima Sequanorum
29 Alpes Graiae et Poeninae
30 Raetia I
31 Liguria
32 Venetia et Histria
33 Alpes Cottiae
34 Aemilia
35 Tuscia et Umbria
36 Flaminia et Picenum annonarium
37 Valeria